"第八届社会政策国际论坛暨系列讲座"文集
The 8th International Symposium and
Lectures on Social Policy

当代社会政策研究（八）
老龄时代的新思维

Contemporary
Social Policy Studies Vol.8

主　编　杨　团
副主编　房莉杰

社会科学文献出版社
SOCIAL SCIENCES ACADEMIC PRESS (CHINA)

目录

老龄时代北京共识 …………… 中国社会学会社会政策研究专业委员会 / 1

老龄化战略与其他国家和地区的经验

延续金色连线：分析中国老龄化的经济视角
　………………… 谢孟哲　米拉·墨米玛雅·福斯泰特　余晓文 / 7
公共政策视角下的中国人口老龄化 ……………… 彭希哲　胡　湛 / 37
从小区发展到小区照顾
　——以台湾在地老化经验为例 ………………………… 吴明儒 / 68
老龄时代农村活化新契机：台湾乐龄学习与绩效评估的
　经验 …………………………………………………… 胡梦鲸 / 100
老龄社会活跃老化的创新与前瞻
　——以台湾时间银行小区经验论析 …………………… 刘宏钰 / 129

我国养老制度与社会服务实践

论我国城乡居民社会养老保险制度的整合 ……………… 毕天云 / 157
混合福利框架下的养老服务市场分析
　——以杭州市为例 ……………………………………… 朱　浩 / 172
社会工作指导下的"三位一体"多元社会养老模式构建 …… 胡孝斌 / 187

— 1 —

我国养老社区发展中存在的问题及对策研究 ········· 刘晓梅 纪晓岚 / 204
欠发达地区农村养老模式的新探索
　　——以"夕阳红"养老资金互助合作社为例 ············· 贾建友 / 216
养老服务中照护人员供求矛盾形成机制和照护人员开发策略
　　研究 ·· 方黎明 / 230
略论老人机构照顾服务资源网络建构
　　——以南京市为例 ···················· 李　娟 / 241

老年人的现实状况与态度

中国城市老年家庭代际关系研究
　　——基于北上广等七城数据的分析 ·········· 王　佑　陆誉蓉 / 261
老年人社会参与影响因素的 Logistic 回归分析
　　——基于 311 份个案访谈数据 ················ 刘　燕　纪晓岚 / 271
新农保试点中的农民认知与农民参与意愿
　　——基于湖北省 10 个行政村的调查 ················· 袁妙彧 / 281
后　记 ·· 296

老龄时代北京共识

中国社会学会社会政策专业委员会·第八届
社会政策国际论坛
2012·8·25

　　人类社会正步入一个新时代，这个时代由于人口寿命的提高和老年人比例的大幅度增加可以被称为"老龄时代"。近几十年来，全球社会各种不同经济体制和政治制度的国家在劳动力市场、社会保障、医疗卫生、教育培训、政治制度和文化价值观等方面都明显感受到了挑战。它迫使我们重新思考，将挑战化为机遇，以适应人类社会未来发展的需要。经一段时间的酝酿和多领域的深入讨论，在第八届社会政策国际论坛上与会代表达成以下共识。

一　老龄时代是人类社会发展的一个机遇

　　人口老龄化的确会在许多方面给人类社会带来新的难题，但从另一视角看，又是人类社会发展的一个机遇。它可能来自年长劳动力中蕴藏着的巨大的人力资本，也可能来自网络时代平均教育水平和科学技术水平的大幅度提高，也可能来自消费和生活方式的巨大变化，以及由此而带动的人力资本、经济发展、社会福利、生活质量等方面的改善和提高。关键在于转变观念，认识到老龄化是未来社会发展的常态，以更积极的态度去捕捉发展机遇，并通过体制和政策改革更好地利用潜在机遇。

二　老龄时代需要新文化和新制度

　　老龄时代需要在文化和制度传承的基础上大力推动创新。目前面临的许多问题都与传统的文化和制度不适应老龄化时代有关。例如，社会生活中对老年人的歧视，劳动力市场对老年人的排斥，以及不合理的强制性退休等制度，既导致老年人的利益受损，又导致老年人人力资本的极大浪费。为此，需要在法律上确立年龄平等和反对年龄歧视的原则，同时培育新的时代文化。一方面要在年龄平等的法律基础上继续弘扬尊老爱幼的文化传统，另一方面要本着年龄平等的原则对教育培训制度、就业制度、薪酬制度、晋升制度、退休和社会保障制度进行深刻改革，消除年龄歧视，实现各个年龄群体和个体之间的公平竞争与共同发展。还应在更广泛的政治、经济、社会、文化、军事等方面的文化和制度的变革与发展中更加强调年龄平等。

三 老龄时代的影响关乎人的一生

在老龄时代，人的寿命延长及其影响不仅作用在老年人阶段，而且改变了人的整个生命历程。随着寿命的延长、健康水平的提升、科技的发展和生产方式的改变，目前中国中老年人口的实际生理衰老情况和经济活动能力较几十年前已发生很大变化。老龄化时代不应固守过时僵化的老年人划界标准，而应重新界定老年人的年龄起点，并修改与之相关的各项制度与政策。同时，老龄时代强调对人的关怀也并非只是接近生命终点的老年人群，而是社会中所有的人；应对人口老龄化的各种挑战并非只是关注老年人口，各个年龄人口的行为都直接影响着老龄时代的社会经济发展。因此，在老龄社会中应该重视让人的生命周期的每个阶段都朝向更有尊严、更有质量的生活，建构和发展起包括所有人整个生命历程的社会服务体系，尤其是终生教育、职业生涯规划、终生健康服务和各个阶段的基本社会保障在内的人的全面发展体系。

四 老龄时代需要充分认识和运用老年人力资源

作为老龄时代重要的社会主体，老年人口中蕴藏着巨大的人力资源。重视开发和利用老年人口的人力资本和社会资本，努力实现更富生产能力的老年群体和老龄社会，是老龄时代的重要主题。一方面要从各方面消除对老年人的年龄歧视、能力歧视以及环境障碍和制度障碍，另一方面要培育新的社会机制，激发老年人的自主性和能动性，提升老年人的能力和身心健康水平，促进老年人的社区参与和经济自主等，让老年人公平分享社会发展成果的同时，也持续地为社会进步做出更大贡献。

五 老龄时代应更加重视建构老年人保障服务体系

老龄时代在重视调动老年人潜力的同时，也应重视建构和完善老年人保障服务体系，包括适应老龄社会需要、覆盖全民、更加有效、更加公平的老年人社会保障、老年人长期照料服务以及在保障老年人健康、住房、娱乐等方面的社会服务，努力实现有保障的、健康的、幸福的老龄社会。在老龄社会中还应特别关注老年特殊困难群体的特殊需求，重点包括高龄老人、孤寡老人、失能失智老人、农村老年人、经济困难家庭中的老年人以及流动老人和留守老人。应通过更有力度的社会政策去维护他们的权利和尊严，提升他们的生活质量。

六 老龄时代需要科技创新和产业推进

老龄时代要创造出持续成长的社会生产力，关键在于理念和科技创新。应推动科技创新来延展老年群体的能动性，弥补逐渐减少的劳动力，通过科技创新提升老年人的生活质量，满足日益增长的老年发展需求和照料需求，催生新的消费模式，实现人类社会的健康老龄化。为此，需要通过信息化技术与不同产业和部门的跨界合作，促进科技成果在人类健康、社会经济、精神文化、社会服务等领域的应用及产业化，有效地提升老龄时代人类的整体福祉。

七 老龄时代的议题需要全社会共同参与

老龄时代的机遇和挑战反映在政治、经济、社会、科技、文化等多领域中，涉及公民的权利与责任、政府的职责和公权力的应用、市场的作用与企业的社会责任、社区与社会组织的承担以及学界和媒体的深度参与，是一个复杂、动态的大系统。认识和面对这个大系统，对老龄时代的各类现象和议题进行深入的、持之以恒的探索、研究、决策和履行，是政府部门、企业部门和社会部门共同的责任，需要在强有力的政治领导下，多部门协同和全社会参与广泛行动。

老龄化战略与其他国家和地区的经验

延续金色连线：
分析中国老龄化的经济视角

本文节选自《延续金色连线：分析中国老龄化的经济视角》。本文希望为中国的政策制定者、研究者和商界领袖在老龄化方面的讨论提供支持，借此引发更多关于老龄化人口所面临的机遇以及技术在其中所起的作用的思考和讨论。

本文原稿曾在2012年8月24-25日在北京举行的第八届社会政策国际论坛——关于老龄化社会的新思考上进行报告和讨论。研讨会期间就此报告进行了充分讨论，在各位专家评论的基础上，本文得以完成。

《延续金色连线：分析中国老龄化的经济视角》是英特尔（中国）公司构思和发起的项目，特邀著名经济学家谢孟哲及其团队研究撰写。英特尔公司一直关注中国所面临的机会和挑战，创新政策的制定和实施方面的探讨与研究，通过技术创新推动社会创新。本文是其更广泛的关于中国和国际社会老龄化人口研究项目的一部分。

英特尔公司在勾画该项目时受到中国民政部的积极鼓励及中国老龄化研究机构的活动和成果的激发，以及北京师范大学和中国社会科学院社会政策研究所的大力协助。

英特尔由衷地感谢谢孟哲及其团队在过去四个月的辛劳和贡献，感谢本文编写过程中所引用的大量研究成果的提供者，这些成果在尾注及参考目录中均已列举。要致谢的还包括为本文提供观点和评论的人士，包括中国社会科学院社会政策研究所的杨团女士，北京师范大学的张强先生，哈佛公共卫生学校的大卫·布鲁姆，哈佛大学全球卫生与人口系的克拉伦斯·詹姆斯，隆奥银行的席利·隆巴德和马赛尼斯·高曼，以及欧洲委员会的罗伯特·马德林和伊利亚斯·亚克夫迪斯，以及英特尔（中国）公司的杨钟仁先生。

关于本文的任何评论，可以发送邮件给英特尔公司企业责任部杨钟仁（c. y. yeung@ intel. com）、孙桂艳（guiyan. sun@ intel. com）或谢孟哲（simon@ zadek. net）、余晓文（kelly@ zadek. net）。

一　综述

本文探讨的是这样一种观点主张：老龄化提供的是一种全新的而非减少的经济机会。应促进老龄化人口在驱动创新、组织、财力和生产力发展方面取得成功。

老年人在历史上被认为是具有极高价值的社会成员——直到今天。但现在，老年人越来越被视为与现代化的技术社会脱节。认为老年人阻碍经济发展的观点根本不正确。

老年人不再具有生产力，这是因为社会从态度、行为、法律和制度上视他们为残疾。整个人口的老龄化是最近才出现的一种现象，我们必须创建积极的未来，到那时老龄化不再是一个难解的现代咒语，而是一种恩赐和机会。

面对21世纪的老龄化，需要制定相应的政策和进行更广泛的社会创新。

对于老年人来说，技术具有两面性，它既是一种挑战，也是解放其生产力的关键。

在处理老龄化问题方面，中国有机会在全球起表率作用。为此，需要这样一种愿景，即创造一种良性循环，使老龄化成为人类和社会进步以及创造更多经济机遇的一个核心标志和驱动力。

以下六个领域的务实行动被认为可形成良性循环：

a. 中国应当将老龄化视为一种机会

b. 针对老龄化带来的机遇，中国应当进行经济政策研究

c. 中国应当积极行动提高公众意识，提倡将老年人视为有价值的、宝

贵的和具有生产力的社会成员

　　d. 中国需倡导企业参与以及更广泛的雇主参与

　　e. 中国尤其需要倡导技术的关键作用，确保技术可帮助人们进入老年阶段后仍保持生产力

　　f. 中国应当对其利用老龄化经济机会并降低风险和成本方面的进展进行评估

　　中国可能成为全球第一个采取根本的经济手段解决老龄化问题的大国，而不是采用国际上将老龄化视为财政问题来解决的传统方法。为了追寻这一道路，中国不但将推进自身的可持续发展，在全球起表率作用，还将在实践中确立如何以最佳方式延续"金色连线"——彰显完善的代际契约的影响力，这对于文明社会的持续具有非常重要的核心作用。

二　连线与循环

（一）本文目的

　　本文探讨的是这样一种观点：老龄化提供的是一种全新的而非减少的经济机会。应促进老龄化人口在驱动创新、组织、财力和生产力发展方面取得成功。

　　迄今为止，由于偏见、忽视，更主要的是由于缺乏远见，还没有任何一个国家将老龄化视作一种机会。发达国家的政策措施将老龄化作为一种问题看待，包括如何将国家财政由于支付养老金和医疗保险受到的影响最小化，以及如何面对老年人生产力降低还要确保维持生产力。至于解决方案，主要是美国以及欧洲一些地区采取的移民措施，以及在所有发达国家尤其是日本进行的技术深度应用。然而，这些措施并未明确老年人自身的作用，也没有解决根本性问题——如何期望以40年工作年限支撑50年的无经济收入的生活。

　　目前有一种强烈的观点，就是中国有潜力将老龄化作为一种经济机遇加以利用，但是，这种潜力不可能自动实现。

关键是只有成功地使政府、雇主和企业更广泛地参与进来，使民众自身改变固有的观念，同时调整相关政策和计划并进行新的能力建设，老年人才会成为现代社会中具有生产力的参与者。关键还在于，要增强老年人的生产力，不要将此视为他们的一个额外负担，而是他们重拾尊严、重获健康、重获他人尊重的基础。

（二）金色连线

"金色连线"，编织代与代间的契约关系，有助于维持社区和国家的稳定与进步。

老年人在整个历史上是具有生产力的社会和经济力量。人们工作并将生产力延续到生命后期，包括进行农业生产和非正式的贸易，被正式聘用，或者在家庭和社区中担任看护和教育者角色。[①]老年人守护资产，传递行为规范和传统，教育下一代并向其传授生计之道。与年老相关的是地位和权力，加上已得到承认的知识技能和手中掌握的生产力资源，这一切意味着年老只是身体机能下降（与今天相比出现在更早年纪），通常并不必然导致普遍的缺乏安全感，或者导致社区或家庭贫困化。[②]

这种"代际社会契约"关系受一定的准则、规则、传统和实践约束，支撑这种关系的是各种象征性、实质性和情感型财富，各个地区侧重不同。在工业革命以前的欧洲，老年人与其继承人之间基于财产的退休合同不一定依赖于家庭纽带，而在亚洲和非洲，家族关系对于老年人的安全保障作用要大得多。[③]不论哪种情况，老年人与年轻人之间的依赖关系更"类似于地位高者的生计取决于从属者的辛苦工作，而不是弱势无助者依赖于强壮健康者"。[④]

历史上广泛存在一种协议，即不同年代的人们之间的协议，其核心是一个简单的前提：老年人不应当被视为或作为社会问题对待。相反，个人变老是一种无止境的循环，这是自然界的既定规则，受代际的互惠社会关系调节。

现代社会在某种程度上继承了这种金色连线的核心准则。代际的相互依赖包括知识、安全、保护、财产和地位的流动。年轻人依赖其父母，中年人尊重和照顾自己的父母，知道他们自己也会变老，而老年人在晚年可继续享受资源、地位和公平——部分依赖于其最后的本钱（遗产）以确保年老体弱时得到照顾。

然而，现代社会已打乱和破坏了代际契约关系，从而对金色连线的延续构成了威胁。这根连线已受到家庭小型化的严重磨损——或者由于家庭内部成员在地域上分开居住，或者由于日益分割和混杂的社区。比如说在美国有许多年轻人，但他们主要是天主教拉丁美洲人或者是非洲裔美国人，对白人新教徒（多为老年人）有不同程度的社区和宗教忠诚度。[5]

在美国，更大程度上是在欧洲，政府在处理代际问题上的作用越来越大，但已证明是喜忧参半之事。西欧的社会福利模式自二战以来前所未有地增加了对公共卫生和老年人保障的投入。但这种制度也纵容和加剧了自古以来存在于家庭和社区之间以及内部的更为有机的、活跃的金色连线的恶化。在整个欧洲和北美，国家财政处于这种压力之下，不得不忍痛停止对几乎整个大陆提供各种服务。这揭示了欧洲大陆不再存在各种代际联系，家庭和社区无法或者不愿再承担以前承担的责任。

对于新兴国家来说，要模仿欧洲最好的社会福利制度根本不可能，因为这些国家"在变富之前已先变老"。不论何种情况，这种模仿最终将证明不具生产力，这些国家将经历老龄化富裕国家目前正经历的问题。

当市场被用作金色连线的管理者时，情况类似。私营养老金在发达国家越来越普及，因为国家发放的养老金被认为不足且无法保障。几十年来，这对于那些有财力购买私营养老金的人似乎是一种理想选择。然而，2007－2008年出现的金融危机引发了许多这样的私营养老金贬值，这也意味着过度依赖于金融市场对于晚年保障会有潜在的风险。英国拥有相当于3万亿美元的养老金资本，是世界上最多的养老金资本之一，过去十年养老金基金实际年回报率仅为2.9%。

社会的金色连线——代际契约——如今正面临危险。

（三）作为现代问题的老龄化问题

老龄化是一种现代的社会现象，有两层明显含义。

首先，最为明显的是以下这些数字：人们的寿命变得越来越长，生育的后代越来越少，结果是老年人与年轻人的比率越来越高。在全世界范围内，1950年以来人出生时的预期平均寿命延长了21年。在中国，这一数字是惊人的32年。目前全世界69亿人口中有不足11%属于60岁以上人口。到2050年，这一比例将增长至22%，发达国家将达到33%。

2000年以来，法国、德国、意大利、英国、美国、加拿大、日本出生的婴儿预期可度过100岁生日。[6]不过，这种惊人的增长不只会发生在富裕国家。在有些地区寿命延长有限，在另外一些地区如俄罗斯和非洲撒哈拉以南地区，平均寿命实际已降低，世界上仍有60%的老年人居住在发展中国家。到2030年，这一比例预计将增长至71%。[7]

其次，观念本身才是一个问题。

这种观念的根源包括生命过程和经济两方面。认知能力确实随年龄变大而减退。工作场所的生产力在许多情况下与认知能力相关，同时也与生理机能和持久力相关。健康问题随年龄增长而增加，罹患慢性病的几率也在增大。[8]美国的图例表明，这些主要是生理机能上的表现，虽然75岁之后因老年痴呆导致的认知障碍会更加严重。

之所以出现这种结果，技术发挥了主要作用，但往往是相互矛盾的作用。技术可用来弥补生理缺陷和认知障碍，从而提高老年人的生命质量。同时，由于技术进步的加快，年青一代的潜在生产力（比老年人）更高，表现在适应能力更强，而经验却不足。虽然技术造成不同年代的人们之间的这种两相矛盾的状态，同时由于技术替代人类技能而对稳定性构成冲击，因此工人不得不加快创新速度以保持领先于机械对手，而在其整个生命过程中各种技术的淘汰速度也更快。

技术进步与老年人提前被淘汰之间的关系，也许可通过对比经合组织与非洲国家之间的老年人就业率来体现。国际劳工组织对20个非洲国家的统计数据表明，有74%-91%的65岁以上人口在继续工作，包括进行耕作、从事贸易和创办小规模企业，而在欧洲，从事经济活动的老年人比例约为30%。[9]

老龄化对国家财政产生的实际和预期影响呼应了老年人成为负担的

说法。

在欧盟，人们的退休金存款与预期收益之间的差额预计为1.9万亿欧元。[10]之所以如此之高，是由于老年人收入的大部分来自国家财政。在德国，老年人现金收入中将近50%来自国家财政补贴，而在意大利、西班牙和法国，这一比例在55%-60%。在新兴经济体中，这一比例要低得多。墨西哥、韩国、印度和智利的依赖程度很低，老年人现金收入中约有20%-30%来自国家财政补贴。中国处于中间水平，这一比例为45%多一点。

之所以出现这种差距，是由于20世纪后半期政策方面的决策，其中大部分并不是寿命迅速延长的因素。1935年当美国首次采用社会保险制度时，养老金于65岁开始发放，而当时的预期平均寿命仅为62岁。当时预期人们会在达到领取养老金年龄之前或刚刚达到之后就死亡。如今，情况已发生了彻底改变，许多富裕国家的养老金仍然是60岁以后开始发放，但多数人的预期寿命是会再活25年或更长。

发展中国家似乎将陷入同样的困境，虽然其养老金起点比较低。

- 2009年，肯尼亚政府开始实行社会养老金制度，65岁以上老人每月可领取1500肯尼亚先令（18美元）。
- 在玻利维亚，2007年通过的法律规定，每年为全国60岁以上老人发放2400玻利维亚诺（300美元）的津贴。[11]
- 在中国，政府鼓励人们广泛参加全民养老计划，目标是2020年实现全民享受养老金津贴。

当然，最理想的是提供一个普遍的社会保障平台。然而照搬发达国家的制度对于发展中国家来说已证明是一条危险的金融和经济路线。若采用这种依赖政府津贴的社会模式，一旦这种津贴制植入社会和经济结构将很难扭转趋势，正如在欧洲和其他地区那样。

（四）对老年人的现代观点

对于老年人的看法已然发展到逐渐适应这种有问题的状况了。正如一份学术报告中记录的：

我们对于老年人的想法从根本上来说正确与否？例如，几乎在任何事情上他们都要慢许多，他们不轻易改变，他们脾气暴躁，他们无法或拒绝学习新事物。这些关于老年人的"真实描述"，哪里显得老套或偏颇？

一位世界知名的风险投资家更为简洁地道明了自己的观点：

人一到了45岁基本上就没有新想法了。

电视节目和广告中清楚表明，老年人的负面形象是媒体报道中可勉强被接受的带有偏见的形象之一，而正面的、积极向上的形象则很少出现。在美国，最近进行的一项调查发现，每三人中就有一人认为，50岁以上的人在工作中有拒绝改变的倾向并且缺乏技能。全国消费者联盟最近进行的一项研究表明，有9000万的美国人每年购买各种产品或接受医疗手术来掩盖真实年龄。[12]

在最近一项调查中，约有1/3的欧洲人相信，老年人对于社会是一种负担。亚洲一些国家的统计数据表明，各个国家对老年人的态度并不相同，其中一项调查发现，新加坡人的负面观点最少，而韩国人更多的认为老年人对社会几乎没有任何贡献，中国人的态度居中。

（五）老龄化循环

多数人将老龄化理解为一种负面循环问题。

老年人数量日益增多，而认知能力却在下降，意味着更多的人却达到更少的目标。技术飞跃更是支持这样一种观点：老年人过时了。这种趋势导致家庭、社区和国家财政成本增加，消费下降和投资减少，老年人口较多的国家物质富裕度下降，日后也确实会出现经济衰退。

某些观点会随时间推移成为现实。如果社会开始相信老年人无用说，就会减少对老年人的投入，停止开发和利用辅助老年人的技术，并且将老年人排除在经济机会之外。例如，美国史隆老年暨就业研究中心经研究发现，在美国，对老年劳动力持否定观点的雇主，固执地拒绝采用措施来缓

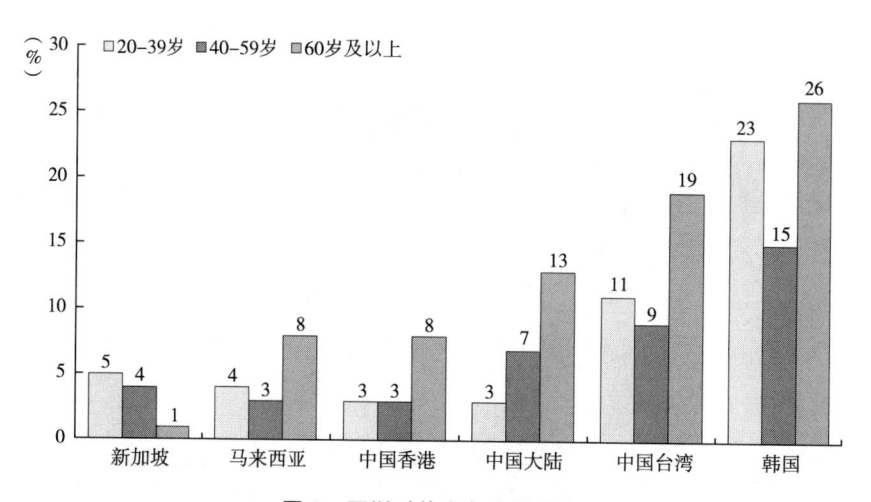

图 1 亚洲对待老年人的态度

解老年人问题。相反，认为劳动力老龄化具有正面影响的雇主则倾向于采取行动克服障碍，招聘、雇用和聘请老年员工。[13]

对于老年人的负面观点造成他们信心降低，正如调查数据表明的，老年人最容易将自己视为社会的负担。信心降低则能力降低，随之生产力下降，从而使人们更确信这样一种观念：老年人没有能力。如此导致的信心下降、社会隔离、生活贫困和悲观态度将加快生理机能和认知能力的下降。

与之相反，我们应当倡导一种良性循环：老年人应当被视为也确实是社会的一种财富。

应珍惜老年人的生产力，对其进行社会投入，创造机会让老年人做出贡献，采取措施拓宽老年人享受医保的渠道以弥补身体上的不足。在这种情况下，老年人会变得更有信心，而信心有利于提升健康水平和生产力，从而有可能提高老年人的技能并加强良性循环。这样，国家的财务负担减轻，年青一代的经济负担也减轻，整个经济系统的健康状况也得到改善。

观念可以创造且成为现实。

要实现恶性循环到良性循环的转变，我们就必须确信，老龄化社会确实可以具有创造性、创新力和生产力。

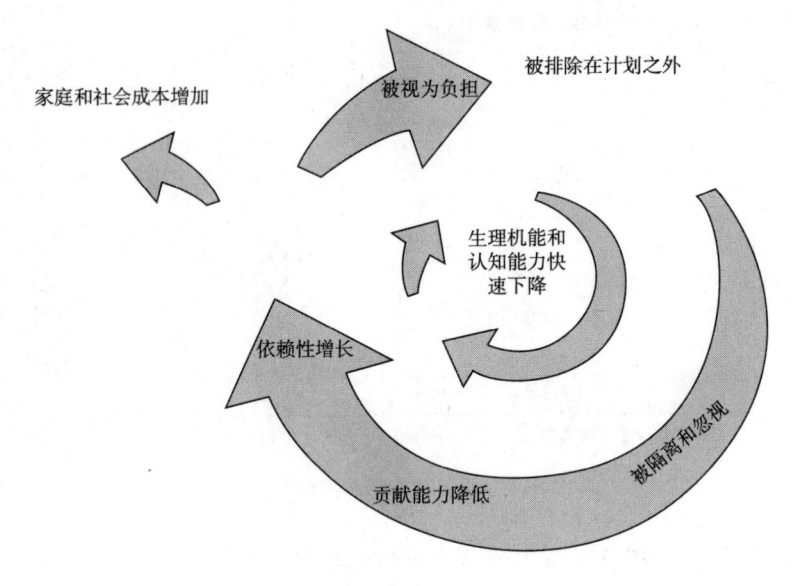

图 2 老龄化被视为恶性循环

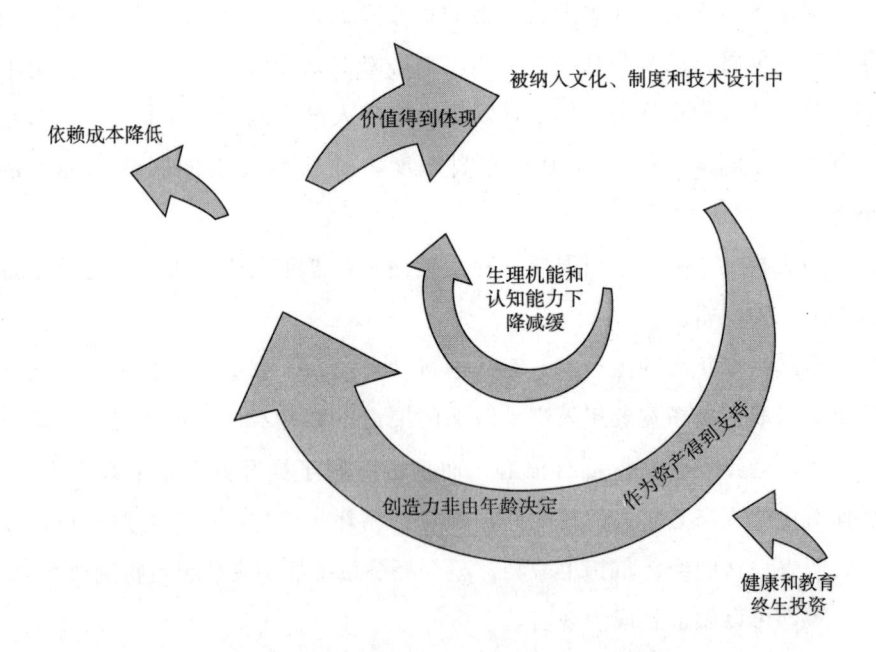

图 3 扭转偏见：将老龄化视为良性循环

三 为 21 世纪重新定义老龄化

（一）老龄化国家是经济赢家

老龄化国家位居全球最具创新力和竞争力的经济体之列。

- 世界经济论坛的"全球竞争力指数"是世界上最具权威性的国家竞争力排名标准。其中前 25 名最具竞争力的国家中，有一半以上同时也是前 20 名最先进的人口老龄化国家。

- 国际知名商学院 INSEAD 发明的年度"全球创新指数"是衡量国家创新能力的重要指标。名单上 25 个最具竞争力的国家中，至少有 16 个也位于老龄化国家前列。

如果以这种综合排名方式对其他经济活力和潜力进行衡量，也会出现相同的结果，比如说世界银行进行的"经商"年度调查，经合组织对可比劳动生产力进行的整体调查。

平均而言，老龄化国家更具竞争力——如何解释这一令人震撼但有悖常理的事实？一种可能的解释是，非人口比例因素可提高竞争力，有效应对老龄化效应。较富裕的、老龄化的国家拥有设计优良的基础设施，其劳动力受教育水平较高，技术更为先进，有充足的资本可投资于成熟的金融市场，同时也有稳定的监管机构监督执法。此外，由于这些国家于一个世纪以前甚至更早将企业发展为雄霸全球市场的跨国企业，因此以有利地位掌握更多有利机会创造财富。

上述证据表明，老年人并不是竞争力优势的来源，而仅仅因为他们的弱点被其他因素抵消。然而，即使是通过这一视角，这些数据仍然不支持这样一种意见：老龄化社会一定会影响生产力并因此无法保障物质富裕。

然而除此之外，更广泛的观点是，充满活力和信心的老龄化人口对于长期相对稳定发展是一个必要条件，正是这些长期发展阶段才确保了可持续创造财富。这些国家取得成功的因素归根结底取决于：

- 社会继续投资于对下一代的教育

- 有稳定但灵活的制度，使老年人愿意充满自信地"放手"并接受下一代提供的帮助
- 知识、财产和其他资源得以在代与代之间不断传递

生产力——或至少是生产力的推动力，因此被重新定义，其中首先包括的是老年人有意愿和能力为自身所处社会的发展进行投入，而不仅仅是他们自己拥有权力和成功的时代（包括个人和一代人）。

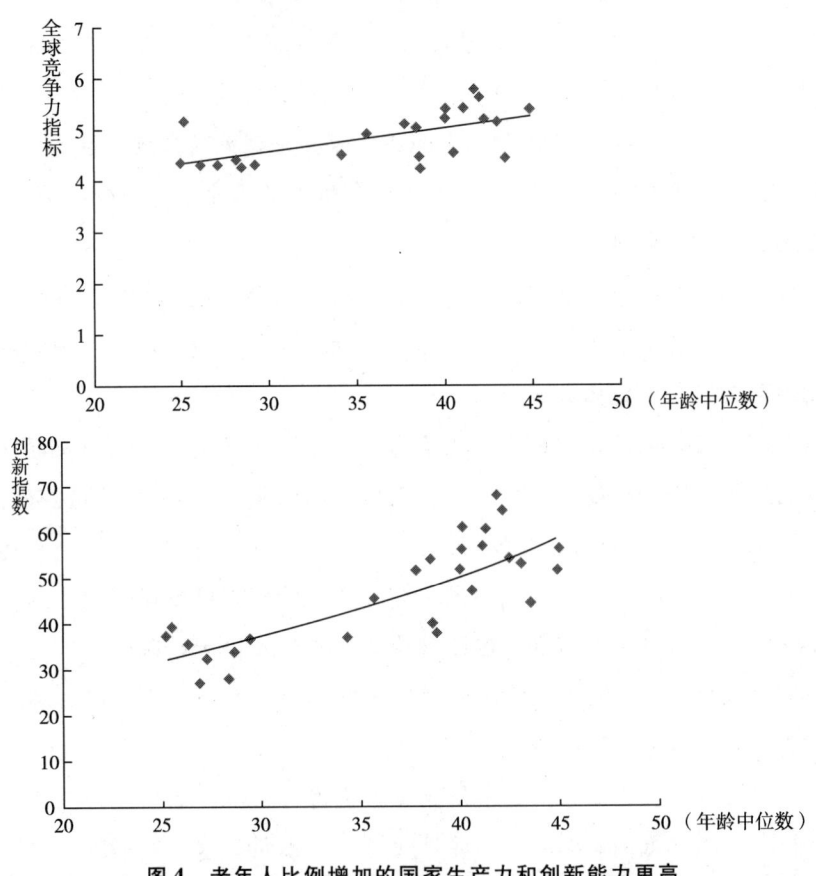

图4 老年人比例增加的国家生产力和创新能力更高

从老龄化经济学角度来说，要对如此广泛的生产力优势进行系统性研究，并不属于本文探讨的范围。不过，这一观点的某些具体方面至少是可以重点讨论的，至少可作为未来研究的指南。一些要素尤其是 INSEAD 的"全球创新指数"以及世界经济论坛的"全球竞争力指数"与人口统计更

直接相关。

- 政治稳定性——拥有更多老年人口的国家是否更稳定？
- 阅读、数学和科学能力评估——若每名儿童平均拥有更多父母和祖父母，是否可提高教育得分？
- 总资本构成——以退休积蓄为代表的耐心资本是否可用于国内基础设施投资？
- 信息与通信技术（ICT）的应用能力——年轻人是否更懂得如何利用信息与通信技术创造经济价值？
- 知识密集型服务中的就业情况——快速学习的能力是否比经验更重要？

为了初步解答这些问题，我们选取了五对国家进行创新措施对比，每对国家拥有相似的收入水平不同的年龄中位数。

- 美国（36.9）/瑞士（41.7）
- 爱尔兰（34.8）/荷兰（41.1）
- 冰岛（34.6）/芬兰（42.5）
- 南非（25）/巴西（29.3）
- 印度（26.2）/中国（35.5）

选出的五种创新措施中，在四种措施下，人口老龄化国家比年轻人口国家表现更为出色。只在一种措施下对比结果不受年龄影响，即知识密集型企业的就业情况。这种简单的统计并不能证明老龄化人口本身具有整体竞争优势，但确实可以指明可能存在的相对优势，至少可以指出可进行进一步研究的领域。

（二）老龄人口的生产力

老年人越来越变得有生产力、充满创造性和颇具企业家精神。

身体强壮度、视觉敏锐度和肢体灵活度是衡量年龄变化的主要指标。然而，人们日益明白这样一个道理：健康水平既取决于年龄本身的增长，也取决于是否经常健身和采取何种生活方式。

脑力劳动如记忆、计算速度和空间想像能力也有自20岁后开始下降的，而单词记忆能力和推理能力于45岁前后开始下降。虽然如此，这种改变不是一种骤降，而且有一大部分成年人即使到了100岁也没有出现认知障碍的征兆。研究表明，约有25%的老年人仍然具备完全的认知能力，约55%的老年人出现轻度下降，余下的20%则出现严重下降或老年痴呆。[14]

对生命周期内大脑弹性变化进行的研究表明，人在进入成年后期仍具有学习能力。因此过去十年在美国，研究认为更多的教育和在职培训可明显提高50-79岁成年人的认知能力。[15]

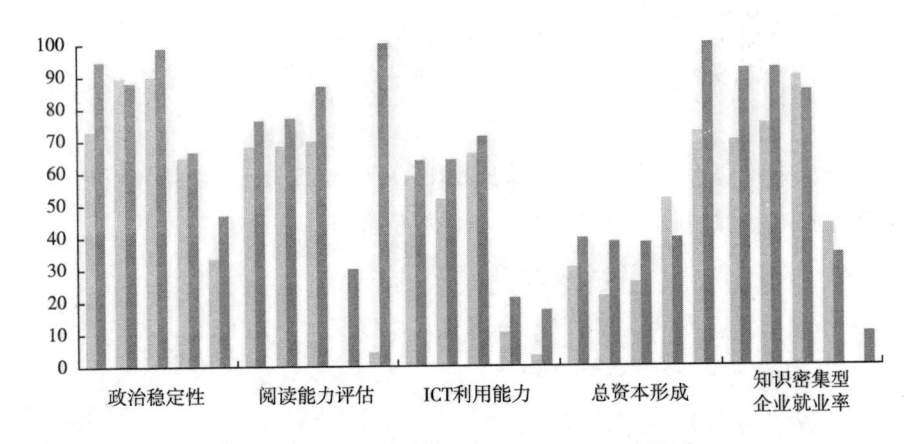

图5　老年人比年轻人在重大创新方面表现更佳

说明：并非包括所有国家数据。

当认知能力开始下降时，培养良好的工作习惯、提高积极性和专注度可弥补认知能力逐渐下降带来的影响。同时，老年人在工作中往往更善于人际交流，不易于产生冲动的情绪反应，在考虑问题时比年轻人更周到。有一项对移情能力、前瞻性思维、预测灵活性、承认不确定性、冲突解决能力以及折中能力等各项智力进行评估的研究（结果如图6），结果表明，老年人在决策时可充分协调这些能力，因此比年轻人显得更明智。[16]

雇主往往强调经验是评判工作业绩的最重要因素。例如，打字员若经验丰富可减轻认知能力下降的影响；相对于年轻的打字员来说，年老一点的打字员可通过更为熟练的工作技巧来弥补速度下降的不足。一些游戏如国际象棋需要10年的时间方可达到专家水平。经验累积大约需要10年，其他职业领域的调查结果也支持这一发现，包括牲畜估价和X射线分析等医学和自然科学方面的实践能力。[17]

工作场所的调查数据表明，老年人比年轻的员工更少发生事故或患短期疾病。管理咨询公司 Towers Perrin 进行的一项分析表明，积极性和奉献精神不但不会随年龄增长而降低，相反会增强。该公司 2003 年进行的一项研究表明，55 岁及以上的员工是最有积极性的，而最年轻的则是积极性最低的。在培训年轻员工和指导新员工方面，年老的员工也非常有帮助。[18]

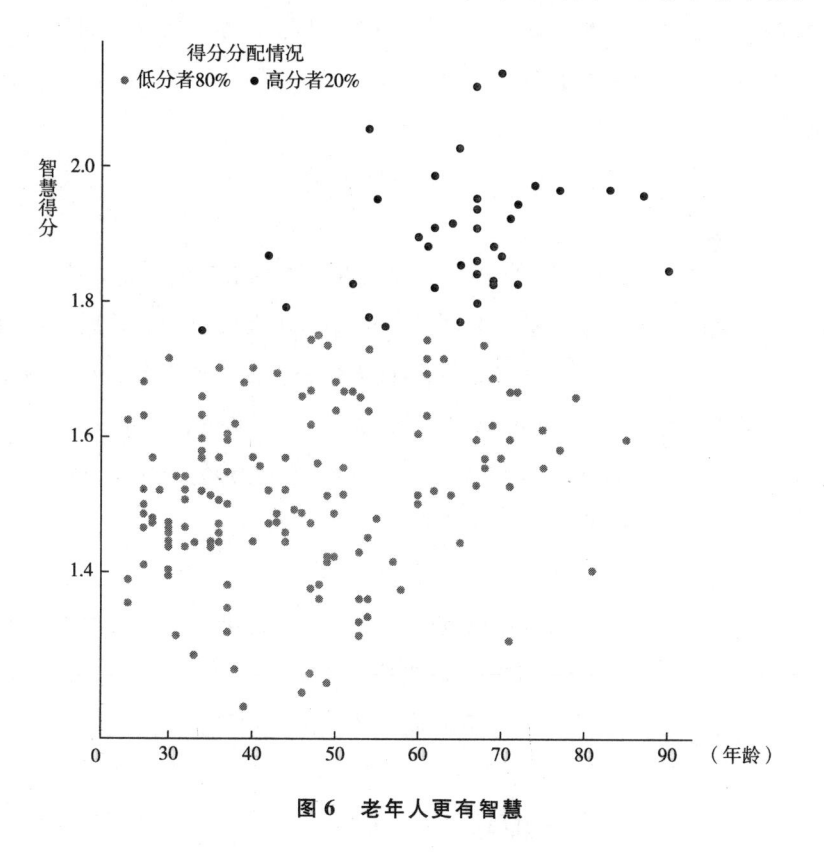

图 6　老年人更有智慧

因此一些公司开始率先制定更多计划，对老年员工进行培训和再培训，称这一决定是为了：

- 弥补技能上的不足
- 应付年轻人的跳槽倾向
- 节约招聘新员工所需的高成本[19]

德国的化学品公司巴斯夫（BASF）制定了一个综合计划来应对人口

变化，他们将之称为 GENERATIONS@ WORK。该公司的目的是通过公司提供支持和个人努力两方面的结合来保证员工的生理和心理健康。在分配新任务和评职称时不再以年龄为标准；相反，终生学习被视为工作的一部分。为保证所有员工的工作能力，该公司为所有年龄段的员工提供预防性保健措施。该公司重新评估和设计了有针对性的体检和锻炼方案，从而延长员工的健康状态，提高生产力。工作时间表也重新修订和最优化以满足老年员工的需求。这些方案可提高员工的整体生产力，不仅有利于公司上下管理水平的提高，而且促进了老年员工与年轻员工之间的技能和知识交流。

（三）老龄企业家精神

老年人在创办企业和推动创新方面起着越来越重要的作用。

成功企业的领导都是经验丰富者，标普500家公司中，首席执行官的年龄中位数是55岁。另一方面，人们认为年轻人才是创业家，而且年龄趋向更加年轻。然而来自加利福尼亚奇点大学（Singularity University）的 Vivek Wadhwa 对美国500多家销售额超过100万美元的高科技和工程公司进行的研究表明，这种观点并不正确。

- 成功企业创立者的平均年龄是39岁。
- 50岁以上成功创业者的数量是25岁以下成功创业者的两倍，60岁以上成功创业者的数量是20岁以下成功创业者的两倍。

考夫曼基金会对1996–2007年成立的美国公司进行了研究，他们发现与一般认为的创业者形象不同的是：

- 人们创办企业最多出现于55–64岁，最少出现于20–34岁。
- 越来越多的老年人开始创办企业，2010年占23%，而1996年还不到15%。[20]

同样，对诺贝尔化学奖、物理学奖和医学奖获得者进行的创新率研究发现，如今这些科学家做出最伟大成绩的平均年龄要高于一个世纪以前。最有可能出现突破的领域往往是需要多年钻研的两个学科结合的领域，例如机器人技术和生物学的结合，医学与纳米技术的结合。[21]

（四）老龄化与技术应用

老年人利用技术的比率正在上升。

2007年经合组织的一份研究报告指出，老年人不像年轻人那样经常使用互联网。但是，从趋势上看，与年龄相关的互联网的使用率差距正在稳步下降。例如，丹麦、日本和瑞典65岁以上老年人中有50%以上使用互联网，而韩国是25%，意大利仅为11%。之所以老年人较慢接受互联网，是由于他们缺乏技巧和上网所需的成本，还有就是基础设施落后。

互联网支持的社交网络服务，如Facebook和Skype已在老年人中慢慢被接受并迅速普及。2010年，根据皮尤研究中心"互联网与美国人的生活"研究报道，2009－2010年，使用社交网络的65岁及以上的用户的数量已增长一倍，成为增长最快的群体。[②]

当然，根据INSEAD"全球创新指数"，人口的整体年龄结构不一定是确定ICT吸收和利用水平的决定因素。正如图7所示，如果对主要经济体在ICT利用方面的得分根据收入或年龄进行排名，很明显排名先后是从最年老/最富裕国家到最年轻/中等收入国家。然而，如果只是根据GDP或年

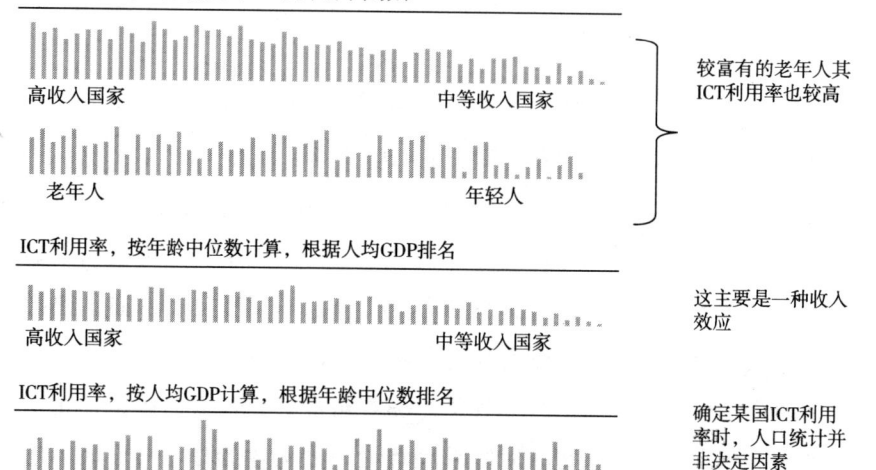

图7 ICT利用率不受人口统计影响

龄进行排名，那么 ICT 利用水平只与该国的经济生产力相关，而与年龄结构无关。

（五）老龄化与无偿经济贡献

老年人的经济贡献往往是无偿奉献。

老年人的贡献体现在在家庭和社区生活中起看护和教育作用。

- 在中国，约有 5800 万的儿童，大部分生活在农村，或者只由父亲或母亲一人抚养长大，或者在无父无母陪伴的情况下长大。据中华全国妇女联合会 2010 年调查统计，约有 80% 的儿童由祖父母抚养。
- 在美国，59% 的父母为其已完成教育的成年子女提供经济援助。[23]有 36% 的 55 岁及以上欧洲人在过去一年间为其家庭成员以外的人提供非正式援助。有 15% 的人目前正在负责照顾年老的家人，另外有 42% 的人曾经照顾过年老的家人。[24]

在许多国家，虽然最近已开始城市化进程，但老年人仍在经营家庭农场。在经济不景气的年代，家庭农场意味着工作机会和为家人带来收入。例如今年在西班牙进行的一项调查表明，越来越多的老年人在帮助持家。2010 年，15% 的 65 岁及以上老年人表示曾帮助抚养过至少一名年幼亲属。到 2012 年，这一比例已上升到 40%。[25]

（六）打破谬论

人皆有优点和缺点，但是，剥夺他们能力的是社会。

这种观点被残疾人以及他们的盟友最早称为"残疾的社会模型"。这一观点认为，人在生理和心理上都有缺陷，但是残疾本身是由我们生活其中的社会造成的，包括身体、组织和态度方面的不同程度的障碍，都会导致歧视。要消除歧视，就要改变社会上的一些做法。

要改变老龄化社会生产力、竞争力和富裕度必定较低的谬论，相应的就要改变思维方式。必须将最后结果理解为一种集体选择。只要认为老年人必定不具生产力，他们就会变得没有生产力。在许多国家存在类似的关于妇女、青年、少数民族、宗教团体以及偶尔情况下有关多数群体的固有观念，当然也包括对残疾人的固有观念。

要理解老龄化国家为何以及如何属于如今最具竞争力的国家，意味着要打破一些谬论，取而代之的是以下一些基本事实。

- 整体经济竞争力主要由教育水平、基础设施、制度和技术而决定，这是一个长期的积累过程，主要不是受年龄影响而是受吸引和保留技术人才及投资资本的能力影响。
- 将社会生产力下降与老龄化挂钩的原因是老年人不具生产力这种观念，以及社会福利转让和机会获得途径的制度性安排。
- 个人生产力确实随年龄变大而下降，但这种下降在知识和服务型经济需求方面被夸张了，还要同时考虑有偿和无偿生产力的贡献率。
- 这种下降趋势可通过培训、技术和投资得到很大缓解。

总而言之，老龄化所带来的经济影响从根本上而言是一个社会的选择。

因此，老龄化产生的经济影响在本质和根本上是一种社会选择。

四　中国对待老龄化问题的经济措施

（一）中国的老龄化状况

由于老龄化人口以及经济发展所处的阶段和结构，中国的情况比较特殊。

从数字上来说，中国65岁以上人口所占比例将从今天的15%增长到2040年的30%。届时这一比例将超过巴西（22%）和印度（15%）的预期比例，基本上与许多发达国家水平接近，包括美国（25%）和法国（31%），但仍然低于一些主要经济体，如韩国（39%）、日本（43%）和德国（39%）。

与发达国家以及其他发展中国家相比，中国的政策灵活性较高。

迅速老龄化以及老年人收入较低是中国面临的紧迫挑战。对中国有利的是，中国有比其他发展中国家更多的资源可投资于老龄化政策。此外，与发达国家相比，中国的优势是还未承诺任何大解决方案，因此人们还未形成对任何具体措施的期望。由于这些因素，中国可在"十二五规划"提及并取得进展的基础上选择开创一条新的老龄化道路。

中国需要选择适合自己的道路来解决老龄化社会带来的问题。

一直以来，中国面临的任何挑战其规模本身就是一个重要问题，在规模上只有印度可与中国相比较。其次，所谓的4-2-1问题（一个孩子赡养两个父母和四位祖父母）是一个相当特别的挑战，若不进行创新，要么是年青一代将面临无法忍受的压力，要么就是国家财政面临不可持续的压力。1975年，儿童与老年人的比例是6∶1，到2035年，将会变成1∶2。[20]

中国正处于一个独特的位置，虽然如此，仍有国际经验可供借鉴。

显然，没有任何一个国家已解决老龄化问题，更不必说根据中国的具体情况提供一种模式。然而，前面几节中已提供了一些见解和例子，即可能与中国相关的老龄化问题的解决方案。

（二）抓住机会

《延续金色连线》并不是为了提供具体的政策建议，或者为私营企业或社会提供指导。

相反，它是一篇旨在鼓励中国以及其他地区进行讨论的文章，它提供的是一种独特的、令人激动的、有用的观点，是针对本世纪普遍被认为是最巨大的挑战进行的研究。为了促进这种讨论，以下我们列举了一些我们认为值得考虑的政策方向，目的是：

- 鼓励在政策制定、公众讨论和意识提高以及企业行动中充分考虑老龄化的经济机会。
- 为政府和企业创造新的机会，共同协作以克服在利用相关机会中面临的障碍。
- 推进技术利用。
- 制定一种可对中国以及全球优势战略的进程进行衡量的标准。

已确定可在五大领域进行进一步的讨论和研究，反过来也可促进公共政策的制定以及号召企业和民众采取行动。

（1）中国应当将老龄化视为一种机会，正如环境挑战可被视为商业和经济发展的潜在动力。然而，与环境一样，老龄化的首发优势非常之少。要使老龄化为中国可持续发展提供额外的基础而不是成为一个需进行缓解的问题，不仅需要制定适当的政策措施，还需要政府以外的其他力量共同努力，比如说企业和广大群众。

核心在于，老年人对于中国的未来能够做出巨大贡献，这种价值应当在每个机会中得到体现。由于中国正在大兴改革，年轻人在改革过程中将起重要作用，要强调老年人的正面形象并不是简单的事。然而，一旦人们形成对老年人的负面印象将很难扭转，其他发展中国家已经付出了代价。当然，在制定政策和进行研究时可强调老年人的正面形象，但更重要的是应当进行公共宣传，同时鼓励企业在广告中加强宣传。

（2）需要对老龄化经济机会进行政策层面的审视，包括负责制定经济政策以及社会福利和国家财政制度的政府机构的参与。这一进程可能还需要私营部门的参与。和"环境与发展国际合作委员会"一样，成立一个由主要国际专家和业内人士组成的项目组。尤为重要的是，要对机会进行量化，还要量化失去机会对国家财政和整个经济体造成的损失。主要问题包括：

- 如何最大限度地利用技术来解放老年人的生产力和创新能力？
- 什么才是鼓励雇主以长远观点进行人才管理并发挥老年员工潜力的最佳方法？
- 如何在整个生涯中持续发展和发挥技能？
- 需要制定哪些政策来发挥老年人的创新能力？
- 如何做出最好的社会保障安排以充分利用这种机会并降低成本？

（3）企业以及所有雇主在为老年人提供工作机会时起关键作用。国际经验告诉我们，必须鼓励和促进这种作用。雇主一般并没有意识到老年人的生产力实际上是一种机会。可通过现有的商业论坛和协会组织提高雇主的意识。然而，还需要一些专门的商业论坛，世界上其他地区已有这方面的行动，例如"商业残疾雇主论坛"等可提供激励并提供指导，还有可能提供合作的机会。

(4) 技术是确保人们在进入老年时保持生产力的关键因素。这一点在理论和实践中均有体现，但是到目前为止，这一主题在中国或其他地区还没有得到系统性讨论。毫无疑问，信息与通信技术代表了作用最大的一种技术。然而在实践中，还有许多不同的技术，包括医疗诊断技术、在线招聘技术、育儿技术以及减轻体力负担的机器人技术。关于这一主题的更多系统性讨论是有关经济和福利政策的研究，包括商业分析以及更广泛的与技术开发和推广相关的经济机会的分析。

(5) 应当对老龄化经济机会的利用以及风险和成本降低的进展进行衡量。受到"全球老龄化就绪指数"的启发，可开发出更为详尽的指标体系，将中国作为整体对其进展进行评估，同时也包括评估各省份甚至各主要城市。此外，除目前使用的各种方法外，还可以使用机会指标来确定劳动力市场中供应方的响应程度，包括是否愿吸收老年人，是否愿采用适当的技术以及其他经济措施。

（三）经济而非融资方式

在中国，有一件事是肯定的，就是人口将会变老。

与其他所有国家一样，中国必须确定如何有效处理人口老化面临的代际问题，以及如何以此促进经济可持续发展。

与其他国家一样，中国将在考虑历史和现实的基础上确定老龄化问题的解决方案。

在制定政策和进行实践的过程中，传统将与现代趋势相融合。中国过去几十年特殊的发展模式使其与其他国家（如巴西或印度）不同，尤其是中国经历了快速城市化、农民移民到城市、独生子女政策以及技术升级。此外，特殊的国家规划和具体的实施方式，使得中国有机会以独特方式确定未来的老龄化结构，这种方式在其他国家几乎不可想象，更不可能做到。

中国有许多政策选择，但切实可行的并不多。

中国不能照搬西欧的模式建立一种自由需求的社会保障体系，无法提供充裕的养老金并在多数民众预期寿命结束之前几十年就开始发放。然而，过于依赖个人医疗和养老金同样具有风险，尤其是金融市场存在着系统性不稳定这种切实危险。中国必须也必然将建立自己的社会保障机制，当然也很可能由公共和私营两个系统共同提供保障。但问题的核心是，中国必须做到两者兼顾。

中国可能成为第一个以经济方式而不是融资方式解决老龄化问题的大国。这种方式旨在如何以最佳途径使老年人为中国的发展做出宝贵的、有价值的贡献。这些途径包括制定公共政策、提高企业意识做出承诺，使公众愿意接受老年人在中国的新经济中继续发挥作用。就中国整体而言，现实的做法是，让个人在晚年继续被赋权并履行职责。在探索这一道路的过程中，中国将不仅推进自身的可持续发展，还将在全球起表率作用，在实践中确定如何出色地延续金色连线——彰显完善的代际契约的影响力，这对于文明社会的持续发展具有核心作用。

注　释

① Pelling, Margaret and Richard Smith（Eds.）（1991）
② Malhotra, R. and Naila Kabeer.（2002）
③ Cain M.（1991）in Pelling and Smith（1991）op cit.
④ UN（1994）
⑤ Lynch, F. R.（2009）In Generations 32（4）：64 - 72.
⑥ Oeppen, Jim and James W. Vaupel（2002）
⑦ Kinsella, Kevin and David R. Phillips（2010）
⑧ Skirbekk, Vegard（2003）
⑨ Kelly, Ann（2010）
⑩ http：//www.aviva.com/europe - pensions - gap/intro.html
⑪ Williams Jennifer（2011）
⑫ National Consumer's League（2004）
⑬ Lee, Jungui, Tay McNamara and Marcie Pitt - Catsouphes（2012）
⑭ Desjardins, R. and A. Warnke（2012）
⑮ Skirbekk, Vegard（2008）
⑯ Grossmanna, Igor, Jinkyung Naa, Michael E. W. Varnuma, Denise C. Parkb, Shino-

bu Kitayamaa, and Richard E. Nisbetta Reasoning about social conflicts improves into old age, Proceedings of the National Academy of Science, PNAS April 20, 2010 vol. 107 no. 16 7246 – 7250

⑰ Skirbekk, Vegard (2008) op cit.
⑱ UK Department of Work and Pensions
⑲ Skirbekk, Vegard (2003)
⑳ Shah, Sonali K., Sheryl Winston Smith and E. J. Reedy (2012)
㉑ Jones, Benjamin (2012)
㉒ Pew Internet & American Life Project – Older Adults and Social Media August 27, 2010
㉓ Forbes Woman and the National Endowment for Financial Education (NEFE)
㉔ Eurobarometer (2011)
㉕ Daley, Suzanne (2012) pain's Jobless Rely on Family, a Frail Crutch, July 28, 2012, New York Times
㉖ World Population Prospects Database, UN Population Division, 2008

参考文献

1. AARP. 2008. Staying Ahead of the Curve 2007: The AARP Work and Career Study.

2. AARP. 2009. Chronic conditions among Older Americans, AARP. V.

3. Ageism Taskforce. 2012. Combating ageism in media and marketing, International Longevity Center – USA.

4. Ashford, L., D. Clifton and T. Kaneda. 2006. The World's Youth, The Population Bureau.

5. AXA. 2011. Global Forum on Longevity, AXA.

6. Ayres, R. and Warr, B. 2011. The Economic Growth Engine; how energy and work drive material prosperity.

7. Beinhocker, E., Oppenheim, J., Irons, B. Lahti, M., Farrell, D., Nyquist, S., Remes, J., Nauclér, T. and Enkvist, A. 2008. *The carbon productivity challenge: Curbing climate change and sustaining economic growth.* McKinsey & Company.

8. Benjamin Jones. 2007. "Age and Great Invention," NBER Working Paper, NBER.

9. Benyon, John. 2010. *The Longevity revolution.* Public Affairs Books.

10. Bloom, David. 2011. "7 Billion and Counting", *Science* 333, 562.

11. Bloom, David E., David Canning, and Günther Fink. 2011. "Implications of Population Aging for Economic Growth", PGDA Working Paper No. 64, Harvard.

12. Brown, Elizabeth and Mike Males. 2011. "Does Age or Poverty Level Best Predict Criminal Arrest and Homicide Rates? A Preliminary Investigation", *Justice Policy Journal*, Volume 8 – No. 1 – Spring 2011.

13. Buchholz, Garth A. 2008. "The workforce trend of the 21st century", *Douglas Magazine*.

14. Buckner, Lisa and Sue Yeandle. 2007. University of Leeds Valuing Carers – calculating the value of unpaid care, Carers UK.

15. Butler, RN, Thomas WH, Langer EJ, Roszak T. 2010. Longevity Rules: How to Age Well Into the Future. (Stuart Greenbaum, Ed.). Eskaton.

16. Cain M. 1991. "Welfare institutions in comparative perspective the fate of the elderly in contemporary South Asia and pre – industrial Western Europe", in Pelling, M. (Ed.) Life, Death and the Elderly: Historical Perspectives. Routledge Studies in the Social History of Medicine.

17. Charters, Stephen. 2008. Age Related Policies: A Global Review on Age Discrimination Legislation, International Federation on Ageing.

18. CIA. 2001. Long – Term Global Demographic Trends: Reshaping the Global Landscape, CIA.

19. Coughlin, Joseph F. and Jasmin Lau. 2006. Global Aging & Technology Policy: Extending The Vision Of Innovation In Aging Societies, Massachusetts Institute of Technology.

20. Cuddy, Norton, & Fiske. 2005. Journal of Social Issues, Vol. 61, No. 2, pp. 265—283. This Old Stereotype: The Pervasiveness and Persistence of the Elderly Stereotype.

21. Davison, Gerald C. and Aaron Hagedorn. 2012. Technology and Ageing, in World Economic Forum Report 2012.

22. Desjardins, R. and A. Warnke. 2012. "Ageing and Skills: A Review and Analysis of Skill Gain and Skill Loss Over the Lifespan and Over Time", OECD Education Working Papers, No. 72, OECD Publishing.

23. European Commission. 2011. Eurobarometer Survey Active Ageing.

24. European Commission. 2011. Eurobarometer survey Active Ageing.

25. Forbes Woman and the National Endowment for Financial Education (NEFE).

26. Fox, J. A., & Piquero, A. 2003. "Deadly demographics: Population characteristics and forecasting homicide trends". *Crime and Delinquency*, 49 (3), 339 – 359.

27. Göbel, Christian and Thomas Zwicka. 2009. "Age and Productivity – Evidence from Linked Employer Employee Data", Centre for European Economic Research.

28. Grossmanna, Igor, Jinkyung Naa, Michael E. W. Varnuma, Denise C. Parkb, Shinobu Kitayamaa, and Richard E. Nisbetta. 2010. Reasoning about social conflicts improves into old age, Proceedings of the National Academy of Science, PNAS April 20, 2010 vol. 107 no. 16 7246 – 7250.

29. Helpage. 2009. One voice shaping our ageing society.

30. Hokenson, Dick. 2012. Global Demographics: One – Child vs. An Ageing China? International Strategy and Investment Bullitin.

31. HSBC. 2007. The future of retirement.

32. Hughes, Alan and Michael S. Scott Morton. 2005. "ICT and Productivity Growth – The paradox resolved?", Working Paper No. 316, Centre for Business Research, Judge Business School.

33. Ilmakunnasa, Pekka and Tatsuyoshi Miyakoshib. 2012. "Journal of Comparative Economics, What are the drivers of TFP in the Aging Economy?", Aging labor and ICT capital, Working Paper, Aalto University.

34. Jones, Benjamin and Bruce Weinberg. 2012. Age Dynamics in Scientific Creativity, Proceedings of the National Academy of Sciences of the United States of America.

35. Kelly, Ann. 2010. Unreported lives: the truth about older people's work, HelpAge International.

36. Kenny, C. 2011. Solow's Return: Inventions, Ideas and the Quality of Life, Center for Global Development.

37. Kinsella, Kevin and David R. Phillips. 2010. Global Aging: The Challenge of Success.

38. Lee, I. 2008. "Factors Determining Recruitment of Older Persons inKorea", JILPT Series, No. 33. Tokyo.

39. Lee, Jungui, Tay McNamara and Marcie Pitt – Catsouphes. 2012. Workplace Action Steps for Leveraging Mature Talent: Findings from the Talent Management Study, Sloan Center for Aging and Work at Boston College.

40. Lippis, Nicholas John. 2008. Network Security 2.0: Deploying Teleworking Solutions

in Scale, Lippis Consulting.

41. Lynch, F. R. 2009. "Immigrants and the Politics of Aging Boomers: Renewed Reciprocity or 'Blade Runner' Society?", *Generations* 32 (4): 64 - 72.

42. Malhotra, R. and Naila Kabeer. 2002. "Demographic Transition, Inter - Generational Contracts and Old Age Security: An Emerging Challenge for Social Policy in Developing Countries", IDS Working Paper 157, Institute of Development Studies.

43. McGonigal, Jane. 2011. *Reality is Broken.* Penguin Books.

44. Moore, Tim, Leela Damodaran and Paul Hansell. 2010. Assisted living technologies for older and disabled people in 2030, Annexes to a draft final report to Ofcom, Plum.

45. Nordhaus, W. 1996. Do Real - Output and Real - Wage Measures Capture Reality (Timothy F. Bresnahan and Robert J. Gordon Ed.) The Economics of New Goods, National Bureau of Economic Research.

46. O'Sullivan, Carmel, Geoff Mulgan and Diogo Vasconcelos. 2011. Innovating better ways of living in later life: Context, Examples and Opportunities, The Young Foundation.

47. O'Sullivan, Vincent and Richard Layte. 2011. "Income and Asset Levels of Older People" In A. Barrett, G. Savva, V. Timonen & R. Kenny (eds.), Fifty Plus in Ireland 2011: First Results from the Irish Longitudinal Study on Ageing, pp. 243 - 264 2011 TILDA.

48. Oeppen, Jim and James W. Vaupel. 2002. Broken Limits to Life Expectancy, Science10 May 2002, Vol. 296 no. 5570 pp. 1029 - 1031.

49. Peilin, Li. 2012. Introduction: Changes in Social Stratification in China Since the Reform. The Institute of Sociology of the Chinese Academy of Social Sciences (CASS).

50. Pelling, Margaret and Richard Smith (Eds.). 1991. *Life, Death and the Elderly: Historical Perspectives.* Routledge Studies in the Social History of Medicine.

51. Pew Internet &American Life Project - Older Adults and Social Media August 27, 2010.

52. Pitt - Catsouphes, Marcie and Tay McNamara. 2011. Flexible Thinking & Flexible Options: Effects on Work Engagement & Organizational Commitment, Boston College The Sloan Center on Aging & Work.

53. R. L. Wiener, S. L. Willborn (eds.), Disability and Aging Discrimination, Springer Science + Business.

54. Rivers – Forke, Anne. 2010. Global Demographics – Capability variations and age variations Edited by IBM Human Ability and Accessibility Center.

55. Rizzuto, Tracey E. 2009. "Age and technology innovation in the workplace: Does work context matter?", in *Computers in Human Behavior*, Volume 27, Issue 5, September 2011.

56. Robert L. Metts. 2000. Disability Issues, Trends and Recommendations for the World Bank, World BankWashington.

57. Robert W. Fairlie, Kanika Kapur, & Susan M. Gates, "Is Employer – Based Health Insurance a Barrier to Entrepreneurship?" RAND Working Paper.

58. Ronchi, Elettra. 2012. Re – Thinking Elderly Care: Realising The Potential Of New Welfare Technologies And User – Driven: Danish case study for OECD Workshop on Anticipating the Special Needs of the 21st Century Silver Economy: Smart Technologies and Silver Innovation, 12 – 13 September 2012, OECD.

59. Ronchi, Elettra. 2012. The Robotics Innovation Challenge, OECD, Paris.

60. Sabbagh, Karim, Roman Friedrich, Bahjat El – Darwiche, Milind Singh and Sandeep Ganediwalla. 2012. Maximizing The Impact Of Digitization In The Global Information Technology Report, World Economic Forum.

61. Shah, Sonali K., Sheryl Winston Smith and E. J. Reedy. 2012. Who Are User Entrepreneurs? Findings on Innovation, Founder Characteristics, and Firm Characteristics, Kauffman Foundation.

62. Skirbekk, Vegard. 2003. Age and Individual Productivity: A Literature Survey, MPIDR WORKING PAPER WP 2003 – 028.

63. Skirbekk, Vegard. 2008. Age and Productivity Capacity: descriptions, Causes and Policy Options, International Institute for Applied Systems Analysis.

64. Stangler, Dane. 2009. The Coming Entrepreneurship Boom, Ewing Marion Kauffman Foundation.

65. The CityUK. 2012. Pension Markets 2012 Report, The City UK.

66. Towers Watson. 2011. *Global Pension Asset Study*. Towers Watson.

67. Turner, Adair. 2003. Demographics, Economics And Social Choice, London School of Economics.

68. UN. 1994. Ageing and the Family. Proceedings of the United Nations Internation-

al. Conference on Ageing Populations in the. Context of the Family.

69. UN DESD. 2011. The Great Green Technological Transformation, UN DESD.

70. Van der Wardt, S. Bandelow, E. Hogervorst. 2012. "The relationship between cognitive abilities, well – being and use of new technologies in older people", *Gerontechnology* 2012, 10 (4): 187 – 207.

71. Wadhwa, Vivek and Richard B. Freeman. 2012. Education and Tech Entrepreneurship. Duke University – Pratt School of Engineering; Harvard University – Labor and Worklife Program.

72. Wanless, Derek. 2006. Securing Good Care for Older People Taking a long – term view, The Kings Fund.

73. Wei, Chen. 2004. Future Population Trends inChina: 2005 – 2050, Center for Population and Development Studies School of Sociology and Population Studies People's University of China.

74. Weizsäcker, E., Hargroves, K., Smith, M., Desha, C. and Stasinopoulos. 2009. Factor 5: Transforming the Global Economy through 80% Improvements in Resource Productivity, Earthscan.

75. Williams Jennifer. 2011. *Insights on Aging*. HelpAge.

76. WRVS. 2009. Gold Age Pensioners.

77. Xuefei Wang, Sophie. 2010. The Effect of Parental Migration on the Educational Attainment of Their Left – behind Children in Rural China, Department of Economics, Simon Fraser University.

78. Zadek, Simon. 2007. *The Civil Corporation*. Earthscan.

79. Zadek, Simon, Maya Forstater and Kelly Yu. 2012. China's Pursuit of Corporate Responsibility and Sustainable Growth, US Chamber of Commerce, Washington DC.

80. Zadek, Simon, Maya Forstater, Kelly Yu and Jon Kornik. 2010. ICT and Low Carbon Growth in China, Digital Energy Solutions Campaign, Beijing.

关于作者

谢孟哲目前是清华大学经管学院访问学者，全球绿色增长研究院的高级顾问，国际可持续发展研究所高级研究员。

米拉·墨米拥有商业和财务背景。她曾是英国食品行业一家上市公司的首席执行官。此前是一家专为环境技术公司提供服务的开发银行的创始人之一。

玛雅·福斯泰特在可持续商业领域已有十五年的工作经验，主导了一系列研究课题，包括气候变化和供应链劳工标准。其著作涉及广泛的商业与可持续发展议题。

余晓文是中国最早的CSR（企业社会责任）咨询顾问之一，同时也是致力于可持续发展研究的一名专业人士。她与中国国内和国际机构有丰富的合作经验。

关于研究小组更多的信息，包括可免费下载的已发表作品，请登录www.zadek.net。

公共政策视角下的中国人口老龄化

彭希哲 胡 湛[*]

摘 要：人口老龄化将成为人类社会的常态，它所带来的挑战更多的源于老化的人口年龄结构与现有社会经济体制之间的不协调所产生的矛盾，这使公共政策调节成为必需。本文认为，仅仅调节人口政策、针对老年人的政策或某一部门的政策都不足以全面应对人口老龄化，而应当以社会整合和长期发展的视角来重构当前的公共政策体系。在重构过程中，不仅要统筹人口系统与其他社会系统的关系，而且要统筹短期目标与中长期战略。因此，应建立一个权威的常态统筹机构，并结合中国的国情，重新定位老年人的社会角色、解决老年人养老的现实问题、支持老龄化社会的可持续发展。

关键词：人口老龄化 公共政策 家庭 人口红利 可持续发展

从有文字记载的历史来看，人类社会始终以年轻人居多，世界人口的年龄结构在相当漫长的岁月里保持相对稳定。直至20世纪初，15岁以下的儿童仍占全球人口总量的1/3强，总人口中65岁以上的老年人口则维持在3%左右。这种状况随着社会经济的发展和人口转变的加快而改变，目前已经进入了急剧变化并持续发展的阶段。从2009年到2050年，全球60岁以上的老年人口数量将由7.43亿激增为20亿，史无前例地超过儿童（0－14岁）的人数，占全球人口总量的22%（United Nations, 2009）。其

---

[*] 彭希哲，人口学博士，复旦大学社会发展与公共政策学院教授；胡湛，心理学博士，复旦大学社会发展与公共政策学院讲师。

中，亚洲的老年人数量将在2050年达到12亿，占全球老年人口总量的60%；而中国60岁以上老年人口的数量也将从目前的1.67亿增长到4亿以上，分别占中国人口总量的30%以上和世界老年人口总量的20%以上（中国老龄工作委员会，2007）。这种人口学的变化在人类历史上前所未有，它使我们的世界迅速地变老，并成为全球面临的共同问题。Pifer曾断言，"人口老龄化继续发展下去所产生的冲击将不亚于全球化、城市化、工业化等人类历史上任何一次伟大的经济与社会革命"（Pifer and Bronte, 1986）。

　　面对这样一个复杂的问题，学者们从不同的研究视角开展了大量研究，发展出不同的理论解释和对策建议。从本质上讲，中国乃至全球人口结构的老化在相当长的时期内都是不可逆转的，我们无法从根本上扭转人口老龄化的趋势，而只能在适应它的前提下，合理规避其给经济社会发展带来的各种风险，这无疑使制度与政策调节成为必需。本文从公共政策的视角来重新审视中国的人口老龄化，其目的并非要给老龄化开一剂一劳永逸的药方，而是为"我们需要如何思考和行动"给出一个初步的政策框架。

一　人口老龄化将成为人类社会的常态

　　卫生条件的改善、医疗技术的推广、生活水平的提高以及保健意识的增强，大大降低了人类的死亡率，使人类寿命普遍延长。这一进步被视为20世纪最为重要的社会发展成果之一。世界人口的平均预期寿命已从1950-1955年时的46.6岁提高到2005-2010年的67.6岁（United Nations, 2008）。其中，发达国家人口出生时的预期寿命从66岁提高到77岁，延长了11年；而发展中国家则从41岁提高到66岁，延长了25年。中国在这方面的变化尤其显著，1949年新中国成立时人口的预期寿命还不足40岁，而2009年这一数字已跃升至73岁，并预计在2045-2050年达到80岁（中国老龄工作委员会，2008）。

　　在人类寿命普遍延长的同时，人们的生育行为也发生了显著变化。在经历了第二次世界大战后的人口快速增长以后，发达国家与发展中国家的人口生育水平依次开始下降，全球的总和生育率已从1965－1970年每名妇女生育5.0个子女下降到2005－2010年每名妇女生育2.6个子女（UNFPA，2009）。这种全球范围内的生育转变有效降低了"人口爆炸"的危险，尽管世界人口总量仍在持续增长，但其增长速度已经大大减缓，2005－2010年全球人口自然增长率仅为1.1%。人口生育行为的变化在中国更为突出，自1970年代以来，中国人口生育水平显著下降，全国的总和生育率从1970年的5.8下降到目前的1.6－1.7。中国人口的膨胀性增长得到有效抑制，人口自然增长率目前远低于世界平均水平，2008年仅为0.5%（国家统计局，2009）。计划生育政策和项目的实施无疑是中国生育率下降最为关键的推动力之一，与此同时，经济社会的发展、妇女地位的提高、教育的普及、家庭规模的缩小、人口流动的加剧，以及生活观念和生活方式的改变，都或直接或间接地对生育率的下降发挥着作用。

人口增长模式的这些变化不可避免地加速了老龄化进程，人类社会开始全面进入老龄化阶段。作为一种必须面对的客观趋势，人口的老龄化在任何国家和地区都概莫能外，差别只是出现的早晚和进程的快慢。目前60岁以上老年人口比例超过10%（按照国际通行标准进入老龄化社会的基本标志）的国家和地区已有77个，而到2050年，这一数字可能增长到165个（UN，2008）。不仅如此，全球的老年人口每年正以2%的速度增长（DESA of United Nations，2002），不仅高于同时期的整体人口增长率，而且超出其他各年龄组的增长速度[1]。

就中国而言，根据国家统计局所发布的数据，60岁以上老年人占中国人口的比例在2000年首次突破10%（国家统计局，2009），并在2009年达到12.5%。截至2008年，在中国的33个省市区（包括香港、澳门，不包括台湾）中，除了西藏（9.68%）、青海（9.85%）和宁夏（9.47%）之外，其他30个地区的老年人比例均超过了10%，老龄化程度最高的上海老年人已经占户籍人口的22.5%以上。从长远来看，中国老年人口的

---

[1] 近期老年人口剧增在一定程度上是二战以后婴儿潮时期超大出生人群逐渐进入老龄所致。

数量在未来的40年间将持续快速增长，并预计在2050－2055年达到峰值，即使以后的人口老龄化速度会有所放慢，但总的趋势是2100年时中国人口中老年人口比例将维持在34%的水平（杜鹏、翟振武、陈卫，2005）。在一个相当长的时期内，中国乃至全球人口老龄化的趋势在总体上是不可逆转的，老龄化现象将在整个21世纪持续存在。而随着人类社会的进一步发展，现代医学及生命科学可望得到新的突破，进一步延长人类寿命的可能性将会不断增大，而回复到传统社会的高生育率和大家庭模式的概率微乎其微，至少现在还难以想象这个世界会再次年轻。

人口老龄化将成为人类社会的常态。它不仅是社会经济发展的必然趋势，也是人口再生产模式从传统型（高出生率－高死亡率）向现代型（低出生率－低死亡率）转变的必然结果，甚至可以说是社会现代化的一个重要标志。人口老龄化绝不是一种短期现象，无论今天或是未来，每个人都注定生活在一个老龄化社会，那种"年轻"的社会已经一去而不返。既然如此，我们就应该正视人口老龄化并适应人口老龄化，对这一社会基本特征进行深入的研究，使人类社会在老龄化的前提下继续健康、协调地运行和发展。然而遗憾的是，今天仍有许多研究者认为人口老龄化是一种不正常的社会态势，并将其视为沉重的负担；许多研究也都是在传统的逻辑框架内探讨防止或延缓老龄化的种种途径，这其实是用20世纪的思路和方法来应对21世纪的挑战，难以真正解决问题。

二　中国人口老龄化的主要社会经济影响

作为今后人类社会的常态，人口老龄化从本质上讲并没有好坏之分。但在目前的社会经济制度安排下，人们仍对这种前所未有的人口学变化缺乏必要和及时的反应、适应与调整，从而使得老龄化在今天仍然更多的被视为是一种挑战，并涉及社会发展的方方面面。

在经济领域，人口老龄化会对储蓄、税收、投资与消费、社会福利体系、劳动力市场和产业结构等形成冲击；在社会层面，人口老龄化将对卫生与医疗保健体系提出新的要求，并影响家庭结构、代际关系、住房与迁徒等；在文化与政治上，老龄化不仅会改变人们的传统观念和生活方式，而且将直接或间接地影响不同社会群体之间的关系甚至政治力量格局。在中国，庞大的老年人口规模、"未富先老"的基本国情以及"敬老尊老"的传统道德行为准则等因素，还不同程度地放大了老龄化对经济、社会和文化发展的影响（邬沧萍、王琳、苗瑞凤，2004）。

（一）人口老龄化对社会保障体制形成压力

社会保障作为国民收入再分配的一种基本形式，是推动经济发展和实现社会公平的必要保证，也是构建和谐社会的重要内容。建立一个健全完善的老年人社会保障体系不仅直接关系老年人（特别是贫困老年人）的基本生存状况，其运作与分配过程中所产生的问题还会直接影响社会制度的公平与公正。

由于人口年龄结构的持续变化，中国大陆劳动力人口与老年人口的比例关系正在发生重要的变化，传统意义上的老年人口赡养比正在不断提高，中国"现收现付"式的养老金制度面临极大压力。从2006年至2008年，中国的养老金支出从4897亿元升至7390亿元（人力资源和社会保障部、国家统计局，2009），平均每年增长22.84%，这部分是由于领取养老金人口数量的增长，部分可归因于个人养老金的提高。根据世界银行的预测，2001－2075年间中国基本养老保险的收支缺口累计将达9.15万亿元（项怀诚，2005），这势必给国家财政带来严峻的挑战。与此同时，中国政府自20世纪80年代以后开始建立的社会保障体系的覆盖面仍显狭窄。至2010年6月，中国参加城镇基本养老保险的人数为2.45亿（尹蔚民，2010），比2007年增加了4300多万人，尽管已覆盖总人口的18%左右，却仍低于国际劳工组织规定的20%的最低线。尤其值得注意的是，中国的城乡二元经济结构所形成的二元社会结构，还使城市居民所享受的各类社会保障福利远未能覆盖到农村地区。我国财政用于社会保障的资金投入，大部分拨付给了城市居民，用于农村社会保障的公共支出非常有限，自2009年开始试点的新农保尽管进展很快，至今也只覆盖了不到6000万人。随着老龄化进程加快和城乡人口迁移流动的持续，中国农村在养老、医疗等方面的压力相对于城镇将更加突出，特别是在西部和贫困地区。

不仅如此，医疗保健和社会服务的相对滞后，以及传统家庭养老功能的弱化，也对中国的社会保障体系提出新的要求。仅养老机构的床位数量一项，便难以满足当前老年人群体的服务需求。截至2008年底，中国各类养老机构共有42040个，床位235.5万张（张恺悌、郭平、王海涛，2010），仅占全国老年人数量的1.47%，远远低于发达国家5%-7%的水平，也未达到一般发展中国家（如巴西、罗马尼亚）2%-3%的水平。在这些已有的养老机构中，救助型的农村敬老院的比例虽然达到了77.84%，但它们大多年久失修，平均床位数仅有30张，有的甚至不足10张，远未能有效缓解农村老年人群的照料问题。探索解决农村人口的社会保障问题已经迫在眉睫。人口老龄化对于能否以及如何建立城乡统筹、形式多样的养老金和医疗保险制度、增加公共医疗服务资源供给，以及合理控制公共养老金的规模和公共医疗卫生费用的支出，都将是严峻的考验。

（二）人口老龄化给公共安全带来隐患

贝克认为，"我们正处在一个社会风险不断累积、突发事件频发、公共安全危机的破坏性不断扩大的风险社会（risk society）之中"（Beck，1992）。世界金融危机已经证明了当今世界的这一特征，全球化更使得有些风险脱离了时间和空间的限制。中国社会仍处于转型期，受到不同程度的现代风险和传统风险的影响，其公共安全问题不断显现，并随着人口老龄化进程的加速而由"初显"逐渐发展为"凸显"，快速的老龄化在无形中加剧了高速现代化所产生的社会与经济压力（Jackson, Nakashima and Howe, 2009）。因此，中国的公共安全，特别是老龄化社会背景下的公共安全问题，开始进入人们的视野。

首先，中国的老龄化超前于现代化，"未富先老"仍是中国当前的阶段性特征（杜鹏、杨慧，2006；邬沧萍、何玲、孙慧峰，2007）。这种快速的老龄化与相对滞后的经济发展之间的矛盾，将是老龄化社会的社会风险得以积聚、发展的直接原因。特别是在那些欠发达地区，逐渐加深加快的人口老龄化很可能使其落后的经济难以为继，从而在带来严重的地方财政危机的同时，引发公共安全危机。美国著名智库"战略与国际研究中心"（CSIS, Center for Strategic & International Studies）在2008年与2009年相继发布了《大国的银发》和《中国养老制度改革的长征》的研究报告。报告指出，中国将在2020年前后达到老年抚养比的峰值，由此产生的财政负担会让年青一代承受日益沉重的压力，并构成社会的不稳定力量（Jackson and Howe，2008；Jackson, Nakashima and Howe，2009）。

其次，老龄化所导致的人口年龄结构变化，会对国家职能、政党制度、政治环境的稳定等重要政治结构产生影响（党俊武，2005），并不可避免地使不同年龄群体之间产生利益冲突。老年人口的大幅度增加必然在中国形成一个重要的压力群体，会成为政党或不同政治力量所争取的对象。随着中国政治民主化进程的推进，未来老年人的参政意识将会不断增强，这使得老年政治团体的形成成为可能，进而对不同年龄群体间的政治力量格局进行重新划分（姜向群，1999）。发达国家的研究表明，从代际冲突的角度来看，政府完全有可能为了维护当代人，特别是当代老年人群体的利益，而不得不以牺牲未来几代人的发展潜力为代价来求得政治上的稳定（Laffargue，2010），这自然会给未来的社会稳定和公共安全埋下隐患。

此外，全球化、城市化、世界性的资源紧张等社会与经济趋势也都不同程度地放大了中国人口老龄化对社会稳定的影响。城市化和农村劳动力向城市和发达地区的集聚，在缓解城市年轻劳动力短缺，并为城市养老服务提供充足人力资源的同时，势必造成农村人口老龄化的加剧。据统计，2008年中国60岁以上农村老年人口占农村人口的比例已经达到14.49%，高于同期的城镇老龄化程度（国家统计局，2009）。农村老人本已面临低收入、少社保的窘境，又遭遇严重的"空巢"问题（唐康芬、许改玲，2007）。同时，那些农村迁城的劳动适龄人口却因户籍制度等的制约而难以获得城市居民的资格或享受与城市居民一样的公共服务，从而在原有城乡二元体制的背景下出现城市内部的新二元结构。不难想象，这些积蓄的问题一旦爆发，将会对公共安全产生极大的冲击。

(三) 人口老龄化对文化传统造成冲击

从历史上看，中国是一个按照人际关系和血缘关系而非地域原则进行统治的国家（梁治平，1997），其传统文化孕育出浓重的尊老成分，即所谓的"孝文化"或"崇老文化"。在传统社会中，这种文化模式具有强烈的伦理性和制度性特征，它不仅规范人们的行为，还主导了中国的主流社会价值（姚远，1999）。"孝文化"直接参与塑造中国人"家"的观念，使亲子关系成为中国家庭关系的核心，而不同于欧美国家以夫妇关系为家庭轴心。亦因此，赡养父母对中国人来说是天经地义的职责，是自己对父母养育之恩的延期回报，由此而发展出的中国家庭养老文化绵延千载。然而，随着中国由传统社会向现代社会过渡，传统的养老文化和孝文化在不同层面受到了不同程度的冲击，而人口老龄化的出现则无异推波助澜。

尽管大量的个案研究与社会调查认为，老年人在家庭中权威的减弱似乎并未导致中国现代家庭养老方式的重大变化，无论是住在一起还是分开居住，中国的老年人仍与他们的成年子女保持着频繁的交互关系（Whyte，2005）。但中国传统"孝文化"与"崇老文化"的衰退，使得以亲子关系为主要形式的家庭关系不得不"用血泪来丝丝切断"（费孝通，1998：210），老年父母与其成年子女之间浮现出越来越广泛的"等价交换"关系。有研究表明，父母对子女的投资及帮助（如早年的教育投资、经济援助，以及近期的照看孩子、做家务等家庭服务）同子女为父母提供养老帮助之间存在因果关系（陈皆明，1998）。人口老龄化促使中国的家庭养老由文化模式走向行为模式，具有越来越大的随意性（姚远，1998）。

另一方面，在中国人口转变和社会转型并进的复杂背景下，家庭规模不断缩小，传统大家庭已不复存在，家庭功能不断弱化，提供给家庭成员的在生命周期不同阶段的支持和资源也逐渐减少，家庭内部的代际关系被迫实现社会化，这种过程在中国远比其他国家和地区更加深刻和迅速。以"孝"为核心的中国传统文化只能调节家庭内部资源的代际转移与分配，对社会资源的配置却无能为力（吴帆、李建民，2010）。

伴随中国人口老龄化进程的推进，用于老年照料等的家庭资源与社会资源都变得相对稀缺，已经社会化了的代际关系可能会更多的表现为冲突而不是认同。目前中国的不同社会群体对老年人的主观评价，以及他们对老年人生存现状的客观评价，都存在一定的老年歧视（ageism）倾向（吴帆，2008）。人口老龄化进程的加速，使中国人对老年人的社会认知迅速地由伦理本位转向道德本位，而道德的约束力在今天的中国尤其值得怀疑，以至于探望老人这一基本的家庭代际交往都必须通过法律来加以规范，一些无视老年人需求、虐待老人的现象更时有发生。这种代与代之间的断裂性或不连续性，已使得代际矛盾和冲突成为一种骤生的社会现实而凸显（周晓虹，2008）。

以上我们仅从三个方面对人口老龄化的社会经济影响进行了分析，事实上这些影响已逐渐渗透到人类社会生活的各个领域和不同层面。尽管人口老龄化首先是一种人口现象，但其并不外在于社会稳定、经济繁荣与文化发展，也不是一种与全球化、城市化、家庭核心化、贫富两极分化等无关的问题，它正与越来越多的社会、经济、文化问题及趋势联系在一起，并在与它们的相互作用中产生越来越大的影响。因此，应对人口老龄化在很大程度上已不仅仅是一个技术性问题，而需要统筹各种不同系统的作用以形成合力，从而对整个社会的组织和运行进行再设计。

三 应对人口老龄化的公共政策视角

人口年龄结构是社会结构中最基本的结构形式，更是其他社会结构包括阶层结构、城乡结构、区域结构、就业结构、社会组织结构等的基础（陆学艺，2010）。当人口年龄结构发生重大改变时，必然要求对基于社会结构的相关制度或政策做出相应调整。由于人们的观念转变和社会形态的演变都需要过程，使得这种调整往往滞后于人口年龄结构的改变（党俊武，2005）。从这个意义上讲，人口老龄化所带来的挑战和问题并不完全来自老年人或者老龄化本身，而更多的源于人类社会对这种变化缺乏必要和及时的反应、适应和调整。换言之，是现有的社会制度或政策体系不能满足老龄化社会的发展需求，这使得公共政策调节成为应对老龄化的必要手段。

尽管至今也没有一个标准的定义，但这丝毫不影响公共政策对于"减轻个体的痛苦或减少社会的不稳定因素"（Thomas R. Dye, 2004）所发挥的巨大功用。从本质上讲，公共政策是对社会公共需求的应对，其产生与发展体现了政府的执政理念和社会的主流价值，并总是依赖于当前的社会现实与社会条件，因而具有鲜明的时代特征。现在，人口老龄化就是摆在我们面前的巨大现实，它将作为一种社会常态而长期存在，对经济、社会和文化的发展产生深远的影响。公共政策将不得不面对这一变迁并做出反应，以使我们的社会尽快适应它。

从现有的相关公共政策研究来看，单单针对人口老龄化或者它的某一方面进行论证和建议的研究取向相当普遍，但它们经常忽视与之密切相连的其他问题或者同一问题的其他方面，有着明显的工具理性特征，难以反映出人口老龄化问题的多样性和复杂性，因而不足以全面应对人口老龄化所带来的冲击。

（一）仅仅调整人口政策不足以应对人口老龄化

人口老龄化是一种人口现象，它是人口转变模式变动的必然结果。由于人口政策的实施在规范中国人口生育行为乃至推动中国人口转变的过程中发挥着巨大作用，人们也自然而然地将应对老龄化的希望寄托于人口政策的改革与完善。现行人口生育政策已在中国实施30多年，并实现了政策制定之初的人口目标，而与此同时，该政策的继续实施对人口年龄结构等方面的负面影响或风险却正在不断集聚，亟须根据现有人口发展态势适时调整并加以完善，以逐渐改变人们的生育行为，并借此延缓老龄化的速度，为未来世代赢得应对老龄化问题的时间。然而，正如本文已经论述过的，人口老龄化是人类寿命延长与生育水平下降共同作用的结果，其进程不可能因生育政策的调整而得到根本性逆转。人们可能更需要做的是适应这一人口变化趋势，通过调整或重构制度安排和整合公共政策来协调这种老化的人口年龄结构与现有政策体系之间的矛盾。过去，我们的公共政策大多以青年型或成年型社会为基础；而现在，我们却必须考虑到老年型社会。因为在不久的未来，这个社会1/3的人都将超过60岁。

（二）仅仅调整针对老年人的政策不足以应对人口老龄化

老龄化问题常常被看作只是老年人的问题，即如何为老年人提供经济赡养和公共服务的问题。如果人们能够认识到老龄化将成为未来社会的常态，是一种正常的社会形式，便不难理解仅仅调整针对老年人的公共政策无法应对老龄化社会的众多挑战。事实上，人生的不同年龄阶段是一个相互关联、彼此重叠的过程，只有将个体发展的各个阶段和人口结构的各个层次联系起来考虑，才能够夯实老龄化政策设计的基础。世界卫生组织（WHO）于1990年和2002年相继将"健康老龄化"（Healthy Aging）和"积极老龄化"（Active Aging）作为应对老龄社会的战略性目标①。"健康老龄化"侧重成长的延续性，强调晚年的生活能力取决于早年生活的积累；"积极老龄化"则重视参与，它使老龄化问题不再局限于老年人，而成为全民参与的主题。这些目标显然无法通过仅仅关注老年人的社会政策来实现。老年人的健康和医疗保健支出问题往往可以通过对年轻人的健康投资和全社会生活、行为方式的转变来改善②；老年人的养老金问题也需要通过提高年轻人的劳动生产率和推动老年劳动力的经济参与来缓解③。个体在不同年龄阶段有着不同的潜在可塑性，不同年龄的群体在生存和发展中必须通过不断选择和相互补偿来推进社会的现实性发展。

（三）仅仅调整某一部门的政策不足以应对人口老龄化

经济合作组织（OECD）国家的大量实践表明，以某一部门为基础制

---

① "健康老龄化"的概念最早出现于1987年5月的世界卫生大会；1990年9月在哥本哈根召开的第40届世界卫生组织欧洲地区委员会会议，第一次将其作为战略目标提出。"积极老龄化"的概念则出现于2002年，世界卫生组织是时在马德里向第二届世界老龄化大会提交了以"积极老龄化"为题的书面建议书。

② 已有越来越多的研究表明，许多慢性疾病（如糖尿病和心脏病）的初始危险，在童年早期甚至更早便出现了；而长寿的生活方式，及其身体、知识和情绪基础，也多是在青年和孩童时期建立的。老年人的健康状况在很大程度上与其年轻时代的生活与行为方式密切相关，因而降低老年人口医疗保健支出的一个重要途径是以青少年人口为对象，提倡健康的生活方式与保健观念，以有效推迟人体功能退化的起始点，减少整个生命周期中的非健康的生命历程。

③ 目前一些大城市所面临的养老金缺口问题，需要更多地通过国有经济对保障基金进行补偿性投入而得到缓解。

定的公共政策项目在实施过程中，必须有其他部门的配合与支持，才能够达到该政策所要实现的目标（OECD，2002）。人的需要是通过多种渠道或系统来满足的，公共政策要想发挥持久有效的作用，就必须促进和协调各种不同系统共同发挥作用，而不是仅仅依靠某一项目、某一部门或某一社会系统来承担责任（张秀兰、徐月宾，2003）。考虑到人口老龄化对经济社会的全方位的影响，只有将社会视为一个整体，才能形成一个促进不同社会系统共同发挥作用的应对老龄化的公共政策框架体系。

需要指出，"将社会视为一个整体"并不是简单的化零为整，而是要使不同的社会系统及其相关政策之间能够真正协同起来。但在现实中，由于缺乏整合，出现政策冲突或政策衍生问题的例子并不少见。例如，根据中国的国情与发展现状，家庭养老在相当长的时间内仍是多支柱养老模式中的一种重要形式（穆光宗，2002），尽管政府部门也在采取措施帮助家庭提高其参与养老服务的能力和积极性，但从整体上讲，近年来的不少政策却有意或无意地加速了中国家庭居住模式的核心化，进一步削弱了家庭的养老功能，以个人劳动为基础的收入所得税制度、为控制房价增长过快而出台的住房新政[①]等均属此列。又如，人口老龄化对我国现有医疗卫生体系形成巨大压力，除了卫生部门自身的改革之外，更需要通过有效的制度安排和政策工具来改变传统的医疗卫生模式。然而，我们现有的医学教育体系（包括教学内容）却远没有对人口老龄化趋势做出积极的回应，我们的公共卫生服务体系也未能相应进行有效的调整，因而常常困扰于缺乏必要的资源来为老年人口提供服务。

不难看出，尽管人口老龄化首先表现为一个人口问题，却难以仅从人口因素入手进行直接调控。实际上，任何社会都没有绝对意义上的人口问题（翟振武、刘爽、陈卫、段成荣，2005；翟振武、李建，2005），人口因素本身在大多数情况下并不成为问题（出生性别比失衡是一个特例），只有将其

[①] 财政部于2008年底发布公告，全面下调90平方米以下普通住房的契税税率和首付比例；国务院2010年又出台了房贷新政，提高90平方米以上住房的首付比例和贷款利率。90平方米的住房显然很难容得下三代人同住。尽管这些政策对于调整住房供应结构和平抑房价有着积极作用，却无意中加速了中国家庭核心化，使家庭养老功能进一步削弱。住房政策完全可以通过微调而将部分家庭的养老需求考虑进来，而不是一刀切地只考虑住房面积。

放在具体的社会经济、资源环境背景下才表现为问题（乔晓春，2010）。从这个意义上讲，人口老龄化只是一个社会发展的自然过程，所谓的老龄化问题其实源于现有的社会制度安排阻碍了我们采取及时有效的行动来应对其所带来的挑战，它反映出老龄化的人口年龄结构与现有社会架构及公共政策之间的相互不适应，而不适应的程度则反映为老龄化问题的严重程度。老龄化的影响已经渗透到人类社会的各个领域，它与各种社会要素不断地相互作用，并由此形成一个复杂的系统问题。因此，应对人口老龄化并不是一个局部的、静态的政策问题，我们更应该从社会整合和长期发展的战略角度来重新思考我们目前为解决老龄化问题而实施和运作的公共政策体系。

四 以统筹和发展的思路重构涉老政策体系

养老问题已经成为目前最受关注的民生问题之一，政府为之投入大量的人财物力，中共中央更在《十二五规划建议》中明确指出，要以"广覆盖、保基本、多层次、可持续"为方针，推进养老保险制度改革、实现基础养老金全国统筹（中共中央，2010）。全社会形成的一个共识也是希望通过建立健全社会保障制度来应对人口老龄化的挑战。然而，社会保障的实质是社会财富的再分配，尽管它能在一定程度上解决社会财富分配的公平性问题，但其本身并不直接创造财富。人口老龄化已经成为中国社会的常态，我们所面临的是如何在这一前提下实现持续发展的问题，因而需要在"发展"的基础上重构公共政策体系，从而为应对人口老龄化进行必要的"统筹"[①]。

（一）重塑涉老政策体系的基本理念

"统筹"即统一筹划，既要进行空间意义上的统筹，也要进行时间意

---

① 2006年12月27日，中共中央、国务院出台统筹解决人口问题的相关决定，明确提出"以人的全面发展统筹解决人口问题，为经济社会发展提供持久动力"，强调"积极应对人口老龄化"的紧迫性和重要性。2010年9月，国家人口计生委在纪念中共中央《公开信》发表30周年的座谈会上，又将"人口老龄化"列为我国当前面临的五大人口问题之一，继续强调"统筹解决"这一问题的重要意义。

义上的统筹。在为应对中国人口老龄化而进行公共政策体系重构时，新的政策体系应至少在"社会整合"和"长期发展"两个维度上体现"统筹"的理念，以提高政策的瞄准水平和收益水平。

（1）从社会整合的维度上来讲，公共政策应当统筹人口系统与外部环境之间的关系。人口老龄化与各种不同的社会经济、资源环境系统发生着密切联系，它们之间相互依存、相互作用，不但在结构上相关联，而且在各自功能的发挥上相关联。因此，公共政策要想在应对人口老龄化中发挥持久有效的作用，就必须从目前以"部门政策"为主而转变为真正意义上的"公共政策"，涉老政策及项目在制定和实施过程中，不仅要统筹它与其他政策之间的关系，还要统筹与其他部门和系统的作用，政策实施的效果反映了整个公共政策体系的内在契合程度。

（2）从长期发展的维度上来讲，公共政策应当统筹短期目标与中长期发展战略。人口年龄结构老化的巨大惯性决定了相关的公共政策不应是一种应急策略，而是与经济社会长期可持续发展相协调的战略选择。尤其中国所面临的是在经济欠发达、就业不充分和社会保障未完善情况下出现的老龄化，因而必须寻求能将经济发展和社会发展内在整合的政策模式。通过这一模式将老年人养老的现实问题与经济、社会的持续发展统一起来，从而降低中国经济与社会发展的总成本，这对于正处于人口老龄化的加速期和社会转型关键时期的中国，具有重要的战略意义。

具体而言，联系中国的实际，笔者认为以下四个方面是在公共政策体系重构的过程中不可回避的重要主题。

其一，建立权威的常态统筹机构，整合并统一调度各类行政资源，管理、调控和实施有关涉老政策，这是重构中国涉老政策体系的首要保障。

其二，重新定位老年人的社会角色，协调老年人群体内部以及老年人与非老年人之间的关系，这是统筹机构的施政前提，也是中国老龄化政策的基本出发点。

其三，统筹解决中国老年人养老的现实问题，将西方国家的经验与中国的现实及文化传统统一起来,将社会福利与家庭功能进行整合,这是中国老龄化政策的核心内容。

其四,统筹老龄化政策的短期目标与中长期战略,在为应对人口老龄化创造必要的物质技术条件的同时,支持中国经济社会的可持续发展。

(二)建立权威的常态统筹机构

中国已经处于人口老龄化成为常态的社会情境之中,我国政府所提出的"和谐社会""科学发展""包容性增长"等执政理念和发展目标都要在这一前提下实施。因此,需要从国家长期协调发展的角度来制定统筹应对老龄化的战略规划,通过重构相关的公共政策体系而使中国社会尽快适应这种人口态势,并实现科学发展的目标。然而,目前以部门为主导而形成的各种涉老的公共政策,对于应对短期内的一些具体问题无疑是非常重要的,也取得了显著的成效,但由于各政府部门主要是从各自的功能和职能定位出发,削弱了相关政策在可持续发展这一大局中所应承担的责任。尤其在现有的行政体制下,应对人口老龄化往往需要多个职能部门的协调,部门之间职责交叉但界限不明确的情况时有出现,易造成政策之间的相互制约乃至冲突。近些年,虽然政府的老龄工作创造出一些新的服务管理模式,但由于体制的制约,仅仅依赖部门联动,许多基础性工作难以开展、源头问题难以得到根本解决、政府各部门的服务与管理难以形成合力。

因此,统筹应对人口老龄化应当首先寻求在行政管理体制上的突破,这是重构中国涉老政策体系的首要保障。在政府管理体制改革的背景下,只有建立一个权威的常态统筹机构或政府部门,从体制上整合人口计生、民政、公安、卫生、人力资源与社会保障等部门的相关职能和资源,为统筹应对人口老龄化提供重要的体制、组织和资金保障,才能有效推动涉老政策体系的重构,并在科学的整体规划和设计下对相关政策进行统一的管理、调控与实施,从而为中国社会在老龄化的前提下继续健康、协调地运行和发展奠定必要的制度基础。

（三）重新定位老年人的社会角色

世界卫生组织于 2002 年在马德里向第二届世界老龄化大会提交了"积极老龄化"的书面建议书，强调人在一生中始终能发挥体力、社会、精神等方面的潜能，按自己的权利、需求、爱好、能力参与社会活动，并得到充分的保护与照料（WHO，2002）。与此同时，联合国也把建立一个"不分年龄人人共享"[①]的社会作为"国际老年人年"的主题。"共享"表明了社会的包容与平等，是所有人给所有人以机会，它包含着对老年人重新定位、让老年人有机会继续参与社会发展的目标。这些目标使老龄化战略的能动性增强，并为政策制定提供了思路。

个体的老化是一种逐步的、因人而异的过程。尽管老年人的劳动能力会随着年龄的进一步增大而急剧减弱，但却不会因为 60 岁或 65 岁的到来而立即消失。事实上，人的各项能力在其生命周期各个阶段的发展是不平衡的，没有哪个年龄阶段群体的各项能力都高或都低，也没有哪项能力在人的毕生发展过程中一直上升或一直下降[②]。不仅如此，老年个体之间、老年群体之间在不同的时间点上也有着显著的异质性。今天的老年人口主体与过去的老年人口主体已经表现出许多完全不同的特征，而这种差异在未来将由于大量 1950 年代出生人群的加入可能会变得更加显著，相关的公共政策设计应当对此有充分的考虑。换言之，公共政策对于老年人的社会角色应当有着灵活的定位，而不是把他们一律视为需要被供养、被照顾、被救助的对象。当我们的公共政策不再机械地将"老年人"与"被供养的人"画上等号，人们自立自强的意识就可能会增强、不良的生活方式就可能会减少、平均健康水平就会提高，社会运行的成本才有可能降低，从而形成"积极应对老龄化"的良好环境。

[①] "不分年龄人人共享的社会"这一概念源于 1995 年在哥本哈根通过的《社会发展问题世界首脑会议行动纲领》。1999 年，联合国将其作为"国际老年人年"的主题。

[②] 例如：个体的综合体能大多在 28–32 岁之后开始逐渐下降，但其各项社会能力却随着年龄增长呈现上升趋势；又如：生理机能的老化（如大脑血流量减少、血压升高或脑损伤概率增高等）会使老年人的流体智力（知觉速度、记忆力等）下降，而其晶体智力（习得性技能、语言能力等）却随着年龄增长有所增强。

然而遗憾的是，现有的社会制度安排并没有致力于营造这种环境。例如：目前的就业体制就将老年人口排斥在正规的就业市场之外，现行法定退休年龄仍在延续20世纪50年代以来的制度设计，而当时我国人口的平均预期寿命尚不足50岁，今天这一数字已经提高到73岁，其中城市（尤其是东部沿海地区）人口的预期寿命延长得更多。与此同时，迈入老年也不再必然意味着衰退与病痛，老年人口中蕴含着巨大的、不断扩充的、可供开发的人力资本与社会资本，而我们现有的制度安排却限制了这些资源发挥作用，并人为地加重了社会应对老龄化的负担。

为了缓解人口老龄化和"现收现付"制度所带来的养老金支出压力，欧美发达国家和新兴工业化国家普遍采取了推迟劳动力退休年龄的措施。对经济合作组织（OECD）国家的研究也表明，影响老龄人口实际退休年龄和劳动参与率的因素很多，依靠推迟刚性的法定退休年龄并不必然带来人们实际退休年龄的提高（原新、万能，2006）。我国近年来由于就业形势严峻，为减少名义下岗和失业数量，一些地方单位强制或鼓励职工提前退休的情况比较普遍，这使得国内城市户籍人口的实际平均退休年龄仅为53岁左右。而在经济压力等多方面因素的作用下，老年人口退休后再就业的比例却一直保持在较高的水平。在这样的背景下，为老年人口提供继续参与经济活动的机会将成为必然的政策选择。尽管短期内对退休年龄进行刚性调节的条件还不够成熟，但以政策的形式针对特定人群进行柔性调整不啻为一种现实可行的办法（胡湛，2010），并已在部分城市开始实施[①]。

必须承认，并不是所有的老年人都适合推迟退休，老年人参与社会发展的途径也不仅仅是就业。但不可否认的是，就业是人们参与社会发展的最佳途径之一。笔者建议，可以扩大公共政策中关于老年人"就业"的内涵，将老年人可以灵活就业的工作和某些无报酬社会劳动也包括进来。据

---

① 上海市率先于2010年10月1日起尝试执行企业人才"柔性"退休政策，即允许特定人群在到达国家法定退休年龄、终止原劳动合同后，可以延迟（男性至65岁，女性至60岁）申领基本养老金，这是相对于国家法定退休年龄而言的。其中的"柔性"是指延长退休的自主权在于个人和单位，在个人意愿和企业需要的基础上由双方协商决定。而能够享受"柔性延长退休"的都是有专业特长的老年人群体，包括具有专业技术职务资格人员、具有技师或高级技师证书的技能人员等。

调查,很多中国的老年人都愿意在原有岗位上多待一段时间,甚至可以义务工作,不收取任何报酬;而在那些非政府组织和志愿者团体中,老年人的比例很高,而且相当活跃,他们已经成为社会进步的巨大推力(穆光宗,2002)。

对老年人的社会角色重新定位,不仅能帮助老年人更好地参与社会发展,也能使他们更好地共享社会经济发展的诸多成果。"参与"与"分享"是老年人基本权利不可分割的两个方面,任何人都不能剥夺他人得益于发展的权利,而我们今天的公共政策体系却没有能很好地保障老年人的这种权利①。老年人绝不全是被供养的对象,他们不仅是消费者,而且同样是生产者,更是历史的创造者。公共政策所要做的,正是将这些角色统筹起来。

(四) 在政府与市场之外把家庭找回来

养老问题是人口老龄化研究的核心命题。人口老龄化所带来的养老压力为众多研究者所关注(James H. Schulz, 2001;田雪原、王金营、周广庆,2006;蔡昉、孟昕,2004),由谁来承担老龄化所带来的财政压力和保障风险仍是人们最为关注的政策焦点之一。在现有条件下,以"居家养老为主、社区养老为依托、机构养老为补充"是必然的选择。而随着社会经济的发展,通过社会福利为老年人提供必要的生活保障必将成为主要的制度安排形式。

发达国家的实践表明,市场追求效率,那种经济发展自动惠及所有社会成员的现象并没有出现;福利国家虽由政府提供完善的社会养老保障,却将家庭养老功能弱化殆尽,并招致财政危机与代际冲突,"把家庭找回来"反而成了重要的制度安排(刘骥,2008)。结合西方国家的教训和中国自己的经验与传统,尽管政府、市场等社会福利提供者将不可避免地承

---

① 需要说明,除了宏观的公共政策,微观和中观层面上的政策安排也是帮助老年人口更好地参与社会发展过程、分享社会发展成果的重要保证,例如,老年友好型的城市规划、老年社区的设计与建设、惠及全体社会成员但又特别关注老年人群体的卫生保健模式等,目前相关的研究与实践仍存在缺位。

担越来越大的养老责任,但任何社会养老政策都无法完全取代家庭在养老中的责任与功能。对于老人来说,通过家庭获得情感和心理上的满足可能是任何专业的社会服务都无法取代的;很多地区的实践也证明家庭养老是"少花钱、多办事、办好事"的有效机制。缺少家庭责任的养老政策是残缺的政策,既不能使老年人获得完整的福利,还会造成社会和政府财政的过重负担。家庭曾经是中国社会最有价值的资产,它不仅决定其成员的生活质量,而且是影响经济社会发展的重要因素。

然而,在中国市场经济发展、社会转型和人口变迁的复杂背景下,近30年来中国的家庭规模、结构和稳定性发生了很大的变化,家庭功能和承担传统责任的能力受到不同程度的挑战,大量独生子女家庭的存在对传统家庭养老制度的影响更是首当其冲。转型期的中国社会政策赋予了家庭重要的社会保护责任,但对家庭的支持却非常有限(张秀兰、徐月宾,2007),家庭在整个社会政策领域中甚至是一个很少被提及的概念(张秀兰、徐月宾,2003),对家庭的公共政策研究也存在缺位。

事实上,赡养老人对任何一个家庭来说都是一个需要动用很多资源的事情,这些资源的短缺是影响家庭发挥功能的重要因素。如果公共政策能够对这些资源需求予以承认,则不仅是从经济上对家庭责任的有效支持,也是社会公平的体现。可以考虑的相关政策包括:实行以家庭为基本单位的税收政策,尤其要将不同类型家庭的养老成本与养老需求考虑在内;以社区为单位进行基本养老服务投资,在强化社区服务功能的过程中降低家庭养老成本、支持家庭承担责任;将家庭成员承担老人长期护理的成本纳入社会保险的范畴等等。在公共政策领域,重新分析家庭的新变化及其对社会福利的补充功能,并在此基础上重新安排政府、市场与家庭在养老政策中的福利搭配和责任分担,进而统筹它们的作用以形成合力,是新形势下中国养老制度安排的关键之一。

另外,为了应对人口年龄结构老化的长期不可逆性和20-30年后到来的老龄化高峰,提高中国的劳动生产率应当是最重要的政策安排之一,劳动力素质的提高和人力资本积累的增长成为其关键所在。这无疑涉及教育、卫生以及就业等政策的方方面面,而良好的家庭功能却是形成和发展人力资本的首要环境。不仅如此，人力资本在新形势下的新内涵，如人的社会能力、精神品质等因素，又都与家庭有着千丝万缕的联系。不管是应对老龄化社会的现实养老等问题，还是保证社会经济发展的可持续，家庭都具有独特且重要的功能。

需要说明的是，在家庭核心化的趋势下强化家庭功能和家庭责任，并不只是简单地将国家或社会原来承担的养老责任转移给家庭，而是扩展或延续家庭的功能，在政府、市场、社区等与家庭合作的框架下，统筹这些不同社会系统的作用。换一个角度来讲，国家与家庭对老年人的福利支持本就属于不同的形式、不同的层面（Donald Cox and George Jakubson，1995），它们之间不存在机械的替代关系。支持家庭，并在养老政策中强调政府、市场等系统与家庭的合作关系，不仅很好地诠释了"统筹"的内涵，而且使中国绵延千载的传统养老文化得以传承与进化，正如哈耶克所说，理想的社会制度"将永远与传统紧密相连并受到传统的制约"（弗里德里希·冯·哈耶克，1997）。

（五）支持老龄化社会的可持续发展

中国还是一个发展中国家，这不仅是对中国社会经济现状的基本判断，也是进行公共政策模式选择的基本出发点（张秀兰，2007），即任何公共政策必须紧扣发展的主题。尽管发展并不是纯粹的经济现象，但经济发展无疑是整个发展进程中最为重要的方面之一，也是我们的国家和社会在老龄化前提下继续健康文明地向前发展的有力保证。

1. 制定适合老龄社会发展的产业规划

老年人口的不断增加必然改变整个国民需求结构，由此将老龄产业的发展提上议事日程。严格地讲，"老龄产业"并不完全符合传统意义上的"产业"概念及其内涵，其划分依据并非产业结构本身，而是在人口老龄化的背景下，为满足老年人口对涉老服务和产品的需求、消弭老龄化社会的特定社会经济问题而发展出的兼具公益性事业和专门性产业特征的新兴产业。老龄产业具有巨大的市场前景，将成为未来经济社会可持续发展的重要支柱。而从涉老政策体系重构的角度来看，笔者认为制定适合老龄社会发展的产业规划应兼顾两个方面的内容。

其一，在老龄产品和服务的供给上形成"政府主导"和"市场运作"的格局。随着社会主义市场经济体制改革的深化，中国政府在老龄产品与服务供给中的角色将发生根本转变，即由直接提供者（甚至曾经是唯一提供者）逐步转变为宏观管理者。由于相当一部分老龄产品属于公共物品或准公共物品（即有明显外部性的私人物品，如养老院等）的范畴，这一属性决定了政府在提供老龄产品方面有不可推卸的责任。在发展老龄服务产业的过程中，公共政策应统筹政府、市场和社会的作用，并根据产品和服务的不同属性来选择合适的运作模式。政府已经并应当继续发挥非营利组织的优势，采用合适的政策工具（如"民办官助"、"官办民营"等优惠政策）鼓励并支持非营利组织参与提供具有公共或准公共属性的老龄产品与服务（邬沧萍、顾鉴塘、谢霭、邓国胜等，2001）。而在开发满足不同老年群体不同需求的产品时，企业也完全可能通过市场机制的运作获得合理的经济利益。IT等高新技术产业就在提高老年人口生活质量方面有着不可估量的市场前景，适合老年人口居住的老年社区或老年公寓的开发将是房地产行业的重要发展领域，各种以老年人口为主要服务对象的教育、旅游、休闲产品也都具有巨大的市场需求。因而需要在社会主义市场经济的机制下，通过有效的产业规划和产业政策鼓励实业界参与老龄产业的发展，使之成为拉动内需维持经济持续增长的重要引擎。

其二，在产业结构转型升级的过程中推动适合老年人就业的产业发展。为使人口老龄化与社会经济发展相协调，发展适合老年人就业的产业呈现越来越多的现实意义。年老只是每个人生命及事业的自然延续，老年人的需求、能力和潜力在整个生命期间都一直存在，不仅如此，老年人在知识、经验、社会关系等方面还具有独特的优势。公共政策应引导老年人进入适合其体力和脑力条件的行业，根据老年人的特点开发合适的职业，并避免卷入同年轻就业者的竞争。物联网技术的发展和高铁时代的到来正在改变我们的工作和生活方式，也为老年人口继续参与经济活动创造了极大的可能性。应当制定相关的公共政策，鼓励老年人口推迟退休，或在退休以后能够继续通过灵活就业和志愿者服务等方式最大限度地发挥老年人口的人力资本与社会资本优势。中国劳动力市场供求关系正在发生的重大转折使得更好地利用老年劳动力不仅成为可能，而且成为必需。

需要指出，尽管老年人力资源开发成本低，但发展适合老年人就业的产业仍然需要对老年人（尤其是年轻的老年人）进行必要的教育投资。对教育的投资本就应当贯穿于人的整个生命周期，年轻人通过有效的教育能够进一步提高其劳动生产力和创造能力，而中老年人也可以通过教育延缓衰老的进程，从而更长久地保持工作的能力。这不仅是学习型社会的应有之意，也是中国从人力资源大国发展成人力资本强国的重要举措，中国的全民教育体制应当也完全能够为此而进行必要的改革。

2. 善用"人口红利"

近40年来，由中国政府所主导的人口转变，以生育水平在短期内的急剧下降为基本特征，却以人口老龄化进程加速为主要人口学后果。这种人口转变在一定时期内形成了人口年龄结构的优势，并在一定条件下可以转化为稳态经济增长之外的额外经济成果，这就是通常意义上的"人口红利"（Demographic Dividend），能够收获这种红利的时期则被称为"机会窗口"（彭希哲，2007）。"机会窗口"提供了发展的机遇，而其本身并不是红利，收获人口红利需要一系列的制度条件（蔡昉，2009）。中国改革开放以来的经济快速发展在一定程度上可以归功于这种人口红利的获得，但与此同时，中国目前正面临着一种风险，即在尚未充分收获"人口红利"的同时，却迎来了人口老龄化加速而导致的"人口负债"（彭希哲，2006；都阳，2007；刘元春、孙立，2009），这势必使中国用巨大代价进行人口控制而换来的长期效益大大缩水。

一般而言，收获"人口红利"不仅需要低负担的人口年龄结构和充足的年轻劳动力供给，而且需要与之相适应的劳动力就业水平。中国城乡和地区间人口转变进程和经济发展水平的差异令这两类地区常常面临无法同时满足收获"人口红利"所需条件的困境，从而使得机会窗口开启的时间在城乡和地区间依次推移，并主要以农村年轻劳动力向城市的流动作为桥梁来兑现人口红利（彭希哲，2006）。基于此，笔者认为，为了有效促进城乡、地区收获人口红利条件的形成，政府应当进一步鼓励有序的人口流动与迁移。在我国目前的城乡二元经济体制下，有序的人口流动将在国家这一层面上将人口发展机会和经济增长机会相结合，不仅可以延缓城市的老龄化进程，而且解决了城乡劳动力供需矛盾和充分就业的问题，为收获红利创造有利的环境，这将成为"人口红利"的中国特色之一。就具体的地区而言，利用各地老龄化程度的差异，采取相应的错位发展策略，有可能使得各地区均可延长人口机会窗口的开启时期，最大限度地收获"人口红利"。

从长远来讲，讨论"人口红利"还不应避开"人口负债"问题。"人口红利"实际上是前一代人的人口行为对当代人的利益给予，而"人口负债"却是当代人对未来几代人的利益透支。如果当代人仅仅享用"人口红利"却完全让未来的几代人承担"人口负债"，这是一种严重的代际不公平。笔者认为，代际公平是可持续发展的重要原则，也是在涉老政策体系的设计中必须坚持的关键理念之一。对老年人口的经济与服务支持不应以增加年轻人口的负担或剥夺未来几代人的利益为代价，不同世代的人口完全可以共同为社会经济发展做出贡献，也完全应当公平地分享发展的成果。因此，当代人应当未雨绸缪地利用已收获的"人口红利"为应对未来的"人口负债"而做好准备。为了应对老龄化社会以及自然资源收入下降对养老金体系的挑战，北欧与中东的一些国家政府已经设立了专门的主权财富基金，以求在代与代间更公平地分配财富，进而实现不同世代人口之间的代际和谐。结合中国的国情，笔者认为，应该将已收获的"人口红利"更多地投资于教育、卫生和福利等直接关乎未来人口劳动生产率的部门。

在老龄化社会中，如果不考虑人口迁移的因素和劳动者年龄的界定，年轻劳动力人口的减少对经济发展和社会保障体系的负面影响只能通过劳动生产率的提高来平衡（彭希哲、邬民乐，2009），即通过劳动力素质的提高来平衡劳动力绝对数量的减少。因而不应将已收获的"人口红利"用于短期投资与消费，而是更多地投资于教育等领域，这就有可能通过人力资本的积累和开发,以提高劳动生产率的方式使未来相对较少的劳动人口创造出足以满足老龄化社会需求的社会财富。

此外,学术界已开始讨论由人口老龄化所产生的"第二人口红利"(Andrew Mason and Ronald Lee, 2004),即在人口结构趋于老化的情况下,个人和家庭会因规避风险而产生新的储蓄动机,由此形成的储蓄来源可能会加速资本积累、加深经济的资本密集度,从而实现经济持续增长。但是,人口老龄化带来"第二人口红利"仅仅存在可能性,而没有必然性,形成"第二人口红利"的基本条件是随人口老化新增的储蓄必须以资本形式进入市场(王丰,2007)。而在资本市场的财富再分配方式(资本积累、转移支付与贷款)中,只有资本积累才可以影响产出水平和经济增长(王丰、梅森,2006)。因此,个人将一部分可支配的收入用于积累养老金(杨娟,2009)从长远来说是有利的,而政府更应当通过加快构建有效的养老金积累机制、加大对社会保障基金的投入,来创造收获"第二人口红利"的条件。中国与"第二人口红利"到底会"不期而遇"或是"擦肩而过",不仅有待时间的检验,更需要政策与制度上的创造与发挥。

总而言之,善用"人口红利",不仅包含充分收获这一红利的短期目标,还涉及将所收获的红利进行合理投资,以有效应对未来"人口负债"的中长期发展战略。将短期目标与中长期战略相统筹,可以为应对人口老龄化创造良好的环境。虽然笔者认为中国人口转变和社会经济发展的特征,决定了中国人口红利的机会窗口不会那么快地关闭,但留给我们应对未来人口负债的准备时间毕竟不多了,因而亟需政策的创新和理念的改变。

五 结论

不管人们是否愿意积极地面对人口老龄化的问题,都不可能再回避它。相当多的研究将人口老龄化视为一种沉重的负担,它们专注于人口老龄化给社会所带来的挑战而不是机遇。这些对于老龄化的忧虑与恐惧源于我们对老龄化社会知之甚少,传统的研究体系并不能帮助我们认清已发生巨变的现实,现行的评价指标①也在一定程度上导致我们曲解了未来的趋势。事实上,那些被描绘出的可怕景象并不注定是我们的未来,我们在切实地解决目前老年人口所面临的各种问题的同时,必须认识到一个老龄化的世界也蕴藏着巨大的机遇与活力。当然,我们必须为此而对社会的组织和运行进行再设计,并制定更为智慧和高效的公共政策。

首先,人们应当认识到,人口老龄化并不是一种不正常的社会态势,而是社会发展的必然结果,更是未来社会的一种基本特征。尽管在今天看来,人口老龄化带来了很多挑战,但这些挑战并不完全在于人口老龄化本身,而是人类社会对这种前所未有的人口学变化缺乏必要和及时的反应、适应和调整。从本质上讲,人口老龄化所产生的问题更多的源于老化的人口年龄结构与社会架构的不协调所产生的矛盾,这使得现有的社会制度与公共政策无法满足老龄化社会的发展需求。应当把人口老龄化的进程同更广泛意义的发展结合起来,关于老龄化问题的政策制定需要被赋予更宽广的社会视野。创造有利于老年人口社会经济参与的制度环境与为老年人口提供良好的经济保障和社会服务同样是保障老年人口基本人权的重要方面。应当重新审视中国乃至全球的人口老龄化进程,并为调和这种人口年龄结构与现有社会制度之间的矛盾给出一个统筹的公共政策框架。

其次,人口老龄化是经济社会发展的必然趋势,尽管它首先表现为一个人口现象,却不断和社会经济、环境资源的各个领域相互作用,并对它们的发展产生越来越深远的影响。因此,仅仅调整人口政策或者针对老年人的政策不足以应对人口老龄化,对公共政策进行局部调整或者刚性调节也不足以应对人口老龄化。人口老龄化所带来的是一个复杂的系统问题,公共政策要想在这个系统中发挥持久有效的作用,就必须将社会视为一个整体,统筹人口与社会、经济、资源、环境等要素之间的关系,并促进和支持各种不同的系统共同发挥作用。

再次,人口老龄化并不是一种短期现象,人口年龄结构的老化具有巨

---

① 例如:讨论人口老龄化时经常用到"老年人口赡养比"(Elderly Dependency Ratio),它以人们在到达一定年龄(在中国是60岁)以后便永久性地退出经济活动,并需要赡养为基本前提,而这个前提无疑是可以改变的。

大的惯性。尤其对于中国来说，它的人口老龄化是在经济不发达、就业不完全和社会保障不完善的背景下出现的，与经济社会的发展并不同步。因此，中国在应对人口老龄化的过程中，其公共政策安排不应只是一种应急策略，更重要的在于同经济社会的可持续发展相互协调。从这个意义上讲，涉老的公共政策体系必须能够统筹短期目标与中长期发展战略，只有明确了中长期目标，公共政策在应对短期目标时，才可以分清它们的轻重缓急以及可以解决的程度，不会迷失在具体问题中，从而"为经济社会发展提供持久动力"（中共中央、国务院，2006）。

此外，几乎所有的公共政策都具有鲜明的国家特征，涉老政策也不例外。尽管那些提前进入老龄化的发达国家为中国提供了丰富的"前车之鉴"，但国情的不同使我们无法生搬硬套它们的政策模式，何况这些国家正由于高福利与福利刚性等而陷入债务泥潭至今不拔。因此，中国应对老龄化的政策应该有效协调西方国家的经验与中国文化传统的关系，在强调中国国情与东方智慧的基础之上，创造出中国人自己的发展模式与生活方式。

历史一次次地证明，机遇往往与挑战共存。如果我们以一种全新的理念看待人口老龄化并以创新的思维来应对它，那么人口老龄化将更多的体现为未来社会发展的机遇。应对人口老龄化的当务之急并不是过分担忧现代社会的养老成本，而是使社会各阶层行动起来，对老年人与老龄化社会从观念上重新进行认识，并以此作为公共政策制定的出发点。事实上，家家都有老人，人人都会变老，每个人都是老龄化社会的组成部分，研究老龄化问题其实就是在研究我们自己（戴维·L.德克尔，1986）。中国政府于2004年提出"构建和谐社会"的理念（中共中央，2004），又于2010年10月召开的中共十七届五中全会上提倡"包容性增长"①，并继续强调"社会和谐"对当代中国的重要价值（中共中央，2010）。笔者认为，"包

---

① "包容性增长"的概念最早由亚洲开发银行（ADB）提出，其内涵是指"社会的所有成员都能够在公平的基础上参与增长过程，并共享增长成果"。在2010年10月15日至18日召开的中共第十七届五中全会上，国家主席胡锦涛提倡将"包容性增长"加入"十二五"规划内。

容性增长"与"和谐社会"一脉相承，和谐的社会是一个包容的社会，而包容的社会则首先应该成为一个"不分年龄人人共享"①的社会。在这样的社会里，人们"不再把老年人仅仅看作是领取退休金的人，而是社会发展进步的主体和受益人"，应对人口老龄化的根本之道也就在于此。

参考文献

1. United Nations：World Population Prospects：The 2008 Revision（Population Database），11 - Mar - 2009，http：//esa. un. org/unpp，6 - Jun - 2010.

2. 中国老龄工作委员会，2007，《中国人口老龄化发展趋势预测研究报告》，12 月 27 日，http：//www. cncaprc. gov. cn/info/1408. html，2010 年 6 月 6 日；UN：World Population Prospects：The 2008 Revision.

3. Alan Pifer and Lydia Bronte. 1986. "Introduction：Squaring the Pyramid," *in Our Aging Society：Paradox and Promise*. New York：W. W. Norton.

4. United Nations. 2008. World Population Prospects：The 2008 Revision.

5. 中国老龄工作委员会：《中国人口老龄化发展趋势预测研究报告》。

6. UNFPA. 2009. "World Demographic Trends：Report of the Secretary - General"（E/CN. 9/2009/6）. New York：UN Documentation Database，2009，p. 6.

7. 国家统计局，2009，《中国人口和就业统计年鉴2009》，中国统计出版社。

8. DESA of United Nations. 2002. *World Population Aging：1950 - 2050*. New York：UN Publications.

9. 国家统计局，2009，《中国统计年鉴2009》，中国统计出版社。

10. 杜鹏、翟振武、陈卫，2005，《中国人口老龄化百年发展趋势》，《人口研究》第 6 期。

11. 邬沧萍、王琳、苗瑞凤，2004，《中国特色的人口老龄化过程、前景和对策》，《人口研究》第 1 期。

12. 人力资源和社会保障部、国家统计局，2009，《2008 年度人力资源和社会保障事业发展统计公报》，5 月 19 日，http：//www. gov. cn/gzdt/2009 - 05/19/content_1319291. htm http：//www. stats. gov. cn，2011 年 2 月 26 日。

---

① 联合国于 1995 年针对全球社会发展问题制定了"不分年龄人人共享"的行动纲领，1999 年又将其作为"国际老年人年"的主题，它呼吁不同年龄的人与人之间和谐相处。

13. 项怀诚，2005，《中国养老体系面临考验，社会基金任重道远》，10 月 24 日，http：//www.xhby.net/xhby/content/2005-10/24/content_995135.htm，2011 年 1 月 25 日。

14. 尹蔚民，2010，《展望中国社会保障事业发展前景》，8 月 23 日，http：//news.xinhuanet.com/politics/2010-08/23/c_12476236_2.htm，2011 年 1 月 25 日。

15. 张恺悌、郭平、王海涛，2010，《对人口老龄化研究的反思》，上海论坛应对老龄化社会的挑战研讨会论文。

16. Ulrich Beck. 1992. *Towards A New Modernity*. London：Sage publications.

17. Richard Jackson, Keisuke Nakashima and Neil Howe. 2009. *China's Long March to Retirement Reform：The Graying of the Middle Kingdom Revisited*. Washington：CSIS Publications.

18. 杜鹏、杨慧，2006，《"未富先老"是现阶段中国人口老龄化的特点》，《人口研究》第 6 期。

19. 邬沧萍、何玲、孙慧峰，2007，《"未富先老"命题提出的理论价值和现实意义》，《人口研究》第 4 期。

20. Richard Jackson and Neil Howe. 2008. *The Graying of the Great Powers：Demography and Geopolitics in the 21st Century*. Washington：CSIS Publications.

21. Richard Jackson, Keisuke Nakashima and Neil Howe. 2009. "*China's Long March to Retirement Reform：The Graying of the Middle Kingdom Revisited*".

22. 党俊武，2005，《如何理解老龄社会及其特点》，《人口研究》第 6 期。

23. 姜向群，1999，《人口老龄化与社会政治》，《中国人民大学学报》第 1 期。

24. Jean-Pierre Laffargue. 2010. "*Is a pay-as-you-go pension system politically Stable*", Shanghai Forum：Workshop for Aging Society, Shangha.

25. 国家统计局，2009，《中国人口和就业统计年鉴 2009》，中国统计出版社。

26. 唐康芬、许改玲，2007，《农村人口老龄化的特殊性分析》，《西北人口》第 2 期。

27. 梁治平，1997，《寻求自然秩序的和谐》，中国政法大学出版社。

28. 姚远，1999，《老年人社会价值与中国传统社会关系的文化思考》，《人口研究》第 5 期。

29. Martin King Whyte. 2005. "*Continuity and Change in Urban Chinese Family Life*", *The China Journal*.

30. 费孝通，1998，《生育制度》，北京大学出版社。

31. 陈皆明，1998，《投资与赡养：关于城市居民代际交换的因果分析》，《中国社会科学》第 6 期。

32. 姚远，1998，《对中国家庭养老弱化的文化诠释》，《人口研究》第 5 期。

33. 吴帆、李建民，2010，《中国人口老龄化和社会转型背景下的社会代际关系》，《学海》第 1 期。

34. 吴帆，2008，《认知、态度和社会环境：老年歧视的多维解构》，《人口研究》第 4 期。

35. 周晓虹，2008，《冲突与认同：全球化背景下的代际关系》，《社会》第 2 期。

36. 陆学艺，2010，《当代中国社会结构》，社会科学文献出版社。

37. 党俊武，2005，《如何理解老龄社会及其特点》，《人口研究》第 6 期。

38. Thomas R. Dye. 2004. *Understanding Public Policy*（11th edition）. NY：Prentice Hall, p1.

39. OECD. 2002. *Governance for Sustainable Development*：*Five OECD case Studies*. Washington：OECD publishing, 2002, pp. 9 – 34.

40. 张秀兰、徐月宾，2003，《建构中国的发展型家庭政策》，《中国社会科学》第 6 期。

41. 穆光宗，2002，《家庭养老制度的传统与变革》，华龄出版社。

42. 翟振武、刘爽、陈卫、段成荣，2005，《稳定低生育水平：概念、理论与战略》，载翟振武、李建新编《中国人口：太多还是太老》，社会科学文献出版社。

43. 乔晓春，2010，《统筹解决上海人口问题的前瞻性政策思考》，上海人口论坛，世博效应与人口发展研讨会论文。

44. 中共中央，2010，《关于制定国民经济和社会发展第十二个五年规划的建议》，10 月 27 日，http://news.xinhuanet.com/politics/2010-10/27/c_12708501_8.htm，2011 年 2 月 27 日。

45. WHO. 2002. "Active Aging：A policy Framework", 2nd World Assembly on Aging, Madrid, p. 12.

46. 原新、万能，2006，《缓解老龄化压力，推迟退休有效吗》，《人口研究》第 4 期。

47. 胡湛，2010，《柔性退休政策或能缓解老龄化压力》，《东方早报》9 月 28 日 A22 版。

48. 穆光宗，2002，《老年发展论：21 世纪成功老龄化战略的基本框架》，《人口研究》第 6 期。

49. James H. Schulz. 2001. *The Economics of Aging*, 7th Edition, M. A. : Auburn House.

50. 田雪原、王金营、周广庆, 2006,《老龄化:从人口盈利到人口亏损》, 中国经济出版社。

51. 蔡昉、孟昕, 2004,《人口转变、体制转轨与养老保障模式的可持续性》,《比较》第10期。

52. 刘骥, 2008,《阶级分化与代际分裂:欧洲福利国家养老金政治的比较分析》, 北京大学出版社。

53. 张秀兰、徐月宾, 2007,《发展型社会政策及其对我们的启示》, 载张秀兰、徐月宾等编《中国发展型社会政策论纲》, 中国劳动社会保障出版社。

54. 张秀兰、徐月宾, 2003,《建构中国的发展型家庭政策》,《中国社会科学》第6期。

55. Donald Cox and George Jakubson. 1995. "The Connection between Public Transfer and Private Interfamily Transfer", *Journal of Public Economics*, vol57: pp. 129 – 167.

56. 弗里德里希·冯·哈耶克, 1997,《自由秩序原理》, 邓正来译, 三联书店。

57. 张秀兰, 2007,《发展型社会政策:实现科学发展观的一个操作化模式》, 载张秀兰、徐月宾等编《中国发展型社会政策论纲》, 中国劳动社会保障出版社。

58. 邬沧萍、顾鉴塘、谢霭、邓国胜等, 2001,《发展老龄产业:应对人口老龄化的一项重要战略》,《人口研究》第2期。

59. 彭希哲, 2007,《人口红利的中国特色》,《市场与人口分析》第4期。

60. 蔡昉, 2009,《未来的人口红利:中国经济增长源泉的开拓》,《中国人口科学》第1期。

61. 刘元春、孙立, 2009,《"人口红利说":四大误区》,《人口研究》第1期。

62. 彭希哲, 2006,《把握机遇,收获"人口红利"》,《人民论坛》第4期。

63. 都阳, 2007,《是人口红利?还是人口问题:人口红利的谜思》,《人口研究》第2期。

64. 彭希哲、邹民乐, 2009,《养老保险体系可持续性与劳动生产率增长》,《人口与经济》第2期。

65. Andrew Mason and Ronald Lee. 2004. "Reform and Support Systems for the Elderly in Developing Countries: Capturing the Second Demographic Dividend", International Seminar on the Demographic Window and Health Aging: Socioeconomic Challenges and Opportunities, Beijing, 2004, May 10 – 11, pp. 1 – 20.

66. 王丰，2007，《人口红利真的是取之不尽、用之不竭的吗》，《人口研究》第 6 期。

67. 王丰、梅森，2006，《中国经济转变过程中的人口因素》，《中国人口科学》3 期。

68. 杨娟，2009，《关于人口红利的一般讨论：兼论老龄化中国人口红利的实现问题》，《经济理论与经济管理》第 8 期。

69. 中共中央、国务院，2006，《关于全面加强人口和计划生育工作、统筹解决人口问题的决定》，12 月 27 日，http：//www. gov. cn/gongbao/content/2007/content_534194. htm，2011 年 2 月 26 日。

70. 戴维·L. 德克尔，1986，《老年社会学》，沈健译，天津人民出版社。

71. 中共中央，2004，《关于加强党的执政能力建设的决定》，9 月 19 日，http：//www. people. com. cn/GB/40531/40746/2994977. html。

72. 中共中央，2010，《中国共产党第十七届中央委员会第五次全体会议公报》，10 月 18 日，http：//www. gov. cn/ldhd/2010 - 10/18/content_ 1723271. htm。

从小区发展到小区照顾[*]

——以台湾在地老化经验为例

吴明儒[**]

摘 要：近年来"小区"作为一种社会政策实施界面与平台的趋势愈来愈受到两岸学者的重视，从平衡经济发展的小区发展政策，维护环境生态的永续小区政策，以至解决高龄社会的小区照顾政策可见一斑。台湾从1960年代即投入小区发展工作推动小区基础工程建设，1990年代之后随着台湾人口结构快速老化，将小区发展重点转为小区照顾。中国人落叶归根的传统观念，以及小区具有在地及内聚的特性，使得高龄者较希望能够在熟悉的环境中终老。本文目的在介绍台湾小区组织如何面对高龄化社会的来临，政府的相关高龄照顾政策以及目前实施的成效等。

关键词：小区发展 小区照顾 在地老化

一 从活跃老化出发的小区照顾

2002年4月世界卫生组织（WHO）在西班牙－马德里所举行的第二届世界老龄代表大会中提出"活跃老化——一个政策框架"（Active Ageing— a Policy Framework）报告，成为过去十年来各国积极发展活跃老化政策的重要根据与起点。"活跃老化"虽然在2001年WHO已在其"老龄化

---

[*] 本文曾在2012年8月24－26日北京第八届社会政策国际论坛（老龄时代的新思维——挑战、机遇与机会）中发表，感谢杨团、王春光、房莉杰、潘屹等中国社科院学者的指导及相关匿名审查意见。

[**] 吴明儒，台湾中正大学社会福利学系副教授。

与生命历程方案"中提出,并出版《健康与老化——一个讨论报告》（*Heath and Ageing— a Discussant Paper*）让各会员国加以讨论响应,但在2002年1月在日本举行的21国专家会议之后才确定其内容。诚如该报告绪论所言："人口老化是人类战胜疾病的伟大成就,不过却是人类社会未来的巨大挑战。"而所谓的"挑战"共有七项：传染及非传染性疾病的双重负担、失能（disability）风险的增加、老龄化人口的照顾提供、老龄的女性化、族群与不平等、老龄族群的经济问题以及"新典范"（new paradigm）的催生。最后一项的"新典范"是指一种不将老龄者当成依赖者,在一个无年龄歧视的社会下老龄者是社会积极的参与者与贡献者的新思维与新策略。由此而发展出"活跃老化"的三个核心概念：健康（health）、参与（participation）及安全（security）（WHO,2002;李世代,2010：68）。

按照 WHO（2002）的估计,世界各国中60岁以上的人口占所有人口的比例,日本从2002年的第二名（24.3%）,在2025年时将成为第一名（35.1%）（WHO,2002：8）。但是,台湾的老年人口从7%增加到20%所需要的时间是32年,比日本的36年更为快速,意大利与美国均为81年,英国需91年,法国更长达155年。人口结构快速老化的意义有：家庭成员照顾资源快速减少,年轻劳动者的负担快速加重（重力加速度）,政府建构老人社会安全制度的时间更短、更急切,高龄社会心理调适的时间更短,反映出许多老年照顾需求未来潜藏的问题。

从数量上来看,台湾老年人口（65岁以上）将从2006年的226万（9.9%）逐年增加到2016年的302万（13%）、2026年的475万（20.6%）,2055年时台湾的老年人口更是增加为686万人,占37%。届时,老人扶养比也从1995年的7.2：1,变成2055年的1.5：1。另一方面,中国大陆是全世界老龄人口数量最多的国家,从2002年的1.34亿,逐年增加至2025年的2.87亿（WHO,2002：8）。因此,两岸华人社会如何面对老龄化的相关议题,已经成为两岸学者研究的共同焦点。

台湾在人口结构快速老化的情况下,积极建构完善的经济安全及照顾服务体系成为共识。2006年7月"行政院"召开"经济永续会议",会中有关社会安全议题，达成建构完善老人长期照顾及健康体系等多项共识；2007年3月14日"行政院"在苏院长任内经过院会通过"十年长照计划"，建立了老年生活保障制度并确立了从过去"现金津贴"取向[1]转向"照顾服务"取向的社会福利政策方向（吴明儒，2007）；台湾预计在十年内逐年投入新台币817.36亿元，建构成一个整合型的长期照顾体系，以响应日益迫切的老人照顾需求。

Gough 和 Wood（2004）的数据显示，台湾正处于一个"小康快老"的社会，2000年时台湾的人均 GNP 为 14087 美元，是香港的 0.54 倍，新加坡的 0.56 倍。在经济发展尚未达到西方国家的水平之前，甚至政府财政缺口持续扩张的情况下，人口结构老化的情况却率先进入西方国家的水平。

其次，台湾人口结构老化，代表家户内的照顾资源将逐渐减少，平均每户人数从 1980 年的 4.84 降低到 2004 年的 3.50；而低所得家庭更从 1980 年的 3.62 降低到 2004 年的 1.96（行政院主计处，2006）。因此，必须依赖更多家庭以外的照顾资源介入，例如小区。在小区，老人"与子女同住"的比率逐年降低到 54.9%。同时，"与配偶同住"的比率升高到 21.6%。而"独居老人"的比例占 65 岁以上老人的 9%[2]。从以上前两项可以得知，约有 30% 的老人并无子女服侍。"行政院"（2007）的推估数据显示：

（1）65 岁以上符合失能 ADL（Activity of Daily Living）标准者将从 2007 年的 22.7 万人增加到 2020 年的 37 万人；

（2）符合 IADL（Instrumental Activity of Daily Living）且独居之老人将从 6042 人增加为 9798 人；

（3）55 - 64 岁原住民 ADL 失能者将从 757 人增加为 1246 人；

---

[1] 值得一提的是 2007 年 7 月 20 日 "立法院" 三读通过 "国民年金法"，2008 年 10 月正式实施。此法使未受到军公教、劳工保险保障的 335 万人得以纳入保险保障，其中约有 280 万人为家庭主妇；月缴 674 元缴费满 40 年，可以获得每月台币 8986 元之年金给付。长期而言，此举将有利于提供老年购买照顾服务之稳定财源。

[2] 列册需关怀之独居老人（2005）包括中低收入户（13790）、荣民（8414）及一般老人（25265）总计 47469 人。此部分的老年人数约占 65 岁以上老人的 2.14%。

（4）50-64岁身心障碍ADL失能者将从11117人增加为16830人；

（5）低收与中低收入户使用非机构照顾者将从7568人增加为8360人。

上述长期照顾需求之扩增，凸显出未来长期财务之规划及照顾服务体系之建构，成为台湾福利制度的重要挑战。老化是一种连续的过程，而老年的照顾（a spectrum of care）亦复如此，因此与其将政策聚焦在老人失能后的照顾，不如让高龄者延缓老化，减少最后卧床的时间。即便是在轻微失能的初期，长辈仍然以居住在自家中，依靠非正式组织（亲属、朋友及邻居）为主要的照顾模式，保有其最大的自立生活的能力以获得尊严。英国自"1989年老人照顾白皮书"（1989 White Paper Caring for People）之后，就希望建立一个老人照顾的连续模式（例如居家服务、喘息服务、日间照顾、团体家屋、长照机构等），从政府与第三部门的角色来加以探讨；然而，Means，Richards和Smith（2008：5-7）却认为许多家庭及小区内的照顾者提供了与机构式照顾并无二致的照顾，因此将非正式照顾纳入广义的"小区照顾"（community care）概念之中，甚至在英国2005年所公布的"成人社会照顾绿皮书"（Green Paper on Adult Social Care）中强调"社会照顾"（social care）而不是"小区照顾"。不过显然政府不是要否定过去的小区照顾政策，而是希望通过另外一条便道（sidestepped）也能达到目的，因此2006年英国"健康及社会照顾白皮书"（Health and Social Care White Paper）的标题即是"我们的健康、我们的照顾、听我们说"（Our Health，Our Care，Our Say），而副标题则为小区服务的新方向（A New Direction of Community Service）。因此，本文所探讨的"小区照顾"属于照顾的前缘而非后端，并且以小区为主要的照顾场域，小区长辈以健康及轻微失能但仍可居住在家中者为主。

二　台湾小区照顾到社会照顾之起源与转变

台湾以小区为基础的照顾服务，其转变也约略与英国有类似之处，从小区照顾到社会照顾的转变，这是国家为了解决许多问题所实行的"小区为基础策略"（community-based strategy）之一，例如为解决在地发展与就业鼓励小区参与、小区发展、小区教育等均是类似的目的，而在福利混合经济思潮下志愿组织及小区创新等更是学者讨论的重点（Mayo，1994），乃至照顾管理导入小区照顾之中更是未来发展的趋势（Baldwin，2000）。

家庭中失能者的照顾问题通常容易受到重视，受到西方国家福利服务朝向去机构化（de-institutionalization）发展方向的影响，"就（在）地老化"（aging in place）成为一个理想的照顾模式。特别是针对需要长期照顾的对象而言，"再配置"或"迁移"（relocation）都非理想的照顾形态，需要照顾的老年者，能够在所熟悉的小区，接受医疗与照顾，成为"正常化"（normalization）的重要指标（刘佳琪，1999：39-46）。社政单位介入"小区照顾"服务领域，通常以照顾人力不足、家属失能程度高的家庭为主，最早可以溯及1983年由台北市社会局所规划的"在宅服务"（in-home service）方案，由政府雇用在宅服务员对低收入老人提供支持性服务，社工员则担任在宅服务员之督导（蔡启源，2000）。高雄市社会局则在1985年实施"老人在宅看护服务"（陈武宗，2000）。

由台北市社会局首先提供老人在宅服务以后，经过15年，"长期照顾"在1997年6月老人福利法修正通过后，终于纳入"中央"立法，明订地方政府应提供或结合民间资源提供居家服务。1998年3月"内政部"随即颁发"加强推展居家服务实施方案暨教育训练课程内容"。行政院更将"加强老人赡养服务方案"及"居家服务与家庭支持"列为施政重点，并将每一乡镇区里普设"小区居家服务中心"为施政目标，初期预计成立400所。1999年卫生署开始试行长期照护的"单一窗口"制度，推动各县市成立"长期照顾管理示范中心"，显见政府欲以小区照顾的模式，作为推动老人长期照护的主轴。而小区组织提供照顾服务的经费，也因1998年内政部所订颁的"推动社会福利补助作业要点"而获得明确且稳定的财源。

卫政单位中护理系统介入长期照顾由来已久，因其专业的护理背景与医疗体系互动密切，而能取得发展的先机。例如，1971年彰化基督教医院小区健康部实施了台湾首例居家护理计划。其后，教会医院如花莲门诺医院、马偕医院纷纷成立相关机构。1985年群体医疗成立，护理体系推展居家护理小区化的概念，即由群体医疗团队深入偏远山区，散播扎根，成为往后小区长期照护的重要基础。1987年行政院卫生署保健处开始推展"居家护理实验计划"。1995年全民健保实施，居家护理纳入全民健保给付之列。再者，医院评鉴中长期照顾成为一个重要的环节。居家护理业务也配合医疗机构附设的赡养中心逐渐拓展业务，为一般老人病患提供医院出院返家所需的医护照顾服务。同时，1993年通过的护理人员法，赋予护理人员独立职业的权利，也因此奠定了护理人员在长期照顾中，居家护理部分的主体地位（贾淑丽，2000：56）。未来将社会福利对于老人健康促进活动及居家照顾之服务以及小区卫生单位护理机制建立一个整合模式，是满足老人连续性、多层级需求的必然趋势。

其次，台湾小区发展方向的改变使得小区组织开始成为为各类弱势人群提供照顾服务的据点，特别是1980年台湾省政府的"小区发展后续第一期五年计划"中开始尝试以小区发展的方式来落实福利服务工作被视为重要的开端。并且在1983年及1985年两阶段分别择定小区试办。其内容包括逐渐试办国小低年级儿童课后辅导、残障儿童日间收托、敬老午餐及居家老人服务等（赖两阳，2002）。因此，台湾"由小区提供照顾"（care by the community）的模式先从去机构化的理念开始，发展至小区弱势人群照顾，再由所谓针对老人的"小区照顾"理念的推动。

1995年"内政部"举办"全台小区发展会议"是小区朝向"福利小区化"发展的关键。该会议根据与会学者的意见提出："为落实社会福利政策，应推动小区各相关社会福利措施及服务方案的普及。"与会学者普遍认为"福利小区化"有几项优点（内政部，1995）：①小区居民的参与性高，有助于小区意识的凝聚；②小区工作的可近性高，有助于福利服务的输送；③小区工作可受性高，有助于满足小区的差别需求；④福利工作的自助性高，有助于提升居民的自治能力；⑤福利工作的分权性高，有助于保障居民的福利权益；⑥福利资源的使用性高，有助于增进社会的合作关系。

1996年，"加强推展小区发展工作实施方案"据此订颁，研订"福利小区化"的具体措施与实施步骤，规划推动"福利优先区"的创新措施；同年"推动福利小区化实施要点"核定实施，此可视为台湾小区福利服务发展的新纪元。1997年全台社会福利会议之后，行政院组成社会福利推动小组，针对台湾居家小区式长期照护措施严重缺乏的情况，研拟"建构长期照护体系先导计划"。该行动方案中的目标共有七点，而其中首要者为：统筹社政和卫生资源，提供民众整体连续性的长期照护（林维言，2000：14）。紧接着，1998年"内政部"选定五个地点进行实验[①]；而精省前的社会处则另择五处进行[②]。1999年7月1日台湾省社会处裁并前，以各厅处分工的团队方式推动小区工作，但是在废省之后，"中央政府"仍未提出明确之小区政策，而各部会更是寻求表现，各出奇招，缺乏横向之联系，而社会司的层级太低无法整合各部会之小区发展业务（王培勋，2002），以致小区政策各自寻找方向，缺乏统筹。2000年"内政部"虽然减少实验小区数，但仍继续进行实验计划[③]。

2000年是另一个重要的转折点，行政院社会福利推动小组在该年4月第6次委员会议通过实施"建构长期照护体系三年先导计划"，在张博雅任职期间与卫生署合作推动"建构长期照护体系先导计划"，并择定台北县三峡、莺歌小区以及嘉义市分别代表乡村与都市的实验小区作为推动长期照护的实验点。将"小区照顾"纳入"长期照顾"的范畴，这是台湾面对人口结构快速老化理性选择的必然结果；也是执政党寻求地方认同，满足民众福利需求，维护合法性权威的策略。"卫生署"1998年开始执行

---

① "内政部"择定台北市文山区、宜兰县苏澳镇、彰化县鹿港镇、台南市安平区及高雄县凤山市五个地点。
② 省府择定包括：南投县埔里镇、台中县雾峰乡万丰小区、宜兰县宜兰市梅州小区、新竹县私立光华启能发展中心、苗栗县私立新苗智能发展中心。
③ "内政部"择定：台北县三重市、彰化县秀水乡、高雄县小港区与金门县。

"老人长期照护三年计划",推动县市成立"长期照顾管理示范中心",从事辖区资源讯息整合与转介的工作。经建会于2002年规划的"照顾服务福利及产业发展方案",也将照顾管理纳入策略重点,责成县市政府于各县市设立"照顾管理中心",以执行资源统筹与个案照顾管理工作。但"卫生署"早已在各县市设置长期照护管理示范中心,因此这一个策略造成同一县市出现两个业务重叠的照顾管理中心。2005年5月24日行政院社会福利推动委员会长期照顾制度规划小组第2次委员会议决议,为利业务整合,有关照顾管理中心之名称统一定为"长期照顾管理中心",惟目前大多数县市管理中心仍然无法发挥统筹管理的功能(王增勇,1998)。长期以来,由于台湾老人照顾服务体系,分属于卫政与社政的双元体系,卫政系统以医疗机构为核心,提供老人急性治疗及护理之服务;而社政系统则以现金给付(中低收入户老人津贴)与居家服务为主,两者整合十分困难。

2007年台湾"长照十年计划"中,有一部分的构想参照了日本"新黄金计划"的理念,日本该项计划在1994年12月重修制定时,提出了四大基本理念:①使用者本位、支持自立原则;②非以弱势老人为对象之普遍主义原则;③以居家服务为基础之综合性服务原则;④以市町村为中心的小区主义(地域主义)。这些原则与目前台湾推动小区照顾关怀据点的精神十分相似。日本于"新黄金计划"时期即积极建立小区生活支持体系,以打造互助关怀的小区,未来应更积极发展各项生活支持服务及居家环境改善方案,并推动志工方案的落实,鼓励居民多参与小区方案。在小区中所实施的预防性照顾属于一种非正式部门(informal sector)的混合服务模式,与其他照顾模式之间互有交集。其重点仍在家庭成员、朋友、邻里的非正式照顾体系(Johnson,1987:65),但是不排斥"来自机构内的照顾"(care from a home),如"日间照顾"(day care)与"喘息照顾"(respite care)等短暂性或临时性之机构照顾模式。

在老人长期照顾服务体系的建构上,特别是在"小区照顾"的面向上,各种分类①的内容,将产生不同的服务模式,同时模式背后亦代表着不同的政策意涵。但是这些照顾模式普遍以中重度失能老人为对象,与现行"内政部"的"小区照顾关怀据点",或者各县市所推动的"日间照顾中心""村里关怀中心""老人日托站""小区食堂""长青学堂""长青童心园"等不太一样。为中重度失能老人提供照顾服务目的在支持家庭的照顾功能,整合多层级及连续性的照顾服务,属于较高层级的"护理模式"。由小区组织所发展之照顾模式倾向于"社会模式",较无能力发展到"护理模式",为失能老人提供照顾服务的人员必须接受至少90个小时的照顾服务员的训练,而这些居家服务计划通常是委托医疗或福利机构团体进行,目前仅受过24小时志愿服务训练的小区志工仍不适合进行类似的服务。

三 建立小区预防性照顾网络及其内涵

在前述结构性因素的影响下,如何透过小区网络结合志愿服务人力提供"预防性照顾",成为现阶段的政策方向。台南县政府率先推动"新大同社会小区照顾网络",在台南县各乡镇小区与村里,透过资源整合建立"村里关怀中心",并配合行动医院的医疗服务,满足台南县小区老人之需求。从2002年10月开始,经过一定的评估程序与步骤,整合村里长及小区发展协会理事长的力量,各村里设立了"村里关怀中心",并且透过此中心成立了小区志工队,开展有关小区老人送餐、协助就医以及电话问安等服务。设置点从2002年的50个,到2003年9月成立146个,累积至2005已成立269个。

尔后,"行政院"配合台湾健康小区六星计划之实施,从2005年开始

---

① 照顾类型以机构特性划分者为多,以行政责任划分者少,例如吕宝静(1998)将老人日间照护服务机构类型分成三类:医疗类型(medical models)、社会类型(social model)及综合类型(mixed models)。陈世坚(2000)则将长期照护机构的形态分成:①独立型(Independent)——消费者导向;②以医院为基础(hospital-based)——供给者导向;③小区为基础(community-based)——家属导向。

推动设立"小区照顾关怀据点",未来三年内准备设立2000个据点。"预防性照顾"或"小区照顾"的目的是使老人尽量延后进入机构式照顾的时间,在台湾其逐渐朝身心机能活化、健康促进的方向发展,对象也以健康及轻度失能老人为主。中、重度失能老人过去依赖"家庭照顾",但是随着家庭结构的变迁,居住观念的改变,近年来这种传统老年人照顾模式逐渐式微,取而代之的是公、私立的安疗养机构的发展,以弥补家庭照顾之不足。老化是一个连续性的过程,依据老人的身体健康状况及家庭照顾人力资源的不同,应规划不同的照顾模式。目前以健康或行动较无问题老人为主的"小区照顾关怀据点"是"小区照顾"中的一环,其他依赖医疗资源及较多专业人力的照顾,则另行以项目的方式由医疗及福利机构接受委托加以提供。虽然,小区照顾应该是综合社会性及医疗性两种模式的一种混合式照顾模式,不过受小区资源及专业人力所限,小区所能提供的照顾模式仍偏重社会性,这使小区老人的生活产生了有意义的改变。

为结合在地组织从事老人照顾关怀工作,关怀据点采取"由下而上"的提案补助方式。而提案单位性质相当多元,大致可分为三大类(行政院,2007):一为人民团体(如农渔会、小区发展协会、文史团体、社福团体、小区宗教组织等);二为公部门(村里办公室等);三为财团法人(包含社会福利协会、宗教组织、文教基金会等),依"内政部"资料统计,截至2006年8月12日,全台湾795个据点,以人民团体所占量最多(646个,占据点总数之81.26%),其中又以小区发展协会为多,共计435个,占据点总数之54.72%,小区型协会(例如文史团体等)次之(89个,占11.19%),社会福利型协会则有51个,占6.42%;此外,由公部门所设置的小区照顾关怀据点中,民政体系(村里办公处及区公所)有55个,占据点总数之6.92%,农会有9个,占1.13%,社政体系(社福中心)有8个(占1.01%),而财团法人基金会,以社会福利型基金会占多数(34个,4.28%);此外,台北县有6个关怀据点由医院或养护中心设置,惟机构性质不符"中央"补助标准,系由承办单位运用既有资源运作。2005年"中央"补助各小区照顾关怀据点总计4000万元,2006年编列2.4亿元建立小区照顾关怀据点,至2006年上半年度统计仅使用1亿多元。虽然，经历了初期的设置据点的停滞期，但是小区组织有能力及意愿申办关怀据点之后，据点的数量持续扩增，目前全台每年增加10%的据点数，每一个据点可获每月1万元之业务补助，以1600个据点计算，每年约需2亿元，新设立据点可获10万元之设施设备补助，政府投入者不多，但成效极为丰硕，因此参与此项方案的小区仍在持续增长。

现行台湾各县市所推动的"小区照顾关怀据点"设立的据点数系根据该县的老年人口数量来规划，原本设计据点由各县市"长期照顾管理中心"加以管理，但是绝大多数的县市由社政单位委托或自办的辅导机制（团队）来管理，其功能为"初级照顾预防"针对健康老人，生活自理能力较差的老人则进入"正式照顾服务"体系，由政府提供服务。"长期照顾管理中心"在个案需求转介评估之后，可以提供居家式照顾（居家服务、居家喘息、紧急救援、居家无障）、机构式照顾（日间照顾、日间照护、机构复健、机构喘息）、家庭式照顾（赡养机构、养护机构、身心障碍机构、长期照护机构、护理之家）（参考图1），以上由社工员或照管师评估之后开案，由政府提供服务。另外，"小区照顾关怀据点"的内容包括关怀访视、电话问安、餐食服务及健康促进等四项活动，执行该照顾据点计划的小区或团体可以在前述四个项目中选择三个项目进行，参加者并无资格的限制。以下是彰化县某个小区关怀据点的服务内容，分述如下。

（一）关怀访视

1. 了解访视对象的身心状况及福利需求
2. 提供关怀问安及福利服务的信息
3. 观察、注意并了解老人居家生活、经济状况及安全性
4. 代购日常用品及协助就医
5. 精神支持及陪同聊天
6. 其他转介服务

（二）电话访问及转介

1. 每星期固定电话问安一次

2. 闲话家常投其所好，表达关怀之意
3. 提供必要的社会福利咨询
4. 受访老人接电话之音量、语气如异于往常，视状况安排家庭访视
5. 电话访问及转介

（三）健康促进活动

1. 早操、健身操带动
2. 健康、休闲运动器材使用
3. 卡拉 OK 欢唱
4. 各种棋艺康乐
5. 泡茶、聊天
6. 书报提供

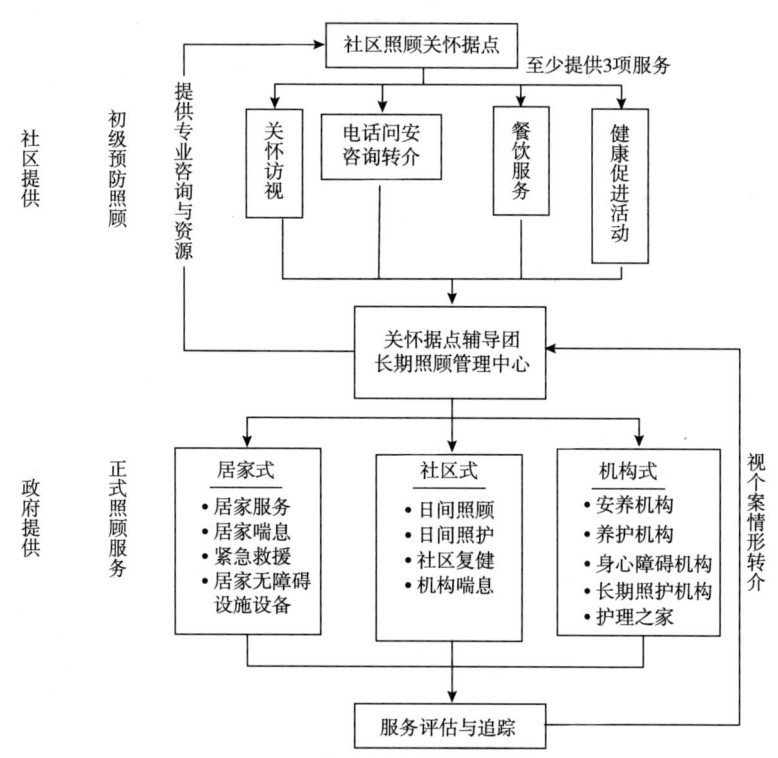

图 1　小区照顾关怀据点的分工流程

资料来源：修改自内政部（2005）。

7. 不定期举办健康讲座、慢性疾病之饮食讲座和义诊

8. 其他有益于身心健康之活动

在餐食服务方面，办理方式各不相同，大致可分为集体式用餐及到府送餐两种，前面一种通常安排在晨间的健康活动及手工艺或健康讲座之后，在小区活动中心为小区长辈提供餐食，其具有社交性功能，对增强老人间的互动具有正向的意义。而后一种送餐服务通常较少由关怀据点提供，因对于中低收入的失能老人，政府另外提供送餐服务。由于小区关怀据点所提供的餐食服务其食材不易获得政府补助，因此并非每一个小区都能提供，有些受限于小区的空间，例如，没有活动中心或厨房设备，就无法供餐，老人使用餐食视其经济能力鼓励自付部分费用，以减轻小区组织的压力。关怀据点之推行必须依赖许多小区志工的参与，例如关怀访视志工、电话问安志工、健康促进志工及厨房机备餐志工，因此小区志工成为据点重要的推动者，在许多人口老化的农村小区，产生了老人服务老人的情况，长辈参与既可帮助别人，亦可达到活跃老化的目的，具有自助与助人的双重意义。

四　多元化的小区为基础的照顾模式

台湾所发展的以小区为基础（community – based）之照顾服务模式，目的是让小区长辈透过政府相关支持方案，能够尽量在小区中自立生活、自然老化。以下介绍两个具有特色的地方政府的服务方案。

（1）嘉义县长青活力站

嘉义县属于典型的农业县，缺乏工商业，经济收入以农业生产为主，人口老化问题及人口结构失衡问题更为严重。嘉义县老人人口数至 2012 年 1 月底已达 84987 人，比例为 15.81%，其中有些乡镇之老化比例更高达 20% 以上，如六脚乡老年人口比例高达 21.41%、鹿草乡为 21.22%、义竹乡为 20.77%。为照顾小区长辈，嘉义县政府在 2003 年初即积极规划"厝边老大人，大家来照顾——嘉义县推行老人日间照顾试办计划"，采用分区委托方式，将第一区及第三区委托中华圣母基金会办理，第二区则委托双福基金会办理，公开招标评选后订定契约执行。多年来嘉义县老人日间

照顾服务中心的服务对象以健康老人为主，未广泛开放给失能老人，于是于2008年更名为"长青活力站"，迄今已发展八年，每年嘉义县政府每站补助近80万元，嘉义县为全台老年人口比例最高的县，老人小区照顾之需求为嘉义县社会福利业务推动之首要项目。

（2）台南县（已于2010年底合并入台南市）村里关怀中心

台南县也是一个乡村型县份，有鉴于人口老化速度加剧及青壮年人口外移等现象，2002年5月规划了"新大同社会小区照顾实施计划"，2004年修正为"新大同社会营造计划"，希望能结合安全系统、环保系统、文化社造系统及健康系统，鼓励村里或小区成立志工队，在台南县各乡镇市之村、里、小区广设"村里关怀中心"。2005年"中央"将台南县设置小区关怀中心的经验纳入"台湾健康小区六星计划"之中，并以产业发展、小区治安、人文教育、社福医疗、环境景观、环保生态等六大面向其中之一的"社福医疗"项下的"预防照顾据点"的设置，建立小区化老人预防性、连续性的照护网络体系，使"村里关怀中心"的推动成为全台小区照顾的重要政策指标，提供"关怀访视、电话问安、咨询转介、餐饮、健康促进活动"等多元服务。2008年台南县政府除持续推动村里关怀中心之工作，另与长期照顾十年计划"大温暖社会福利套案之旗舰计划"结合，首度成立"台南县照顾服务管理中心"（二级机关），率先将社会处的"村里关怀中心"项目办公室与卫生局"长期照顾管理中心"加以结合纳编。在整合社政与卫政业务平台之后，为小区内生活能自理及经评估失能的老人提供在地照顾服务及链接小区外围的医疗、社福、教育等相关资源，形成完善的小区在地照顾网络，让留居家里的老人在乏人照顾、身体疾病或不适时，获得直接的协助。

简言之，乡村型县市在工业科技发达，大环境变迁及都市化的背景下，青壮年人口纷纷迁离旧有的农村体系，脱离小区而分开居住，对亲属关系之网络依赖度偏低，造成乡村老年人独居人数偏高、社会支持薄弱，部分老人必须担负生活经济压力而继续从事农作，但因每户的农地面积太小而收入偏低，目前农家中有很高比例的人兼做农业外的工作。

政府将小区照顾关怀据点或其他小区型据点作为提倡健康促进活动及初级预防之场域，已有多年，尤其是原台南县及嘉义县分别于2002年及

2003年推行至今，嘉义县目前有长青活力站及小区照顾关怀据点两种模式，长青活力站每站皆有专职社工，每位社工员皆为社会工作、社会福利相关科系毕业，每位社工员管理二至三个站，并从小区中遴选培训在地服务员与志工三至五人（依所需服务老人数而定），以直接服务方式，设计适合老人从事之动、静态活动，提供"身、心、灵"全方位之服务与活动。

嘉义县小区照顾关怀据点主要为配合台湾健康小区六星计划之推动，为发展小区照顾服务，以小区营造及小区自主参与为基本精神，鼓励社会团体、小区发展协会、财团法人社会福利协会、非营利组织等立案。

原台南县于2002年开始全面建置"村里关怀中心"，村里关怀中心的特色是以台湾传统的"自然村"聚落为蓝图，利用闲置的活动中心或废弃的私人空间，打造出"一村里一个关怀中心"，并鼓励健康的老人担任志工，并成功号召6150名在地志工，除了照顾不健康的老人，也协助推动社会福利工作。村里关怀中心的服务对象为小区长者、弱势民众（包含身心障碍者、外籍配偶、单亲与隔代教养的儿童），所提供的服务包括馆室服务（含文康休闲、保健、卫教倡导、健康促进活动、共餐、书信代读写、协助申请长期照顾各项业务及赡养等服务）、外展服务（含关怀访视、电话问安、送餐服务）、创新服务（小秀才学堂、临时托顾、辅具巡回维修、传承艺术团体活动、E化下乡）等。综上，三种不同的小区型据点，依政府投入之经费成本、人力运用、办理方式、管理监督机制及服务提供项目而有所不同，兹说明并汇整如表1所示。

小区照顾关怀据点逐渐从2005年的382个增加到2011年的1657个，显示小区逐渐熟悉了小区照顾据点的运作，其服务能满足小区的需求。在福利多元化潮流及老年人口逐渐增加的情况下，"由小区照顾"的管理模式已是政府当前推动相关福利之实施策略，借由志愿服务人力投入，主动对小区之老年人提供服务。嘉义县"长青活力站"的"在小区照顾模式"及原台南县"村里关怀中心"的"与小区一起照顾模式"，为实施七至八年之小区型据点运作经验，继续推展有其必要性，惟地方政府应针对位处偏远地区或资源缺乏之小区，透过小区照顾服务人力培训，增进小区组织能力，进而增加小区型据点之设置以提供福利服务及照顾服务。

表1　嘉义县及台南县三种小区型据点之比较

照顾理论模式	在小区中照顾 Care in the community	由小区照顾 Care by the community	与小区照顾 Care with the community
方案名称	嘉义县长青活力站	嘉义县小区照顾关怀据点	台南县村里关怀中心
办理依据	嘉义县政府自行办理	内政部小区照顾关怀据点	1. 新大同社会小区照顾网实施计划 2. 内政部小区照顾关怀据点
政府投入之经费成本（一个据点/站）	开站费10万元，服务人次达40人①，每年补助每站71万元	开办费10万元 内政部每年补助12万元，县政府每年补助3万，每个据点一年约可申请补助15万元	开办费10万元 每月补助1万元业务费 经费核销方式： 1. 内政部每年12万元、县政府3万元 2. 县（市）政府每年15万元
人力运用	社工员及服务员	理事长或里长、小区领袖及志工	村里长或理事长、小区领袖及志工、辅导员
编制专责社工员	有，每一位社工员负责2－3个长青活力站	无	无
办理方式	由委托之基金会各自规划	由小区发展协会/团体提出经费申请以聘请讲师	由小区发展协会/团体提出经费申请以聘请讲师
管理方式	依据双方服务契约由委托单位进行	县政府委托中华民国红十字会嘉义县支会管理	辅导员依据乡镇市区域划分，分配几个村里关怀中心为一辅导员之责任区
管理监督机制	由县府针对小区或协会的成果报告书进行审查	每年需要例行性评鉴	每年需要例行性评鉴
服务提供项目	综合性活动设计 每周两个半天为活动日提供服务	四项中至少提供三项 每周至少一个半天为活动日提供服务	馆室服务开放、外展服务、运动器材、创新发展服务
个案管理	无	无	无
餐饮服务	提供每周两个活动日之午餐	部分据点有提供，部分则无	部分村里关怀中心有提供，部分则无

① 长青活力站，每站办理期间，若每月平均出席人次少于32人，连续达三个月者，则停止服务（关站），并迁往他处或评估其他乡镇有无开站需要。

续表

照顾理论模式	在小区中照顾 Care in the community	由小区照顾 Care by the community	与小区照顾 Care with the community
使用者付费	有，每三个月收取800元，双福基金会对于三个月皆无缺席之长辈，给予下一期优惠200元，以兹鼓励全勤参加	部分据点免收费、采取缴交入会及"常年会费"的方式办理（依各据点运作而不同）	部分关怀中心免收费、每餐收取30元餐费或采取缴交"年会"的方式（依各中心运作而不同）
2011年5月	25站	45据点	273个村里关怀中心，扣除停滞之中心数约27个，共有246个村里关怀中心持续在运作及提供服务
2012年3月	25站 （其中6站并入小区照顾关怀据点运作）	47据点 （另外6据点与长青活力站结合推动小区发展工作，若纳入计算则为53站）	因台南县市合并后，台南市据点与台南县村里关怀中心整合为一体，所以台南市共有355个据点，由台南市政府照顾服务管理中心进行管理

资料来源：整理自吴明儒、吴晓君（2011），陈筠臻、吴明儒（2012）。

五　各类小区照顾模式之成效

小区照顾模式之实施成效一向受到关注，如前节所提及由于运作方式及专业介入的程度不同，为了利于讨论与分析，以下将目前台湾所推动的关怀据点形态分成三种。

（1）"在小区中照顾"（care in the community, CIC）：此种模式主要是福利机构或团体（如基金会）的外展服务，管理中运用较多的社会工作专业方法，营运的成本较高，目前台湾仅嘉义县的长青活力站采取此模式。

（2）"由小区照顾"（care by the community, CBC）：此种模式主要是

由在地的小区组织（如小区发展协会）向政府提出申请补助，管理中运用较多的志愿服务人力，仅由地方政府委托几位社工进行辅导，营运的成本较低，目前内政部小区关怀据点即采取此种模式。

（3）"与小区照顾"（care with the community, CWC）：此种模式主要是由在地的村里或小区组织向政府提出申请补助，结合社政与卫政的资源，并辅以小区营造之手段，政府部门必须建构一个整合型的管理模式，运用较多的志愿服务人力，营运的成本较低，目前原台南县的村里关怀中心即采取此模式。

（一）CIC、CBC及CWC三种小区照顾模式的成效比较

陈筠臻、吴明儒（2012）研究了参与嘉义县小区关怀据点（CBC）、长青活力站（CIC）及台南县村里关怀照顾据点（CWC）之65岁小区老年人。研究采用立意取样法（purposeful sampling），受访老人除了接受过小区型据点服务外需符合以下条件：①受访之老年人仅限参加一种小区型据点者，避免参加多种小区型据点之多重效果产生。②参加小区型据点之健康促进活动达六个月以上者，期间无中断情形。③每种小区型据点模式立意选样两个小区，每个抽样小区受访的老年人各20位，经询问后愿意配合访谈为受访样本。

依研究需要选定三种小区型据点作为抽样小区，嘉义县小区据点之抽样小区为竹崎乡鹿满小区照顾关怀据点站及大林镇明华小区照顾关怀据点站，嘉义县长青活力站之抽样小区为太保市东势长青活力站及东石乡三家长青活力站，台南县村里关怀中心之抽样小区为玉井区望明村里关怀中心及佳里区子龙村里关怀中心，总母体数为245人，抽取样本数125人，抽样比例为51.0%。该研究以自评身体功能量表，采结构式自编问卷为测量工具，同时使用"台湾老年忧郁量表"检视老年人自评身体功能情形及心理机能。

研究发现，男性与女性在老人忧郁量表上有显著差异（男性平均分数6.24分、女性平均分数8.52分），多数文献皆表示女性的忧郁倾向较男性为高，与本研究发现相符。究其原因，可能女性较易烦恼。在年龄方面并

没有显著差异。而罹患慢性疾病数对身体功能影响之差异为显著,因老年人随着老化及罹患慢性疾病的增加,其身体功能也会不同。

本研究以小区型据点之长辈为研究对象,经由老人忧郁量表检测出疑似忧郁症之罹患率为9.62%,与林怡君等(2004)研究指出非机构老年人的忧郁倾向盛行率29.5%、吴明儒等(2011)针对长青活力站所筛选出的老年人疑似忧郁症之比例17.7%、郭耿南(2009)研究指出老人忧郁症比例约15%、Kim(2009)研究指出台湾的忧郁症罹患率21.7%-29.9%相比,可发现小区型据点之健康促进活动有促使老年人忧郁症比例降低之成效。

表2 三种小区型据点之样本特征摘要(N=125)

类别/人数(%) \ 模式	台南县村里关怀中心(CWC)	嘉义县关怀据点站(CBC)	嘉义县长青活力站(CIC)
性别			
男性	14(35.0%)	9(20.0%)	15(37.5%)
女性	26(65.0%)	36(80.0%)	25(62.5%)
年龄			
75-84岁	22(55.0%)	15(33.3%)	24(60.0%)
是否罹患慢性疾病			
是	33(82.5%)	31(68.9%)	29(72.5%)
罹患慢性疾病数			
一种	14(42.4%)	17(50.0%)	14(46.7%)
参加时间			
三年以上	24(60.0%)	28(62.2%)	32(80.0%)
参加次数			
一周一次	26(65.0%)	38(84.4%)	0(0.0%)
一周两次	3(7.5%)	3(6.7%)	40(100%)
一周四次(含)以上	10(25.0%)	4(8.9%)	0(0.0%)
婚姻状况			
已婚(含同居)	28(70.0%)	30(66.7%)	21(52.5%)
丧偶	12(30.0%)	13(28.9%)	19(47.5%)

续表

模式 类别/人数（%）	台南县村里 关怀中心（CWC）	嘉义县关怀 据点站（CBC）	嘉义县 长青活力站（CIC）
居住方式			
独居	5（12.5%）	10（22.2%）	9（22.5%）
与配偶或同居人同住	12（30.0%）	10（22.2%）	12（30.0%）
与子女或其配偶同住	23（57.5%）	23（51.1%）	17（42.5%）
可支配收入			
5000－9999元	16（40.0%）	23（51.1%）	18（45.0%）
目前经济状况			
每月开销刚好	19（47.5%）	24（53.5%）	19（47.5%）
每月都不太够用	17（42.5%）	15（33.3%）	16（40.0%）
每月都感到生活困难	3（7.5%）	2（4.4%）	3（7.5%）
福利别			
农保（老农津贴）	31（77.5%）	32（71.1%）	32（80.0%）

资料来源：陈筠臻、吴明儒（2012）。

表3　三种小区型据点之老年人过去三个月健保卡使用次数

	过去三个月中西医门诊健保卡使用次数					总和
	3次（含）以下	4－7次	8－10次	11次以上	未使用	
长青活力站（CIC）	17（42.5%）	8（20.0%）	8（20.0%）	0（0.0%）	7（17.5%）	40
嘉义县据点站（CBC）	27（60.0%）	8（17.8%）	4（8.9%）	2（4.4%）	4（8.9%）	45
台南县村里关怀中心（CWC）	13（32.5%）	13（32.5%）	6（15.0%）	0（0.0%）	8（20.0%）	40
总和	57	29	18	2	19	125

资料来源：陈筠臻、吴明儒（2012）。

老人忧郁量表所测出之疑似忧郁者，在125位受访者中有13位老年人（占9.62%），需进一步由专业医师进行诊断。老人忧郁量表得分越低，老年人忧郁情形越少，以老人忧郁量表得分低至高排列依序为长青活力站（CIC）（7.23）＜嘉义县据点站（CBC）（8.02）＜台南县村里关怀中心（CWC）（8.20）；嘉义县据点站及台南县村里关怀中心皆高于平均值7.82（见表4）。

表4　三种小区型据点之老人忧郁量表统计

三种小区型据点	个数	平均数	标准偏差	标准误	平均数的95%信赖区间 下界	平均数的95%信赖区间 上界	最小值	最大值
长青活力站（CIC）	40	7.23	4.388	0.694	5.82	8.63	0	25
嘉义县据点站（CBC）	45	8.02	5.306	0.791	6.43	9.62	2	20
台南县村里关怀中心（CWC）	40	8.20	3.884	0.614	6.96	9.44	2	16
总　和	125	7.82	4.579	0.410	7.01	8.63	0	25

资料来源：陈筠臻、吴明儒（2012）。

表5　小区型据点之长辈人数与忧郁量表交叉表

	老人忧郁量表 无忧郁	老人忧郁量表 疑似忧郁	总　和
长青活力站（CIC）	39	1	40
嘉义县据点站（CBC）	36	9	45
台南县村里关怀中心（CWC）	37	3	40
总　和	112	13	125

资料来源：陈筠臻、吴明儒（2012）。

（二）嘉义县长青活力站（CIC）之成效论析

从前述三种小区照顾模式的分析中，可以发现长青活力站（CIC）的模式，由于有较多社工专业的介入，因此疑似忧郁症老人的比率较低，也可证实其对活跃老化的贡献。吴明儒、吴晓君、刘宏钰等（2010）为了解嘉义县长青活力站对高龄长辈健康之影响，以嘉义县25个长青活力站为对象，对服务提供单位、受服务对象（老人）、小区人士（小区干部、一般民众、老人家属）等进行了评估。研究者进行了六场次的焦点座谈，并针对高龄者、家属及一般民众发放问卷分别施测，前两类系以200份样本进行实地访查，第三类是一般长辈版的问卷及老人评估表，问卷是以参加长青活力站之长辈为受访者，由长青活力站的服务员经训练后担任访员，分别对其所负责之该站长辈进行面对面访谈，每站随机抽选8位长辈进行长辈版问卷访问，8位长辈进行老人评估表问卷访问，盖每一站计有16位长辈接受面对面问卷调查，长辈版实际施测结果为211份，有效样本计208份。家属版问卷则以参加长青活力站之老人家属为受访对象，限定家属必须要与长辈共同居住或是居于邻近者才符合受访要件，主要用意在因其接触长辈较为密集，更能了解长辈的各种健康变化情形，以及长青活力站的实际办理成效，其意见及满意度也会较为确实，每站依要件选取8位受访家属进行家属版问卷施测，总计200份样本，皆为有效样本。最后通过上述三份问卷的数据分析结果，再对长青活力站的服务成效进行评估，以分析长青活力站的服务成效，研拟出相关因应策略作为相关单位之参考。

健康状况自评部分，有55.9%的受访长辈自认为健康状况"普通"，20.4%的受访长辈认为"好及很好"，23.7%的受访长辈认为"不太好及很不好"。相较去年的健康情形，自觉现在健康状况"差不多"者有64.0%，29.9%的受访长辈认为"较差"，6.2%的受访长辈认为"较

表6 CIC长辈健康状况自评（n=211）

单位：个，%

问题	项目	人数	比率
自觉身体状况	很好	17	8.1
	好	26	12.3
	普通	118	55.9
	不太好	45	21.3
	很不好	5	2.4
自觉身体状况与去年比	较好	13	6.2
	差不多	135	64.0
	较差	63	29.9
过去这三个月就医次数	无	29	13.7
	1-3次	100	47.4
	4-6次	49	23.2
	7-9次	10	4.7
	10次以上	15	7.1
	不记得	8	3.8

续表

问　题	项　目	人　数	比　率
过去一年里,是否曾到医院看急诊	有	60	28.4
	没有	148	70.1
	不记得	3	1.4
过去一年里,是否曾住院	有	39	18.5
	没有	170	80.6
	不记得	2	0.9
罹患慢性疾病	是	164	77.7
	否或不知道	42	19.9
	遗漏值	5	2.4
慢性疾病数	一种	55	26.1
	两种	48	22.7
	三种（含以上）	61	28.9
是否有服药控制	是	148	70.1
	否	8	3.8
	遗漏值	8	3.8
过去这一个月里是否有心情不佳	常常心情不佳	20	9.5
	偶尔、有时心情不佳	96	45.5
	很少有心情不佳之情形	95	45.0

资料来源：吴明儒、吴晓君、刘宏钰（2010）。

好"（见表6）。过去三个月（以2009年9月至11月为计算期）受访长辈的就医次数以1至3次居多（占47.4%），4至6次为次之（占23.2%）、而就医次数在10次以上之长辈计有15位（占7.1%）。在过去一年里，有28.4%的受访长辈曾到医院看急诊，有18.5%的受访长辈曾经住过院。经由统计分析，长辈罹患慢性疾病者占77.7%，罹患慢性疾病数三种（含以上）者占28.9%，两种者占22.7%，一种者占26.1%，显示长辈罹患慢性疾病种类数的比例偏高，且有70.1%的受访长辈在服药控制慢性疾病。心理表现方面，20位长辈（9.5%）表示，在过去这一个月里常常觉得心情不佳，45.5%的长辈则感觉偶尔或有时心情不佳，显见有55.0%的受访长辈可能有心情调适的需求，45.0%的长辈则表示很少有心情不佳的情形。

其次,从家属观点来看,"长辈参加长青活力站之后,改变最多的是什么",以"心情变开朗"所占比例最高(33.6%),次为"身体变健康"(21.5%),再其次分别是"朋友变得比较多"(17.3%)和"知识增加许多"(11.8%)(见表7)。显示学习活动的参与对于高龄者而言,无论是在身、心健康方面,或是社会互动与知识增长上都颇具成效。

就家属观点而言,讨论"长辈参加长青活力站之后,自我照顾的能力是否提升",约80.5%的家属态度肯定;"与以前的识字能力(数字方面)是否提升",约64.6%的家属也认可;至于"长辈会不会比较愿意外出活动",有84.0%的家属更是一致认同(见表8)。

表7 长辈参加长青活力站(CIC)之后,改变最多的是什么-家属观点

单位:%

项 目	重要度	重要度
心情变开朗	398	33.6
身体变健康	254	21.5
朋友变得比较多	205	17.3
知识增加许多	140	11.8
时间过得比较快	94	7.9
变得比较有自信	29	2.4
家庭关系变得比较好	25	2.1
比较会关心小区的事情	32	2.7
其他	7	0.6
小 计	1184	100

资料来源:吴明儒、吴晓君、刘宏钰(2010)。

表8 长辈参加长青活力站(CIC)之后的能力提升-家属观点

单位:%

问 题	是	否	没差别	小 计
您认为贵长辈参加长青活力站之后,自我照顾的能力是否有提升?	80.5	4.0	15.5	100

续表

问　　题	是	否	没差别	小　计
请问贵长辈在参加长青活力站之后，与以前的"识字能力"（数字方面）是否有提升？	64.6	4.5	30.8	100
请问贵长辈在参加长青活力站之后，与以前的"识字能力"（文字方面）是否有提升？	63.3	5.5	31.2	100
在参加长青活力站之后，贵长辈会不会比较愿意外出活动？	84.0	2.5	13.5	100

资料来源：吴明儒、吴晓君、刘宏钰（2010）。

再者，当询问"如果没有办理长青活力站，对贵长辈是否有影响"时，74%的家属表示"会"有影响（见表9），可以见得，长辈的家属对于长青活力站的功能，仍然相当肯定。

表9　如果没有办理长青活力站（CIC），对贵长辈是否有影响？－家属观点

单位：%

项　目	次　数	比　例
不　会	22	11
不知道	30	15
会	148	74
小　计	200	100

资料来源：吴明儒、吴晓君、刘宏钰（2010）。

在专业服务方面，若进一步分析"社工员角色重要度"与"社工员提供的个别化服务"之间的关系可以发现，受访的长辈就社工员所扮演的个别化服务角色，100%的受访者认为"资源转介""疾病卫教""心理辅导"及"紧急安置"的角色很重要，但是，受访长辈所得到的类似服务却比较少，"资源转介"为1%、"疾病卫教"为1.7%、"心理辅导"为2.9%，及"紧急安置"为2.2%（见表10）。再者，61.5%的受访者没有接受到任何一种个别化服务，明显看到角色期待与服务提供之间的落差。

表 10　CIC 中社工员角色重要度 vs 社工员提供的个别化服务

单位：%

		您认为社工员于长青活力站之运作，所扮演之角色重不重要？				
		很重要	普通	不重要	不知道	小计
社工员提供的个别化服务	到家关怀访视	89.1	8.4	0.8	1.7	100.0
	电话问安	93.6	3.7	1.8	0.9	100.0
	了解您的家庭状况	92.6	5.9	1.5		100.0
	疾病卫教	100.0				100.0
	转介资源服务	100.0				100.0
	询问服务满意度	96.9	3.1			100.0
	倾听您的建议	95.8			4.2	100.0
	协助与长者家人会谈沟通	85.7	14.3			100.0
	心理辅导关怀	100.0				100.0
	紧急保护安置	100.0				100.0
	其他	100.0				100.0
	以上项目皆无接受过	61.5	26.9		11.5	100.0

资料来源：吴明儒、吴晓君、刘宏钰（2010）。

"台湾老年忧郁量表"是老年忧郁症之简便筛选工具。成功大学医学院附设医院精神部老人精神科主任叶宗烈医师的研究指出，TGDS 信、效度检验时的施测样本为家医科门诊病人，其忧郁组的性别分布女性为男性的三倍，且鳏寡孤独者的比率显著较多，此与忧郁症在一般人口之流行病学分布相似，因此可以被推荐作为基层医疗临床筛检老年忧郁症之用，建议选用切分点为 15 分；个案总得分在 15 分或 15 分以上者，门诊医师应警觉病人有忧郁状态，需进一步诊疗或转介精神科。但若要使用于其他人口群，例如小区筛检用，则其切分点须经其他小区研究后进一步调整。

长青活力站依照上述忧郁量表以 15 分为切割高低风险之基准点，低风险（15 分以下）者占 82.3%，其中以 6-10 分者最多约为 35.2%，其次为 5 分以下者。由此可知长青活力站长辈忧郁程度倾向低风险，高风险者不到两成，可能长青活力站的开办为长辈提供了较多的生活重心与社交场域，有助排遣时间且降低心理压力（见表 11）。

表 11　忧郁量表得分分布

单位：人，%

	得　分	人　数	比　例	累　积
低风险	5 分以下	59	30.1	
	6－10 分	69	35.2	82.3
	11－15 分	33	16.8	
高风险	16－20 分	22	11.2	
	21－25 分	10	5.1	17.7
	25 分以上	3	1.5	

资料来源：吴明儒、吴晓君、刘宏钰（2010）。

此外，在关于忧郁倾向盛行率的其他两个研究中皆可发现，小区老人的忧郁倾向明显低于机构老人，由此可见若给予老人更多社会支持及经济支持，增加其独立性让其可更自由掌控自我生活，则忧郁倾向会较低（见表 12）。

表 12　忧郁倾向盛行率－其他研究

单位：年，%

研究主题	研究对象	时　间	忧郁倾向盛行率
小区老人忧郁倾向与生理功能下降的相关性，陈梦蝶，97 硕士论文	小区老人	2008	23.6
新店地区机构与非机构老人忧郁情形之研究，林怡君、余竖文、张宏哲，2004 台湾家医志	机构老人	2004	39.2
	非机构老人		29.5

资料来源：吴明儒、吴晓君、刘宏钰（2010）。

在忧郁倾向的盛行率与人口统计类别中，就性别而言，忧郁倾向的女性受访者占女性总体受访者的 22.3%，远高过男性忧郁倾向受访者的比例（7.1%），可得知，女性较男性容易有忧郁倾向。而婚姻类别中，以丧偶的受访者忧郁倾向最高（22.1%），比次高的已婚形态忧郁倾向受访者（14.3%）多了 7.8%，可能丧偶的受访者，因丧偶的心理创伤，相较于其他婚姻形态的受访者，较易有忧郁倾向。从居住形态类别可知，独居的受访者忧郁倾向（28.6%）远高于其他居住类别（仅与配偶同住 12.2%，与子女同住13.8%）。数据显示独居的受访者其日常生活的心理支持可能较难立即获得，而导致有较高的忧郁倾向。从经济状况类别可知，每月都感到生活困难的受访者有忧郁倾向的比例高达40.0%，为最高，其次为每个月不够用者，明显得知经济状况越差的受访者，忧郁倾向越高，呈现负向关联。从慢性病项目来看，患慢性疾病的受访者有忧郁倾向的比例高达20.0%，比无慢性病的受访者有忧郁倾向的比例多了12%，可能患有慢性疾病的长辈需定期回诊，且每日服用药物，若其罹患慢性疾病种类较多，势必造成身心疲累且影响日常生活，因此忧郁症倾向较为明显（参见表13）。

若更进一步依照性别来探讨忧郁量表得分分布情况，可发现女性处于高风险比例者占女性受访者的两成以上，明显高于男性（7.2%）及总体（16.4%），而传统女性角色为家庭主要照顾者，再者女性本身心思较为细腻，容易为家中成员操心，因此推论其忧郁倾向比例较高（见表14）。

表13 忧郁倾向盛行率与人口统计变数

单位：个，%

类别	项目	忧郁倾向人数	总人数	忧郁倾向
性别	男	4	56	7.1
	女	31	139	22.3
婚姻	已婚	14	98	14.3
	离婚	0	3	0.0
	丧偶	21	95	22.1
居住方式	独居	14	49	28.6
	仅与配偶同住	6	49	12.2
	与子女同住	12	87	13.8
经济状况	每月有剩余	2	12	16.7
	每月开销刚好	16	118	13.6
	每月不太够用	12	53	22.6
	每月都感到生活困难	4	10	40.0
是否有慢性病	是	34	170	20.0
	否	2	25	8.0

表 14　忧郁量表得分分布 – 性别

单位：个，%

性别 得分	男 人数	男 比例	女 人数	女 比例	全体 人数	全体 比例
5 分以下（含）	21	37.5	38	27.3	59	30.3
6 – 10 分	24	42.9	45	32.4	69	35.4
11 – 15 分	7	12.5	25	18.0	32	16.4
16 – 20 分	2	3.6	20	14.4	22	11.3
21 – 25 分	2	3.6	8	5.8	10	5.1
26 以上（含）	0	0.0	3	2.2	0	0.0
小　计	56	100.0	139	100.0	195	100.0

资料来源：吴明儒、吴晓君、刘宏钰（2010）。

从前述的分析可得知，丧偶且独居者忧郁倾向较高，且若以女性平均余命较男性高的情况来看，其相对有较高几率落入丧偶且独居的情况当中，且随着年纪增长身体老化，慢性疾病的罹患率增大，综合上述种种因素，年长女性会有较高的忧郁倾向。

六　综合讨论与政策建议

虽然世界卫生组织推动"活跃老化"的政策已经有一段时间，但是如何建构政策架构及形成推动策略则仍在努力。台湾受到西方小区照顾观念的影响，积极研拟长期小区照顾政策，其中之一与社会福利服务网络有关则是以预防性照顾的观念及做法落实于小区，对象以具有生活自理能力的老人为主。因而，透过小区组织与社福团体推动"福利小区化""小区照顾关怀据点"，试图建构台湾小区整体照顾体系的做法，已经逐渐建立了多元发展的模式。本研究认为"在小区中照顾"（CIC）的小区照顾模式，由于较高密度的专业社工的投入，产出的成果也较好。

长照十年计划将小区照顾定位在引进民间团体参与长期照顾服务，开办初期（2006 年 8 月）全台有 795 个据点，以人民团体所占量最多（646 个，占据点总数之 81.26%），其中又以小区发展协会为最多，共计 435

个，占据点总数之54.72%。因此，如何鼓励民间福利（人民）团体投入整体小区照顾体系，角色分工愈形重要，但是，目前仍有许多关怀据点推动者不知道自身角色定位为何？根据十年长照计划的分析，近九成承办单位虽为设置于小区中之小区资源，且拥有志工人力，惟达成据点设置目标——"针对轻度失能或小区内老人，提供初级预防照顾服务"之能力有待探讨。

由于小区之中缺乏专业人力，因此其功能仅能以"预防性"的小区照顾服务方案（preventive community care service programs）为主，本文所提出的CBC及CWC模式显然依赖较多的小区志愿服务人力，在人口老化严重的农村地区，受限于缺乏具备撰写提案计划能力的人才，真正有需求反而无法获得照顾服务的供给。其次，小区照顾体系必须整合地方社政及卫政能力，目前地方层级的长期照顾管理中心未能发挥整合的功能（吴明儒，2006）。而萧文高（2007）也发现，从网络治理的概念来看，小区关怀据点政策的推动，使得过去公、私部门的经验性信任逐渐朝向制度性信任，原来存在于小区内的邻里协助网络（neighborhood helping networking）因为"关怀据点"之实施而有瓦解之虞。

目前小区整体照顾体系所扮演的角色是促使老人健康活化，延缓老化，甚至改变过去错误的保健及医疗行为，进而节省不必要的医疗开支，避免造成健保制度的负担。而小区照顾体系由小区组织来承担照顾责任是否适当一直在引发讨论，例如：小区志工的水平参差不齐，品管的控制不易，小区依赖政府资源，方案如何永续发展。虽然，"小区"（community）逐渐成为提供照顾服务的重要场所，但是"小区"是否真是台湾未来可以依恃的组织，是十分值得检讨的议题，不过本文很重要的发现是：小区照顾是家庭照顾与机构照顾两者中间极为重要却又受到忽略的层次。小区照顾不但可以减轻家庭照顾的负担，还能延缓老人进入机构式照顾的时间，因此在未来建构完整照顾体系时应当受到重视；特别在中国传统"乡田同井，守望相助，疾病相扶持"的文化结构下，更是华人照顾网络异于西方模式的特征。目前虽然"行政院"积极建立社政与卫政系统整合"长期照顾管理中心"，但是由于大量运用向民间非营利组织购买服务的方式进行，同时未能与现行的小区照顾关怀据点加以整合联结，所以过度依赖政府资源的投入，闲置小区资源与弱化小区组织是另一个值得检讨之地方；而一旦长期照顾保险上路，照顾市场化的趋势必然更为明显，届时小区照顾必然无法幸存于高度资本化与照顾供应链的市场结构之中。

参考文献

1. World Heath Organization（WHO）. 2002．"Active Ageing：a Policy Framework"，WHO：Noncommunicable Diseases and Mental Health Cluster.

2. 李世代，2010，《活跃老化的理念与本质》，《小区发展季刊》第132期。

3. 吴明儒，2007，《台湾整体小区照顾体系初探：社政观点》，东吴大学国际学术研讨会《少子高龄社会的福祉政策之实践与发展——台湾、日本的比较与研究》，东吴大学哲生楼哲英厅。

4. 行政院主计处，2006，《家庭收支调查报告》。

5. 行政院，2007，《我国长期照顾十年计划——大温暖社会福利套案之旗舰计划（核定本）》。

6. Means, R., Richard, S. and Smith, R. 2000. *Community Care：Policy and Practice*. New York：Palgrave MacMillian.

7. Mayo, M. 1994. *Communities and Caring：The Mixed Economy of Welfare*. London：MacMillian Press.

8. Baldwin, Mark. 2000. *Care Management and Community Care：Social Work Discretion and the Construction of Policy*. England：Ashgate.

9. 刘佳琪，1999，《从"就地老化"的理念检视"中低收入老人住宅设施设备改善"补助方案——以嘉义县为例》，国立中正大学社会福利研究所硕士论文。

10. 蔡启源，2000，《老人居家服务之探讨》，《小区发展季刊》第91期。

11. 陈武宗，2000，《居家照护概念及其服务输送运作》，载郑赞源主编《新台湾社会发展学术丛书》"长期照护篇"。

12. 贾淑丽，2000，《台湾居家护理现况分析》，《小区发展季刊》第92期。

13. 赖两阳，2002，《小区工作与社会福利小区化》，洪叶文化事业有限公司。

14. 林维言，2000，《从"加强老人赡养服务方案"的执行谈长期照护制度之建构》，《小区发展季刊》第92期。

15. 王增勇，1998，《西方日间照顾的历史与重要议题》，《小区发展季刊》第83期。

16. Johnson, Norman. 1987. *The Welfare State in Transition — The Theory and Practice of Welfare Pluralism*. The University of Massachusetts Press.

17. 陈筠臻、吴明儒，2012，《乡村小区三模式据点老人健康促进成效之比较：以嘉义及原台南县六个小区为例》，台湾小区工作与小区研究学会学术研讨会《2012 小区工作与高龄服务：传承与创新》，静宜大学。

18. 吴明儒、吴晓君、刘宏钰，2010，《嘉义县 99 年度长青活力站服务成效调查计划成果报告》，嘉义县政府委托。

19. 吴明儒，2006，《台湾整体小区照顾体系初探：社政观点》，东吴大学国际学术研讨会《少子高龄社会的福祉政策之实践与发展——台湾、日本的比较与研究》，东吴大学哲生楼哲英厅。

20. 萧文高，2007，《台湾小区工作的政策典范与治理——小区照顾据点的省思》，国立暨南大学社会政策与社会工作学系博士论文。

老龄时代农村活化新契机：
台湾乐龄学习与绩效评估的经验

胡梦鲸[*]

一 前言

台湾由于社会经济的变迁，以及医疗卫生的进步，人民平均寿命不断延长，加上少子化的现象，使得65岁以上的老年人口所占的比例不断上升。截至2012年7月底，台湾65岁以上老年人口数已达2558567人，占总人口数的10.99%。推估到2017年时，台湾地区老年人口数将达到总人口数的14%，正式进入"高龄社会"；到2025年时，老年人口数占总人口数的比例将超过20%，台湾将正式成为"超高龄社会"，可见台湾在人口结构上老化的速度非常快，高龄人口的照顾与学习问题值得重视。

随着老龄时代来临，海峡两岸的老龄人口正快速增加。老龄包含健康的第三年龄与需要照顾的第四年龄。第四年龄需要的主要是福利照顾和赡养服务，但第三年龄需要的则是多元丰富的学习生活，以延长其活跃老化的时间。如果社会政策能将重心放在第三年龄的活化，则将可减少第四年龄的医疗照顾支出。

老龄人口的活化与第三年龄的延长，最主要的途径之一是老龄教育与学习。世界先进国家多半重视老龄人口的人力再运用及活跃老化的政策实

---

[*] 胡梦鲸，任职于台湾中正大学成人及继续教育学系，高龄者教育研究所；台湾乐龄发展协会理事长。

践，由政府或民间提供许多机会，帮助老龄人口继续学习及参与社会。例如美国的老龄中心（senior center）、日本的老年大学、英法的第三年龄大学（university of the third age），以及新加坡的乐龄学习等，均以多元弹性的老龄课程与活动，活化了老龄资产，促进了老龄参与，丰富了老龄生活。

台湾从2008年起，由教育部门设置了104所乐龄学习中心，至2012年时，已经扩充到225所，参与学习的老龄人口超过百万人次。乐龄中心自从成立之后，为台湾的中高龄者提供了系统化、有理论基础、有老化观点的学习课程，为台湾的老龄时代竖立了一个新的里程碑。

台湾的225所乐龄学习中心，遍布全台2/3的乡镇市区，一半以上坐落在农村地区，承办单位有学校、乡镇公所、图书馆、小区发展协会、老人会等不一而足。乐龄教育计划不仅给农村地区老龄人口提供了大量的学习机会，更重要的是带动了政府部门及小区组织重视老龄时代来临的趋势，并且采取行动为老龄时代做好准备。计划实践的结果，不仅活化了老龄人口，也活化了农村小区。

本文的主要目的，首先指出台湾人口老化趋势与农村面临的老化问题；其次，探讨老龄社会政策发展的一个新契机：从福利服务到乐龄学习；再次，分析乐龄学习的意涵与推动架构；接着，说明台湾乐龄学习实施的初步成果以及绩效评估；最后提出对未来老龄社会的一些对策，分析老龄教育与社会政策可能整合的方向，以及海峡两岸社会政策合作的可能途径。

二 台湾人口老化趋势与农村面临的老化问题

（一）台湾人口老化的趋势

台湾自1993年进入高龄化社会之后，人口老化的速度就有越来越快的趋势。预计到了2017年时，也就是距今约5年的时间，台湾65岁以上人口的比例就将达到14%，正式进入联合国所定义的高龄社会；到了2025

年时，高龄人口比例就将达到20%，而成为超高龄社会。台湾从高龄化社会到高龄社会，只花了24年的时间，而从高龄社会到超高龄社会，更是只花8年的时间就达到。可见台湾人口老化速度有加快的趋势，而此一老化速度，远快于欧美日等先进国家。

表1 中国台湾与其他国家/地区人口高龄化及超高龄化所需时间比较

	到达65岁以上人口比率之年次					倍化期间（年数）		
	7%	10%	14%	20%	30%	7%→14%	14%→20%	7%→20%
中国台湾	1993	2006	2017	2025	2040	24	8	32
新加坡	2000	2010	2016	2023	2034	16	7	23
韩 国	2000	2007	2017	2026	2040	17	9	26
日 本	1970	1985	1994	2005	2024	24	11	35
中国大陆	2001	2016	2026	2036	—	25	10	35
美 国	1942	1972	2015	2034	—	73	19	92
德 国	1932	1952	1972	2009	2036	40	37	77
英 国	1929	1946	1975	2026	—	46	51	97
意大利	1927	1966	1988	2007	2036	61	19	80
瑞 典	1887	1948	1972	2015	—	85	43	128
法 国	1864	1943	1979	2020	—	115	41	156

数据来源：United Nations, World Population Prospects: The 2006 Revision。

（二）台湾人口老化趋势的冲击与问题

台湾人口快速老化，导致老人出现社会心理、健康医疗、家庭结构变迁、传统产业式微及学习环境不足等问题。当前台湾老人面临的五大问题归纳如下。

问题一 人口加速老化，导致老人社会心理问题日益严重

（1）老人社会问题日益严重，包括：老人受骗、老人自杀、中高龄失业、老人受虐等；

（2）老人社交活动撤退，导致心理问题产生；

（3）中高龄长期照顾资源不足，导致照顾亲属负担增加；

（4）中高龄族群退休后收入减少，影响老年生活质量；

（5）人口快速老化，导致整体产值、创造力、生产力降低。

问题二　中高龄者健康医疗支出庞大，健康观念不足

（1）农村地区地下电台卖药情况严重，用药观念及看病习惯有待导正；

（2）营养饮食习惯改变，三高（高血压、高血糖、高血脂）、忧郁症、失智症等病症人口增加，但农村中高龄者健康观念不足；

（3）各种生活服务需求增加，但农村服务设施及整体环境有待改善；

（4）老人健康运动需求增加，但农村体适能环境不足。

问题三　家庭结构改变，老人家庭人际关系问题增多

（1）农村老人独居、寂寞情况日益严重，缺乏人际互动及家人关切；

（2）农村地区青年人口外移，隔代教养现象日趋普遍，问题严重。

问题四　传统文化产业式微，民间技艺面临失传

（1）传统产业逐渐外移，农村人口逐渐老化，导致传统产业式微；

（2）农村人口逐渐老化，民间技艺逐渐失传，文化产业有待转型。

问题五　老人学习机会不足，老人教育缺乏完整计划

（1）高龄社会政策较偏向卫生福利，忽略教育议题，高龄教育没有完整的政策计划；

（2）老人教育政策规划，缺少与社政及医疗体系的整合及对话；

（3）老人教育相关法规不够完整，法治基础薄弱；

（4）老人学习机会、活动、空间、课程均有所不足，导致老人学习参与率低；

（5）老年人力缺乏再运用的机制，经验智慧无法回馈社会；

（6）政府对老人教育资源投入不足，老人教育主要以民间组织为主。

三　老龄社会政策发展的一个新契机：从福利服务到乐龄学习

回顾台湾社会政策的发展历程，在社政体系方面，人口老化政策系以1980年公布实施的"老人福利法"为始点，其后陆续公布《社会福利政策纲领》（民国83年）、《加强老人赡养服务方案》（1988－2007年）、《照

顾服务福利及产业发展方案》(2002-2007年)等重大政策,并修订《社会福利政策纲领》(2004年),以及"老人福利法"(1997年、2007年)。卫政体系亦陆续执行"建立医疗网第三期计划"(1997-2000年)、"老人长期照护三年计划"(1998-2001年)、"医疗网第四期计划"(新世纪健康照护计划)(2001-2005年),也针对小区照顾模式制订了实验性先导计划,如"建构长期照护体系先导计划"(2000-2003年)。在在都显示政府部门对人口老化所衍生的健康及照顾问题之重视。

事实上,目前台湾的高龄教育发展,也是从社政体系开始积极推动的。若从高雄市社会处第一所长青学苑算起,至今亦有近30年的历史。高龄教育的推动,除了社政系统的长青学苑以外,亦有民间组织自行设置的老人大学,或宗教团体如长老教会设置的松年大学。长青学苑是政府社会福利部门所设置,老人大学或松年大学是由民间组织所设置,教育部门始终未能建立一套完整的高龄教育制度,为高龄者设立适当的学习机构,有组织地推动高龄教育活动。究其原因,缺少中长程发展计划,以长期推动高龄教育,可能是其中之一。

近年来,教育部门为迎接高龄社会的到来,已在2006年公布了"迈向高龄社会老人教育政策白皮书",其中包含了四大愿景、七大目标、十一项推动策略及行动方案。该白皮书的公布,固然代表了教育部门推动高龄教育有了新的蓝图,然而不容讳言,若无一套长期有效的发展计划予以落实,白皮书中的理想将只是政策宣示而已,无法真正为高龄社会的来临做好准备。

在上述白皮书发布之后,教育部门陆续推出了许多相关的政策,例如,"活化历史"的代间教育方案;规划设置了19所小区终身学习中心、高龄学习中心及玩具工坊,并在2008年开始扩展其实施的方式及范围,成立了"银发乐龄教育行动辅导团",预计分三年的时间,在全台368个乡镇市区设置乐龄学习资源中心,并结合乡镇公所、小区发展协会、老人会、小区大学、图书馆及科技校院等多元机构,全面开始推动乐龄学习活动。

整体而言,为了迎接5年后高龄社会的来临,行政院2007年3月曾经核定"台湾长期照顾十年计划",以因应未来台湾老人长期照顾的需求。

但是未来高龄社会的长者不仅需要长期照顾,更需要活得健康快乐、自主尊严,并且还能回馈社会,贡献经验与智慧。因此,教育部门便有了政策发展的新构想,具体的措施亦陆续推出,以长期推动高龄教育,落实高龄教育政策,为高龄者打造一个理想的学习环境。

高龄社会的新构想,就是推动乐龄学习政策。从2008年开始,由于教育部门乐龄学习中心的设置,台湾的高龄学习进入了一个新的纪元。为了有效推动乐龄学习政策,教育部门委托中正大学高龄者教育研究所及高龄教育研究中心,成立"乐龄银发教育行动辅导团"(简称辅导团),对于新成立的乐龄学习中心,进行经营的策略规划、专业人力培训、交流观摩及访视辅导,以确保高龄教育政策的落实,也使乐龄学习中心的工作能顺利推展。经过3年的实践,产出了丰富的成果、热心的团队、感人的学习故事;当然也发现了值得检讨的问题、需要修正的地方以及未来创新的做法。乐龄学习中心成立的时间尚短,乐龄学习时期方兴未艾,虽然3年来,不能说已经有显赫的成果,但是由于此一新的政策,的确已经为台湾的老人教育竖立了一个新的里程碑。

四 乐龄学习的意涵与推动架构

乐龄学习政策借由学者组成的乐龄教育辅导团之支持与协助,从高龄教育的目标,乐龄中心的经营运作方式,办理单位的培训、辅导与访视评鉴系统之作业,使教育部门在各乡镇市区设置乐龄学习中心计划,开始营销高龄学习的重要。但是教育部门为何要推动乐龄学习政策?乐龄学习的意涵为何?乐龄学习中心是什么?目前的乐龄学习状况及成果又如何呢?

(一)为何要推动乐龄学习政策,成立乐龄学习中心

教育部门之所以要推展乐龄学习政策,成立乐龄学习中心,最主要的原因之一是迎接5年后(预估为2017年)高龄社会的来临,届时台湾老年人口占全部人口的比例,将达到世界卫生组织14%"高龄社会"的门槛,台湾将正式迈入高龄社会。第二是过去老人教育机构多集中在都会及

人口较密集地区，学习场所不够普及，并且课程多以休闲娱乐为主，不够深化。第三是因为有33%的退休族群无养老规划，退休后不知何去何从（黄富顺、林丽惠、梁芷瑄，2008）。第四是因为过去政府较重视老人福利及照顾，相对较为忽略老人的学习成长与人力开发的议题。第五，是要以实际行动宣示政府对老人教育的重视。因此，从2008年开始，在全台各乡镇市区以"遍地开花"的方式，到2012年共设置了225所乐龄学习中心。

（二）什么是乐龄学习

"乐龄"一词，源自新加坡对于老年人的尊称。其由来为1966年在陈志成先生的领导下，新加坡成立乐龄活动联会（Singapore Action Group of Elders, SAGE）。据陈先生所述，他们原是先想到SAGE（圣贤）这个英文简称，然后才想到能配合这个简称的英文，也就是Singapore Action Group of Elders；他们所谓的"乐龄"意思是指"快乐的年龄"。乐龄活动联会的发起人陈志成先生非常重视道德，就如同重视身体、精神和社交健康一样，根据德国哲学家康德所述："道德不是让我们使自己快乐，而是我们如何使自己值得快乐的道理。让我们为别人寻求快乐，至于我们自己追求的应是完美，不论它为我们带来的是快乐或是痛苦。"（林振扬，1999）这样的想法同时也是乐龄活动联会发起人认为的他们的成员都应该具备的精神。

台湾的乐龄学习，借用了这一个名词，乐龄学习中心的名称Active Aging Learning Center，其宗旨也就是希望透过全面、均衡且多样的学习活动，帮助高龄者活跃老化，进而打造一个身体健康、心理愉悦及灵性满足的成功老化社会。因此，乐龄的精神乃是希望老人能"快乐学习，忘记年龄"。乐龄学习的对象是以有两类，一类是传统65岁以上的老人；另一类是退休前十年打算为退休后做准备的中高龄人士。乐龄学习与老人教育最大的不同，在于它将退休前的中高龄人士纳入教育的对象。

（三）什么是乐龄学习中心

根据乐龄教育辅导团的规划，所谓"乐龄学习中心"，并不是新盖一个中心，它也不是一个实体组织，而是由全台湾每一乡镇市区，运用现有的馆舍（如图书馆、老人活动中心），或闲置校舍（如国民中小学），成立一所乐龄中心。乐龄学习中心是一个营运总部，是一个可以上课的地方，可以休闲联谊的地方，可以看报纸打发时间的地方，可以找到学习信息的地方，可以当志工的地方，甚至希望能够把乐龄中心营造成为老人第二个家。

（四）乐龄学习的推动架构：系统的观点

为了落实乐龄学习的愿景，教育部门委托中正大学高龄教育研究中心，成立"乐龄教育辅导团"负责执行。根据委托单位的要求，高龄教育研究中心执行团队从系统的观点，将被委托的工作项目架构起来，包括两个分项计划（即拟定"督导老人教育"评鉴辅导计划书以及执行"督导老人教育"评鉴辅导计划书）、六个子计划（包括设立总团部、督导访视、研发课程、培训研习、会议交流、建置数据库等）以及十二项工作，如表2。

表2 乐龄教育辅导团第一年的各子计划与工作项目

	子计划	工作项目
一	设立总团部	1. 遴聘教育行动辅导团委员，正式成立总团部
二	督导访视	2. 访视19所小区终身学习中心，包括高龄学习中心以及玩具工坊，并完成建议报告书
		3. 设计乐龄学习资源中心工作手册
		4. 督导100所乐龄学习资源中心
		5. 访视100所乐龄学习资源中心
三	研发课程	6. 研拟出老人教育五大核心课程指标内涵及课程大纲
		7. 组成课程编辑小组，研编老人教育五大核心课程
四	培训研习	8. 完成老人教育种子师资培训之规划
		9. 办理四个区域的老人教育种子师资培训
		10. 编辑完成上述四个梯次的研习教材
五	会议交流	11. 办理四个区域共六场次之分区联系会议、年终检讨会、交流座谈会
六	建置数据库	12. 研发完成信息辅助教材，以及建置完成老人专业师资及志工数据

第一年的乐龄学习辅导整体计划架构如图1。

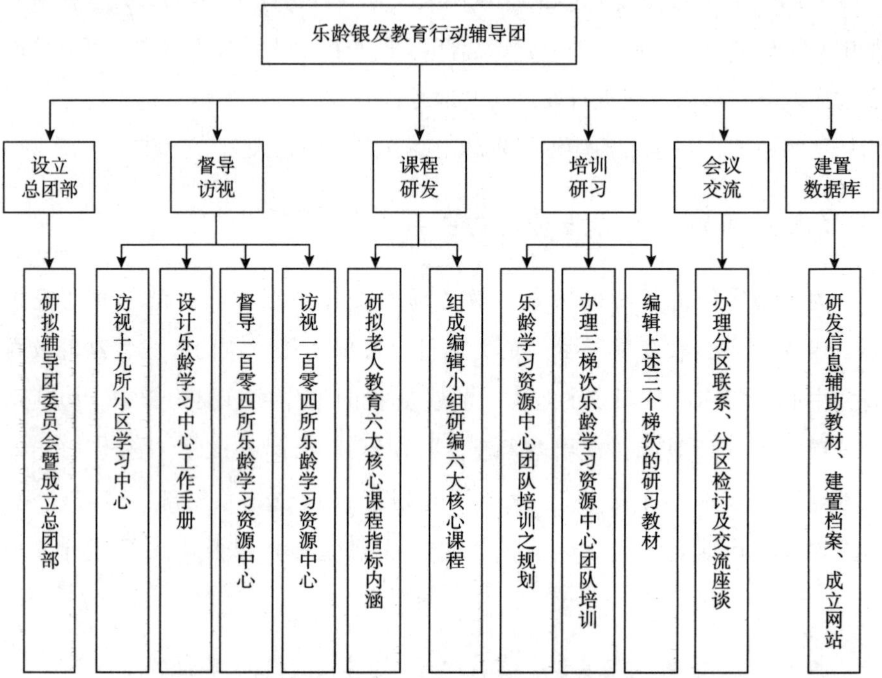

```
                    乐龄银发教育行动辅导团
    ┌──────┬──────┬──────┬──────┬──────┬──────┐
   设立    督导    课程    培训    会议    建置
   总团部  访视    研发    研习    交流    数据库
```

设立总团部	督导访视		课程研发		培训研习		会议交流	建置数据库
研拟辅导团委员会暨成立总团部	访视十九所小区学习中心	设计乐龄学习中心工作手册 督导一百零四所乐龄学习资源中心 访视一百零四所乐龄学习资源中心	研拟老人教育六大核心课程指标内涵	组成编辑小组研编六大核心课程	乐龄学习资源中心团队培训之规划 办理三梯次乐龄学习资源中心团队培训	编辑上述三个梯次的研习教材	办理分区联系、分区检讨及交流座谈	研发信息辅助教材、建置档案、成立网站

图1　乐龄学习第一年整体推动架构图：乐龄银发教育行动辅导团的运作计划

第一年的乐龄学习计划于2008年起开始推动，共计104个"乐龄学习资源中心"在全台各乡镇市区成立。为使乐龄中心的设置及经营，都能符合地区特性，创意开发出满足小区老人需求的学习模式，有必要针对有兴趣经营各地区学习中心之志工、教师、行政人员或项目管理人，继续提供整体系统的培训与辅导。

在第一年的基础下，辅导团继续接受委托，规划第二年的乐龄学习计划，共包括两个分项计划，即拟定"乐龄行动辅导团第二年项目计划"、执行"乐龄行动辅导团第二年计划"，7项子计划包括策略联盟、审查计划、研编教材、培训研习、评鉴计划、会议交流、汇整资源等，以及13项工作（如表3）。

表3 乐龄教育辅导团第二年的各子计划与工作项目

	子计划	工作项目
一	策略联盟	1. 从北中南东四区，邀请专业团体进行策略联盟 2. 遴聘乐龄行动辅导团委员至少20名 3. 研议乐龄学习资源中心辅导机制
二	计划审查	4. 审查第一年乐龄中心新设申请案 5. 审查第二年乐龄中心续设申请案 6. 审查第三年小区终身学习中心申请案
三	研编教材	7. 编撰"乐龄学习资源中心工作手册" 8. 编撰"乐龄学习资源中心志工手册" 9. 编撰"乐龄学习资源中心创意教案手册"
四	培训研习	10. 办理三场进阶培训：培训小区终身学习中心、第二年续设乐龄中心工作团队 11. 办理四场初阶陪训：新设置乐龄中心工作团队
五	评鉴计划	12. 研拟乐龄中心评鉴实施计划 13. 进行访视评鉴
六	会议交流	14. 办理四场分区联系检讨会议 15. 办理全台观摩研讨暨成果发表会
七	汇整资源	16. 搜集并整合全台乐龄学习相关资源

第二年的乐龄学习整体计划架构如图2。

（五）乐龄学习中心的执行方式

前述乐龄教育辅导团第一年与第二年的执行架构图，说明了乐龄中心的推动架构，乐龄学习计划的执行概念如图3所示。

乐龄教育辅导团接受"教育部"的委托，在整体推动架构的引导下，首先，制作乐龄学习中心工作手册，建立类似标准作业流程的概念；其次，以工作手册为基础来规划志工培训研习，分别根据已设之中心及新设之中心，规划核心志工（即各乐龄中心主要经营团队）的初阶研习与进阶研习。两年总计培训初阶志工345名、进阶志工326名。各中心核心团队

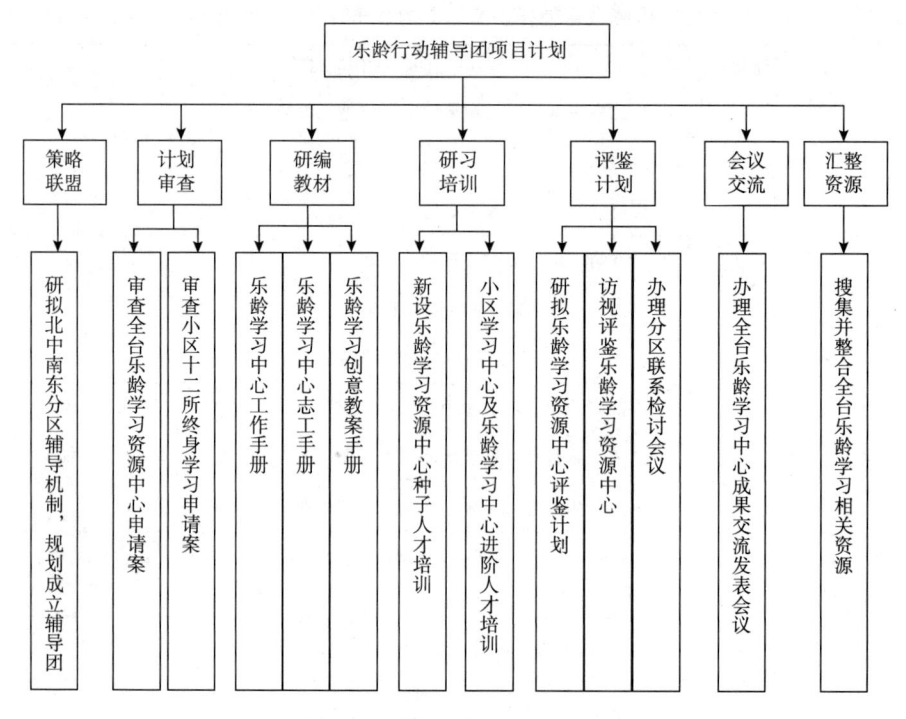

图 2　乐龄教育辅导团第二年整体推动架构

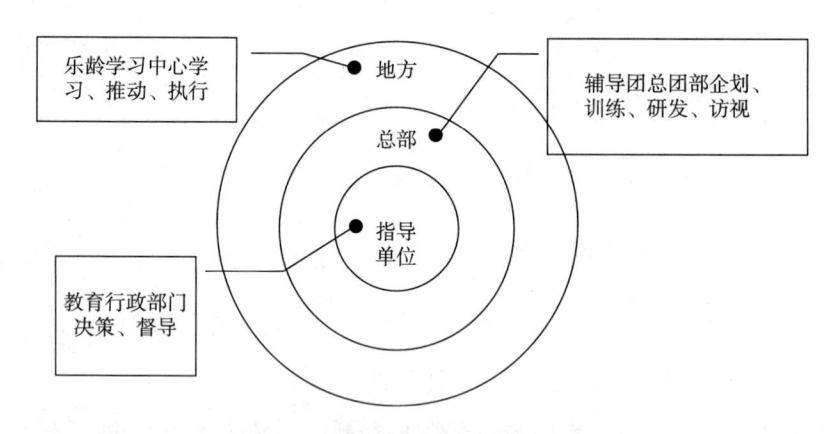

图 3　乐龄学习中心执行方式概念图

接受培训后，回到各中心，开始展开经营。其间，各地方政府亦多会为该县市规划志工之研习活动，以扩大沟通乐龄学习中心的理念。

接着，辅导团于期中组办乐龄中心交流观摩会议，以开拓全台各中心交流学习的机会,并且透过"乐龄教育辅导团"网站的建立(网址为:http://team.senioredu.moe.gov.tw/),为各中心提供信息整合运用的平台。最后,则是分别进行各中心的访视辅导且于每一年计划结束前,组办全台成果展览之研习交流会议。

总之,乐龄教育辅导团扮演乐龄学习中心执行推动总团部的角色,图3的基本概念是基于高龄教育整体的实践,需要由中心到圆周,换句话说要由上到下的支持与行动,才能达成综效。由政府负责政策之建立,高等教育等学术机构负责中心运作机制的发展、相关材料的研发、办法的研拟、资源网络的建立,以及各中心咨询辅导的提供。各地之乐龄中心则扮演学习基地及策略联盟的伙伴。

1. 乐龄学习中心的工作手册

乐龄学习中心的设置,是让高龄者快乐学习,以达到"活力老化"的愿景。乐龄中心不只是上课的教室,它提供老人获取相关信息的场所,是老人家交流的空间,鼓励社会参与,结合地方资源营造无年龄歧视的小区文化。基于这个新的高龄学习与教育规划概念,辅导团在接受委托之后,先研发了一套工作手册供实务工作者参考,第一年的工作手册架构如图4。

对于第一年的中心而言,乐龄学习的概念是新的,投递计划书申请办理的团队相当多元①,因此工作手册的重点是引导各中心思考乐龄中心的愿景,并据此来设计乐龄中心的课程与相关活动。亦即强调筹备阶段与实施阶段的工作内容与操作方式,详细的内容请见《乐龄学习资源中心经营手册》培训研习教材。

乐龄学习中心计划进入第二年之后,针对第二年续办的中心,除了依照第一年的工作手册所指引的方式,继续维持乐龄中心基本的经营运作外,特别着重激励各中心于实施阶段时能研发创新经营策略,辅导团从第

---

① 申请办理的团队背景包括国中小学校、大专院校、老人会组织、社会发展协会、乡镇公所、基金会等。

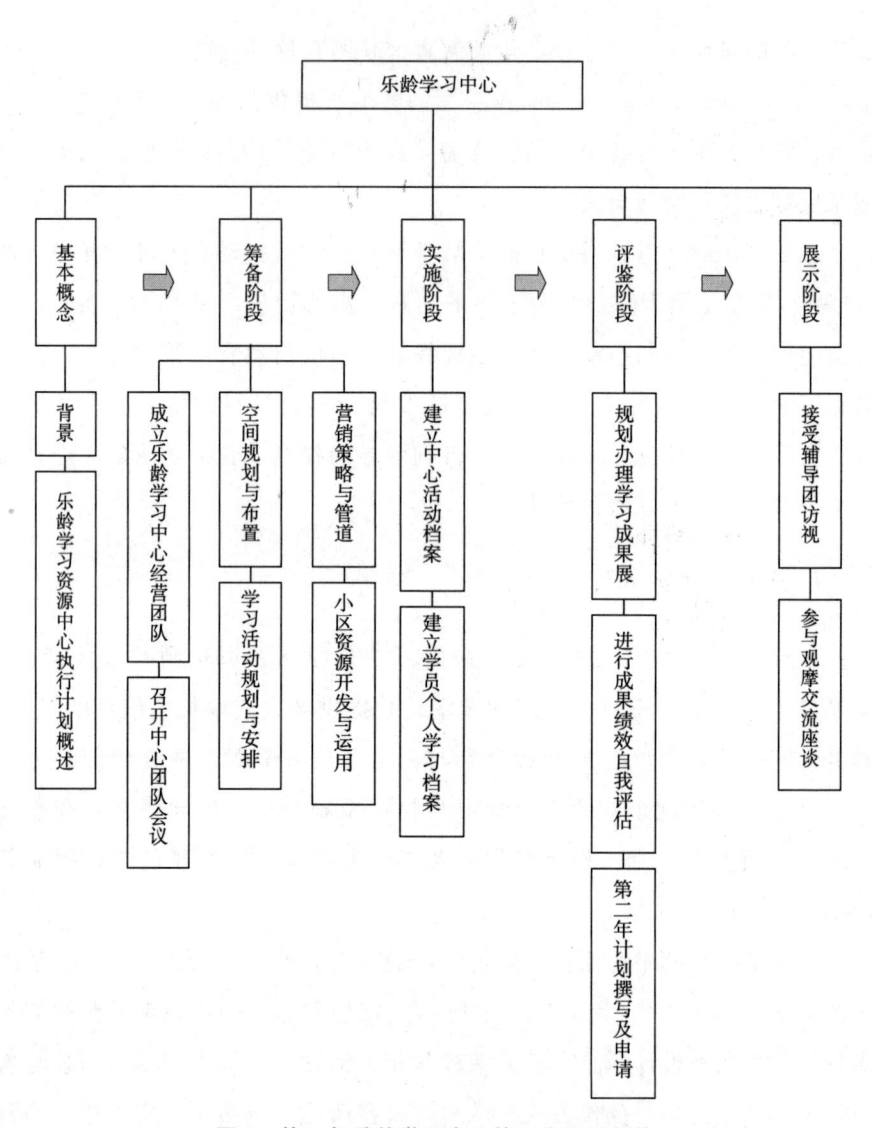

```
                            乐龄学习中心
                                │
    ┌──────────┬──────────┬──────────┬──────────┐
   基本         筹备         实施         评鉴         展示
   概念         阶段         阶段         阶段         阶段
    │           │            │           │            │
   背景    ┌────┼────┐    建立中心    规划办理     接受辅导
    │    成立  空间  营销    活动档案    学习成果展   团访视
  乐龄   乐龄  规划  策略       │           │            │
  学习   学习  与    与       建立学员    进行成果    参与观摩
  资源   中心  布置  管道      个人学习    绩效自我    交流座谈
  中心   经营   │    │        档案        评估
  执行   团队  学习  小区                   │
  计划    │    活动  资源                第二年
  概述  召开  规划  开发                 计划撰写
         中心  与    与                    及申请
         团队  安排  运用
         会议
```

图 4　第一年乐龄学习中心的工作手册架构

一年的访视成果发现各中心在下列四个部分需要创新：课程的规划、营销的方法、中心的管理与乐龄学习成果的推广等。据此，乐龄学习第二年的工作手册①，其架构如图 5 所示。

---

① 完整的内容请见《乐龄学习系列教材 7——乐龄学习中心工作手册》。

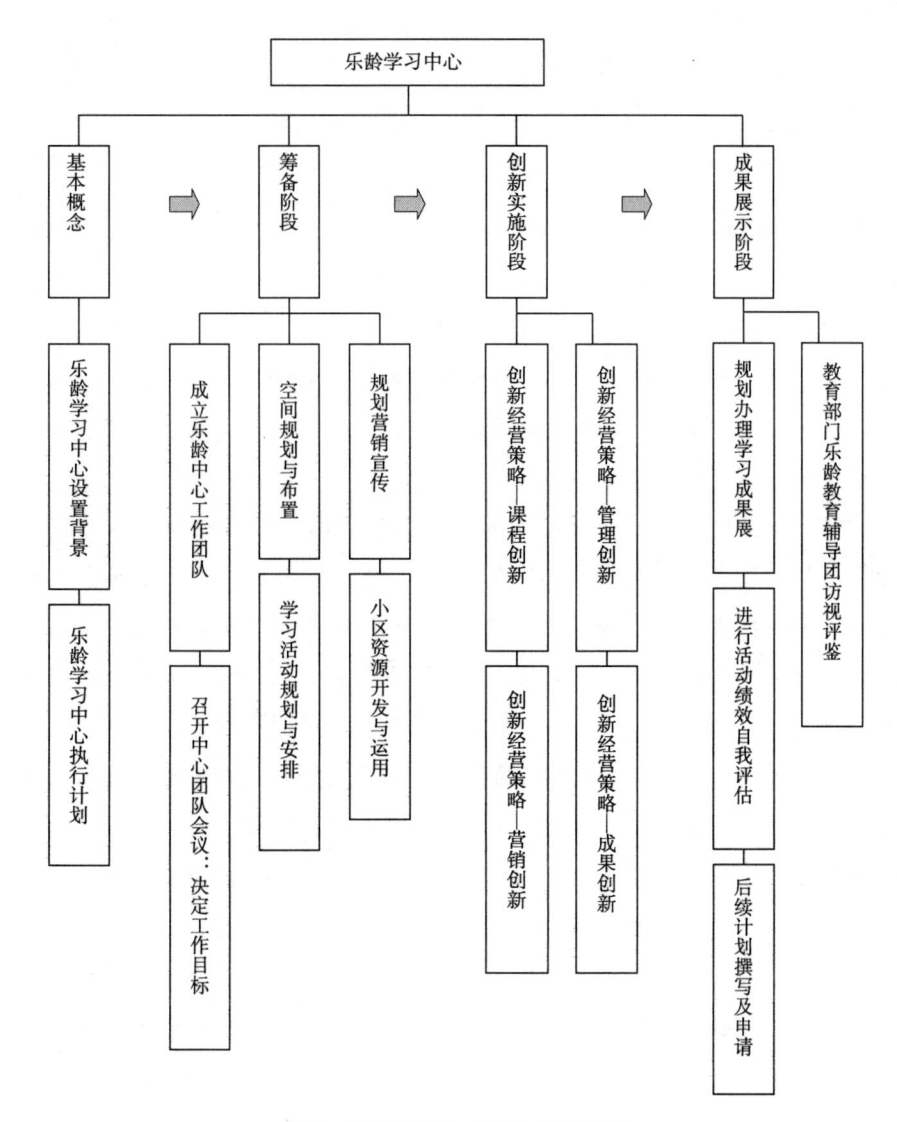

图5 乐龄学习中心工作手册架构

2. 乐龄学习中心的培训研习之实施

为了使第一年承办乐龄学习资源中心的经营团队能了解中心的运作策略与方向，并了解乐龄学习中心工作手册的使用，辅导团在北中南三地各办理了为期两天的"乐龄学习中心团队培训研习"，共计16小时。

培训研习计划的对象为乐龄学习资源中心之经营团队，主要是承办人及志工，另包括教育局、各县市政府负责乐龄学习中心或小区终身学习中心之承办单位科长（主任、课长）或承办人员，总计有 300 人报名参加。

为使各中心团队参与培训研习更有效能，研习成果更有用，由计划执行团队，整体规划发展出乐龄学习中心经营手册以为培训研习之主要教材。教材内容包括基本概念、筹备阶段、实施阶段、评鉴阶段与展示阶段等，编辑团队再根据这些主题，发展更细部的研习内容，如中心的营运目标、空间规划与设计、学习活动规划与安排、营销策略与管道、建立中心活动档案、经营绩效自我评估等 15 个单元。

第二年的培训研习计划则是包括"初阶培训"及"进阶培训"两个部分。初阶培训对象为第一年的乐龄中心之经营团队，主要是承办人及志工，另包括教育局、各县市政府负责乐龄学习中心或小区终身学习中心之承办单位科长（主任、课长）或承办人员，总计有 345 人报名参加。

培训教材设计是以工作手册为基础，初步规划包括基本概念、筹备阶段、实施阶段、评鉴阶段与访视展示阶段等，编辑团队再根据这些主题，发展更细部的研习内容，如工作手册的活动、乐龄故事的营销宣传、经营策略创新、课程创新等单元。

参与培训研习，了解乐龄中心理念，是成功经营的基础，因此，辅导团对于各中心参与研习的人位与其出席情形，相当注意。在规范其参与研习时，就要求各中心务必派出"真正"要经营的团队，至少三人与会，而且两天都要参加。

针对第二年续办之乐龄中心，提供进阶之培训研习，培训重点聚焦于激励各中心能够在课程规划、经营管理、营销推广与成果发表等层面，做深化与创新的设计，同时进行乐龄学习故事的搜集、汇整与营销宣传，希望强化经营者及社会大众对于乐龄学习价值的认知、肯定与报导。

综合分析结果，培训研习的设计相当成功，学员对于培训研习在学习环境、教师教学、课程教材、行政服务、学习效益等方面，都表示满意,总计大致可以归纳出下列三点特色(魏惠娟、胡梦鲸、蔡秀美,2009)。

(1)乐龄学习中心的经营手册,创造"立即可应用"的研习成效

辅导团所研发的《乐龄学习中心经营手册》是培训研习的主要教材,内容包括基本概念、筹备阶段、实施阶段、评鉴阶段与展示阶段等,编辑团队再根据这些主题,发展更细部的研习内容设计,并以团队的方式来进行培训教学。

在培训研习过程中,辅导团的授课讲师群,都能针对培训教材内容,以深入浅出的方式,让学员更加了解乐龄学习中心未来的经营管理与实施策略,研习结束后,并将教材中有助于各中心实际应用的表格,与教师培训研习时所用的授课讲义资料,都放置于乐龄教育辅导团(http://team.senioredu.moe.gov.tw/index.htm)及中正大学高龄教育研究中心之网页(http://aerc.ccu.edu.tw/),供学员下载使用,注意知识管理与分享。质言之,辅导模式先发展出系统、整体且有"针对性"或"立即应用性"的研习教材,使参与者能立即应用所学,乃是创造培训教学成效与满意的基础。

(2)以"团队学习"取代"个人学习"的参与培训方式,加强学习内容可以应用的效能

乐龄学习中心的研习培训之设计,除了在培训教材的编辑上有针对性,对于参与培训成员的要求,亦有相当清楚的目标对象及出席的原则,希望各中心透过团队学习的方式,参与为期两天的培训。

乐龄学习中心学员报名参与情形显示,中区及南区县市的中心,以团队方式报名参与研习的最为踊跃。在研习的过程中,学员们私底下也表示,此次培训,跟以往所参加的研习都不一样,他们不是只有坐在台下听课,更是透过团队合作的学习方式,在培训时,就开始构思中心的经营取向,撷取经营的策略,激荡不同的想法。这种培训模式增强了他们在研习结束后能"立刻上场"的信心。

(3)讲师以团队方式来讲授课程、理论与实作兼具的活动设计,有助于学习内容的吸收

参与乐龄学习中心培训研习的讲师，都具有丰富的成人教学经验。教学方式并不是由个别讲师轮番上阵，以演讲方式进行；而是采用团队教学的模式，以彼此支持的方式协同教学。并穿插许多交互式的教学活动，如问答、影片、分组讨论、小组实作等，多元的教学方式，因此创新了培训的方式，提升了学习成效。

五 乐龄学习实施的初步成果与绩效评估

两年的乐龄学习成果，可以从执行单位的背景、经营团队参与培训研习的情形、学员参与学习的情形、乐龄志工与教师的背景、课程开设的情形、乐龄中心所开拓的点数，以及营销与经费的投入来探讨（魏惠娟、胡梦鲸、李蔼慈，2010）。

（一）执行单位多元化

申请办理乐龄学习中心的单位背景很多元，是典型的成人教育（含高龄教育）的实施方式。这些多元的机构包括：非营利组织系统，如基金会、小区发展协会、生活美学协会、教育协进会等各种类型的协进会；学校系统，如国中小学、大学等教育机构；公部门系统，如乡公所、图书馆等；小区大学系统；老人会系统，如老人福利协进会、长青学苑等。整体机构类型之分布如表4。

表4 乐龄中心及小区中心机构类型分布

类 别	北 区	中 区	南 区	东 区	离 岛	合 计
非营利组织系统	10	27	25	15	4	81
学校系统	31	13	22	3	1	70
公部门系统	7	14	4	3	0	28
老人会系统	2	9	7	2	0	20
小区大学系统	3	4	4	4	0	15
总 计	53	67	62	27	5	214

数据来源：魏惠娟、胡梦鲸、李蔼慈（2010）。

（二） 两年参与培训研习的比率平均高于八成

乐龄志工是乐龄学习的重要推手，志工对于乐龄学习的认知，对于乐龄中心的经营，一方面要透过个人阅读学习，一方面要透过小组讨论，但是无论个人还是团体，参加培训都是第一步。因此，辅导团对于培训研习的规划，注重系统与创新，总计规划初阶与进阶共20小时的培训，全台共计办理七个梯次；辅导团对于参与研习者的要求是：组成团队方式、持续参加。总计参与初阶与进阶研习的人，超过90%，研习参与率值得肯定。新申请办理乐龄中心的团队，需参与两天的初阶研习，参与率平均为84.64%，其参与情况如表5。

表5 第一年与第二年乐龄学习中心学员参与团队培训情形统计

单位：人，%

场次别	第一年 研习培训 报名人数	报到人数	报到率	第二年 进阶培训（续办中心）报名人数	报到人数	报到率	初阶培训（新设中心）报名人数	报到人数	报到率
北区	112	104	92.86	104	94	90.38	73	60	82.19
中区	124	113	91.12	73	65	89.04	109	84	77.06
南区	164	142	86.59	149	138	92.62	131	119	90.84
东区	—	—	—	—	—	—	32	29	90.63
总计	400	359	89.75	326	297	91.10	345	292	84.64

数据来源：魏惠娟、胡梦鲸、蔡秀美（2009）以及魏惠娟、胡梦鲸、李蔼慈（2010）。

（三） 学员参与学习情形

根据最新统计，至2011年时，乐龄中心参与的人次女性为755229人（71.99%），男性为293801人（28.01%），合计为1049030人。经营团队在参与培训之后，正式展开中心的经营、课程的规划、招生与办理各项学习活动。以202所中心于2010年2月至3月所填报的自评表资料为基础，以下从参与学员的人数、人次、性别、教育程度，以及参与其他高龄机构的情形来说明①，如表 6 所示。

表 6　乐龄学员参与学习情形分析

项　目	组　别	人数（百分比）
学员参与学习情形	参与人数	29495
	参与人次	330612
性别	女性	21338（74）
	男性	7672（26）
教育程度	国中以下	13488（57）
	高中职	6117（26）
	大专以上	3930（17）
学员参与机构情形	仅参与乐龄学习中心（人）	9649
	同时参与其他高龄教育机构（人）	8354

N = 214

数据来源：魏惠娟、胡梦鲸、李蔼慈（2010）。

以上学员的参与情形，透露了下列的讯息。

（1）参与之学员人数及人次：全台 214 所中心总计核发了 29495 张学员证，参与人次达 330612 人次。

（2）参与者性别：据统计，参与者为女性有 21338 人（74%）；男性有 7672 人（26%）。女性参与比例约占 3/4，远超过男性的 1/4。

（3）教育程度：参与者的教育程度，国中以下程度有 13488 人（57%）；高中职程度有 6117 人（26%）；大专以上程度有 3930 人（17%）。

（4）仅参与乐龄学习中心的人数为 9649 人，而同时参与其他高龄学习机构人数为 8354 人。

（四）总计培育超过 6000 名乐龄志工，超过 3000 名讲师投入教学活动

乐龄学习中心的设置，目的之一也是在鼓励中高龄者来服务高龄

---

① 有些中心自评表上面并未填写性别、教育程度、参与其他机构、课程活动等数据，因此各数据的总和会有差异。

者，及早为中高龄生活作准备。当然，乐龄中心的经营，并无配置专职人力，实质上，也非常需要专职的乐龄志工来协助，从乐龄志工的育成数量，也可以看出各中心的经营成效。据统计，总共有6436位乐龄志工参与，其中女性有4791人，男性有1645人。202个乐龄中心，总计有3168位教师参与乐龄学习授课活动，其中大专程度以上共占79%，高中职程度占16%，国中程度则有5%（魏惠娟、胡梦鲸、李䕒慈，2010）。

（五）前两年总计开设乐龄学习课程超过47000小时，吸引超过30万人次参与

乐龄课程是乐龄中心重要的内涵，为提升乐龄学习内涵，达成成功老化的愿景，辅导团在乐龄课程设计方面，特别强调其层次与意涵，总计开设课程情形，如表7所示。

表7 乐龄学习课程规划与实施统计

	开课次数（百分比）	开课时数（百分比）	参与人次（百分比）
倡导课程	1234（24.6）	2827（5.9）	96190（28.6）
基本课程	1204（24.0）	15841（33.1）	96196（28.7）
兴趣课程	1924（38.4）	22156（46.3）	110471（32.9）
贡献课程	649（13.0）	7041（14.7）	33004（9.8）
总　　计	5011次	47865小时	335861人次

N=212

数据源：魏惠娟、胡梦鲸、李䕒慈（2010）。

根据表7，乐龄中心所开出来的课程，在倡导课程方面，总共开设1234次、时数为2827小时、参与人次为96190人次；在基本课程方面，总共开设1204次、时数为15841小时、参与人次为96196人次；在兴趣课程方面，总共开设1924次、时数为22156小时、参与人次为110471人次；在贡献课程方面，总共开设649次、时数为7041小时、参与人次为33004人次。

（六）总计开拓458个乐龄学习据点

有鉴于乐龄学习者的背景很多元，乐龄中心的经营，需顾及城乡差异，以送学习到小区的方式来经营，避免把乐龄学习中心当成是学习教室而已。因此，辅导团的培训也包括鼓励各中心开拓乐龄学习的经营点，总计共开拓458个学习据点，平均一个中心开拓2.3个学习据点。

（七）应用网络信息报导，扩大乐龄学习理念营销

在营销宣传方面，根据各乐龄学习中心自评表回报的统计，平面媒体有385则，电子网络媒体有342则，影音网站有602则。此外，若从Yahoo入口网站关键词搜寻"乐龄中心"共有1420000笔资料；Youtube影音网站关键词"乐龄中心"共有1230个影片（数据查询时间为2012年1月10日）。

（八）建置乐龄学习网站，建立数据分享机制

乐龄辅导团，透过系统的经营策略研发，创意的经营团队培训，为使乐龄学习能够永续，辅导团将所研发的材料与搜集汇整的信息，透过网站的建立，开发信息交流的平台，使各中心的资源可以共享，促进各中心得以持续学习及交流，所有详细数据均可以透过查询下列网址而得知：http://team.senioredu.moe.gov.tw/。此外，目前约有七成的乐龄学习中心自行架设部落格或网站，供民众查询相关数据。

（九）乐龄学习中心的经营问题

乐龄学习中心在实际运行之后，虽可以从上述层面肯定乐龄学习的成效，但是目前乐龄学习中心在运行上所面临的问题，可以从乐龄学习中心设置情形、参与学员、课程实施、人才培训、拓点情形、督导情形、空间设置、奖励机制、乐龄故事等九项分别说明（魏惠娟、胡梦鲸、李蔼慈，2010）。

1. 乐龄学习中心设置情形不均等

全台虽设置了 202 所乐龄中心，但仍有 166 个乡镇市区还没有乐龄学习中心。若从高龄人口比例来看，高龄人口数比例达 14%－19% 的乡镇市区且还未设置乐龄中心者共有 48 个；高龄人口比例达 20% 的乡镇市区共有 17 个，还未设置者共有 8 个。

2. 学员与志工未明显区隔

辅导团实际访视后，发现大部分乐龄学习中心的学员与乐龄中心的志工，并未进行明显区隔，换言之，同一批高龄者，在上课之前是乐龄志工，但是在上课开始后，有些就变成学员的角色。

3. 课程实施方面

在实际了解乐龄学习中心的课程活动后，研究发现乐龄中心的课程实施，目前有以下四点缺失。

（1）政策对于乐龄学习中心课程架构内容，缺乏具体规范，各中心在乐龄学习主题安排上有错置情形。例如：乐龄志工培训应为影响贡献课程，但是不少中心将这一类的课程，错置到基本课程或是兴趣课程类型中。

（2）各中心仍然以兴趣课程偏多，倡导、基本及贡献增能课程偏少。

（3）各中心的课程，对于单次课程与系列课程的开设应如何进行，仍然混淆不清。

（4）各中心所获补助经费类似，但是其开课时数总量悬殊。

4. 人才培训

在乐龄学习中心的人才培训方面，虽然各中心都有派人参与乐龄教育辅导团的培训研习，但是实际访视后，发现仍有以下三点需要检讨。

（1）经营团队及志工团队参与乐龄辅导团办理的培训情形，会影响经营乐龄中心之成效。例如：以丙等的乐龄学习中心为例，这些中心团队出席辅导团所办理的培训情形,并不理想,只有1至2位参与,甚至还有未出席培训之情况。因此辅导团在进行访视评鉴时,发现这些未经培训的中心,仍不是很清楚乐龄中心的意涵、定位与经营方式。

(2) 缺乏乐龄专属志工及乐龄志工特殊专业培训,也并未将志工分组运用,很多中心的志工都只是以值班为主,殊为可惜。

(3) 乐龄中心讲师虽有其学科专业,但是多缺乏乐龄教学之专业知能。

5. 拓点情形

乐龄学习中心在拓点办理情形方面,大部分只在开拓出来的地点,办理一些单次性的活动,还未在该地开设系列性课程,仍未完全扎根。

6. 督导情形

经实地访视之后,发现各县市政府主管、承办人员重视乐龄学习计划与否,影响乐龄学习中心的经营成效甚大。凡地方主管重视之乐龄中心,经营成效多半优于主管不重视之中心。

7. 空间设置

经实地访视之后,发现约有三成的乐龄学习中心,并没有专用空间。这些乐龄中心多与其他单位共享一个空间,使用上颇为不便。

8. 奖励机制

乐龄学习中心的运作,不是只有开班上课,乃是需要兼顾评鉴的四个层面、二十个指针之创新经营方式。由于各中心并无专职人力,因此,多是凭借乐龄经营团队与志工的热心投入,现阶段针对表现绩优单位及个人都还缺乏奖励机制,不利于永续发展经营。

9. 乐龄故事

经实地访视之后,发现有许多感人的故事,在乐龄学习活动中被建构，但是各中心并未能完全意识到这些故事的价值，并将之汇整报导，成为社会教育或学校教学的资源，实属可惜。

六 结语：乐龄学习对农村活化的启示

综上所述，透过乐龄计划的执行，"乐龄"一词，在台湾已经逐渐取代"老人"，受到高龄者的肯定，也成为政策的主轴之一。乐龄计划已经进入第四年的实践，尤其在农村地区广受欢迎，兹提出下列的建议，供研究者与决策者参考。

（一）老龄时代的社会政策，应提出活跃老化的社会政策，同时兼顾第三年龄及第四年龄的需要

老龄时代的社会政策，不仅要重视老年人的长期照顾及福利服务，更要思考如何让老年人远离疾病？如何让老年人继续维持活力？如何让老年人提高生活质量？如何让老年人的经验智慧可以传承？第四年龄老年人确实需要长期照顾，提供足够的福利设施及照顾措施，但在迈入第四年龄前的第三年龄，就需要活跃老化的学习。第三年龄如果延长，第四年龄就可缩短。因此，一个完善的老龄社会政策，一定要能同时兼顾第四年龄的照顾需求，以及第三年龄的学习需求。甚至在政策比例上，宜加重第三年龄的教育学习，如此不仅可以让老年人自身活跃老化，更可以促进老年人力开发，减轻国家医疗照顾负担，甚至减少老年社会问题的发生。

（二）农村老化问题关键在中年而非老年，社会政策宜重在事前的预防，而非事后的补救

随着医疗的进步及寿命的延长，农村人口将越来越趋老化，老化问题如果不能预防，将来势必日益严重。事实上，许多老年问题是可以预防的，例如，中年如果注意饮食及运动，就可预防老年疾病的发生；中年如果做好理财规划，就可预防老年财务危机；中年如果做好退休规划，就可预防老年生活没有重心；中年如果处理好人际关系，就可预防老来寂寞。

投资少量的经费做预防,将可减少大量的经费做补救。因此,老龄时代的社会政策,宜重在预防问题的发生,而非问题的解决。

(三)活化农村,解决老化问题,需整合跨领域专业,可由政府、学界及企业三方合作,成立中央"老龄社会政策咨询团"及"农村小区老龄辅导团"

农村老化问题层面甚广,从健康医疗、退休养老、家庭人际关系、居住形态,到独居、受虐、遗弃、忧郁、自杀等不一而足。因此,必须整合相关专业团队,进行跨领域的合作,提供老龄人口的服务。具体的做法是:结合社会福利、心理辅导、老年教育、健康医疗、住宅等方面的学者专家,成立"中央"层级"老龄社会政策咨询团"及地方层级"农村小区老龄辅导团"。老龄社会政策咨询团负责老龄社会的政策规划、咨询、协调及建言;农村小区老龄辅导团则负责整合地方资源,提供行动方案,指导老龄活动的进行。老龄教育的学者专家务必要参与其中,以帮助老年人学习活跃老化的各种新知。

(四)运用退休公教人力,成立"退休教育中心",施以专业培训

从2011年起,亚洲各国的老年人口开始进入战后婴儿潮的退休期。战后出生的老年人,将在而后的十余年大量退休。退休的公教人员(老干部),具有丰富的人生经验和专业能力,如果能够加以培训运用,不仅将使其个人退休后仍有生活重心,而且可以形成一股重要的人力资源。农村地区往往因为年轻人口外移,导致服务人力不足。未来农村的活化,除了可以鼓励青年返乡服务外,更应重视退休人力的再运用,具体的做法是委请大学或专业组织招募退休人员,针对农村地区老年人的需求,施以专业培训,成为服务的志工人力。

(五)运用专业培训后的人力,成立"老龄人力银行",进行农村服务

成立老龄人力银行的目的,是让老龄人力得以再运用,让老年的智慧

和经验可以传承，也可以弥补农村地区服务人力之不足。老龄人力银行的经营重点，在于人力招募、专业训练、专长数据库的建立、服务项目的规划，以及服务人力的派遣。建议运用专业培训后的人力，成立"老龄人力银行"，进行农村服务。当然，老龄人力银行应该不限于老龄人口参加，只要是有意愿服务老龄的青壮年，亦可施以培训投入老龄人力银行。

（六）政府可委托学术单位，系统化地研发活跃老化政策、方案、工作手册及教材

活跃老化的方案需要不断地研发，活跃老化的实践需要工作手册的引导，活跃老化的学习更需要系统化的教材。政府机关可长期委托学术单位，如大学或老龄研究机构，研拟中长程发展计划，开发老龄机构经营手册，并且长期有计划地出版各类活跃老化学习教材。学术单位应成为政府的智库或大脑，为政府提供各项研发的成果，成为老化政策实践的依据。

（七）在农村地区加强老年大学与社会福利机构的合作，使老龄教育与社福单位形成服务网络

未来的老年人口将不同于现在的老人，例如，未来的老人将比现在的老人教育程度高、经济状况好、身体健康佳，未来的老人将喜欢自主，而非养儿防老；喜欢学习，而非救济；喜欢旅游，而非待在家里；希望传承自己的经验，而非孤苦无依的慰问。目前台湾有乐龄学习中心及长青学苑的设置，中国大陆更是有多达42000所老年大学和老年学校。过去老龄教育单位和社会福利单位的合作不多，未来宜在农村地区加强教育与福利的合作。例如，老年大学学员可至养老院唱歌、表演或提供各种成果展示，甚至可以直接去养老机构开班授课，让第四年龄长者活跃老化。

（八）应用成人教育机构绩效评估CVIPP模型，评估老龄教育机构的经营绩效

研究者曾经研发了一个CVIPP模型，可以用来评估成人及老龄教育机

构的经营成效。该研究共建构了五个构面,即外部情境、愿景目标、资源投入、内部流程、产出结果等,共59项指标,这些指标可以用来进一步探讨老龄教育机构的经营绩效。建议有兴趣的研究人员或机构参考应用(如表8)(胡梦鲸,2010)。

表8 成人教育机构绩效评估CVIPP指针系统

构面	评估项目	绩效评估指针/成教单位现况说明
C 外部情境	政府政策	我认为政府重视成人教育机构 我认为现有成人教育法规完备 我认为近几年来,政府投入足够的经费支持成人教育机构
	市场需求	本单位能敏锐觉察到成人教育的趋势与变化 本单位能确实掌握服务对象的特性 本单位能确实掌握服务对象的不同需求
	竞合关系	本单位面临许多来自外部的竞争压力 本单位拥有许多实际合作的对象 本单位能有效区隔市场,规划服务内容
	小区资源	本单位小区可用资源充足 本单位外围有地方产业可资运用
V 愿景目标	明确愿景	本单位的愿景清晰 同仁能认同本单位的愿景
	具体目标	本单位订有具体的目标 同仁能认同本单位的目标 本单位的目标与愿景能够相互契合
	角色定位	本单位的角色定位明确 同仁能认同本单位的角色定位
	价值承诺	本单位具备清楚明确的核心价值 同仁能认同本单位的核心价值 本单位对社会责任能具体承诺
I 资源投入	资源挹注与管理	本单位能投入适切的人力资源 本单位能投入适切的财力及物力资源 本单位能提供适切的空间资源 本单位能与小区建立资源联结

续表

构面	评估项目	绩效评估指针/成教单位现况说明
P内部流程	组织结构及气氛	本单位的组织工作项目与单位目标能充分链接 本单位的组织架构完整，运作良好 本单位的组织气氛良好
	方案规划	本单位的方案（课程）规划能充分配合服务对象的特性 本单位经常评估服务对象的需求 本单位经常创新课程设计与服务内涵
	活动实施	本单位教师的教学经常创新 本单位的授课教师有教学热忱 本单位的课程选择充分且多样 本单位的授课均能依据课程规划进行
	行政管理	本单位自我改善机制完善 本单位能够依据标准化作业流程实施管理 本单位订有完善的档案管理机制与流程 本单位订有明确的关键绩效指标（KPI）
	人事管理	本单位员工绩效考核机制完善 本单位员工奖励机制健全 本单位员工进修机制健全 本单位人力配置合宜
	财务管理	本单位能妥善管理及运用经费预算 本单位重视成本效益 本单位募款机制健全
	公关营销	本单位能依据服务对象特性研订营销策略 本单位能有效经营媒体关系，善用媒体营销 本单位运用多元的营销策略 本单位能依据活动计划订定营销策略
P产出结果	目标达成	本单位实际运作能达成愿景目标 本单位各项计划均能确实执行 本单位服务学员的人数能达到预期目标
	顾客满意	本单位员工满意度佳 本单位服务对象满意度佳 本单位的品牌与形象受到外界肯定
	绩效表现	本单位提供的方案（课程）能提升学员的能力 本单位能具体提供小区服务，促进小区发展 本单位自我绩效评估机制有助于提升机构的绩效表现

参考文献

1. 内政部统计处，2009，2009 年 9 月份人口统计资料，2010 年 1 月 10 日，取自 http：//moistgis. moi. gov. tw/moi92 – 1/。
2. 教育部，2006，《迈向高龄社会老人教育政策白皮书》。
3. 教育部，2008，《教育部设置各乡镇市区乐龄学习资源中心实施计划》。
4. 教育部，2008，《教育部补助直辖市及县（市）政府设置乐龄学习中心实施要点》。
5. 教育部，2008，《教育部补助设置各乡镇市区乐龄学习资源中心实施要点》。
6. 教育部，2008，《乐龄学习资源中心督导访视实施计划》。
7. 教育部，2010，《教育部 99 年度评鉴各乡镇市区乐龄学习资源中心及小区终身学习中心实施计划》。
8. 黄富顺、林丽惠、梁芷瑄，2008，《台湾届龄退休及高龄者参与学习需求意向调查研究报告》，《教育部委托项目报告》，玄奘大学教育人力资源与发展学系。
9. 林振扬，1999，《晚年的社交活动》，载于柯以煜、高思铭主编《松柏长青》，新加坡乐龄活动联会。
10. 魏惠娟、胡梦鲸、蔡秀美，2009，《成立乐龄银发教育行动辅导团期末报告书》，《教育部委托项目报告》，国立中正大学高龄教育研究中心。
11. 魏惠娟、胡梦鲸、李蔼慈，2010，《乐龄行动辅导团第二年项目计划期末报告书》，《教育部委托项目报告》，国立中正大学高龄教育研究中心。
12. 胡梦鲸，2010，《台湾地区成人教育机构绩效评估 CVIPP 模型之建构与应用：机构专业化的观点》，行政院国科会专题研究成果报告（NSC98 – 2410 – H – 194 – 014 – SS2）。

老龄社会活跃老化的创新与前瞻
——以台湾时间银行小区经验论析

刘宏钰[*]

摘　要：随着"老吾老以及人之老"的传统价值观念日渐淡薄，"各人自扫门前雪"的个人主义愈发盛行，"养老"的相关议题，势必成为个人或政府未来所必须面对的沉重负担与难题。对高龄者而言，安定、熟悉且不需迁移的晚年生活，才是合宜的养老环境；持续的支持性服务，能够满足各种生活改变的需求，才能达到独立自主、心理安适与持续社会参与的活跃状态。西方社会推动的"时间银行"向来具有"小区"与"公民参与"的行动概念；由个人（点）、家庭（线）至小区（面），将个人小爱化为社群之大爱，将服务转化成为生活的一种习惯和运动；以时间银行成就一个共善、共融的友善小区氛围，以小区货币形式激发在地草根的力量，解决社会排除问题，进而促进非正式互助支持网络的建构。本研究以小区行动研究方式融入在地特色、因应地方需求，进行一场时间银行的实验行动，以具前瞻性与创新性的思维及作为，将时间银行的机制融入小区现有的志愿服务团体运作，借以增强依赖者及弱势族群的参与力、学习力与行动力，尤其是鼓励中高龄者善用个人丰富经验及圆融智慧积极从事社会参与，使之"退而不休，老有所为"，成为小区最为重要之资源与资产，为高龄少子化社会寻求更多的机会与可能，并为台湾小区的志愿服务运用，再度注入新的生命动力与创意展现。

关键词：台湾　活跃老化　时间银行　小区志愿服务

---

[*] 刘宏钰，台湾中正大学成人及继续教育研究所博士候选人。

一 前言

(一) 研究背景与重要性

高龄化社会匆促地到来,迫使台湾社会面临前所未有的巨大冲击。面对人口的转型,国家、社会、家庭及市场功能也在重建过程中遭逢宏观面与微观面的转变,诸如老年退休、健康促进、小区照顾、人力资源等制度的创新与思考,因此成为当下亟须面对与解决的严肃议题。从旧有的现行规范中重建人际互动以及公共领域的前瞻视野则必须导入新的策略与行动。

在过去数十年的社会变迁过程中,台湾家庭形态与样貌皆起了极大的变化,家庭结构与功能逐渐在改变。家庭支持系统户内成员原有的功能性不彰,个别家庭的社会资源网络日见薄弱,为了应付家庭中每个成员发展与适应之需求,各家户显得无助且受挫。政府再好的福利措施,也永远满足不了每个人的需求(刘宏钰,2011)。当人们生活更为艰难且难以自持之际,人际紧密的互动关系及时提供一种类似安全网的有力支持,一旦个人有所需要时,就能实时获得必要之协助与支持,也就有将危机化为转机的可能,让生活质量与生命尊严同样受到重视。集体的参与可以形成改变,弱势者倘若能够自行排除障碍且认知己身之能耐,则此正面经验将能引发个人内在的动力,从而相信自己具有改变的能量。人际网络可以联结小区诸多生活上的合作与接纳,据以相互成就,将公平正义作为最高指导原则。近年来,志愿服务在台湾持续带动一股风气且仍蓬勃发展着。"志愿服务"是一种正面且积极性的服务工作,在付出助人的过程中,自己所处的环境因此而改变,自我概念也能随之转变。在现今社会需求复杂度大为提升的同时,有需求者不再仅限于弱势者或是遭遇变故者,志愿服务的介入必须跳脱事后残补式的援助,转以更为积极的预防性举措。尤其是在面对人口的日益老化、家庭结构的快速变迁以及扶养比的急速下降、新生人力的资源供给来源减少等相对形成的各种困境与压力之下,更应尽可能以促进健康、社会参与及社会安全的活跃老化为当前努力之目标，以提高晚年生活质量。

"互助"原是人类的本能，空间的近便性更是任何服务输送上相当重要的因素。政府部门大力推动"志愿服务"工作，原是希望借由志愿服务的组织力量来补政府之不足，同时借由志愿服务工作的推广，唤起民间更大的互助力量，以共同分担社会责任。从小区营造的发展角度来看，空间距离愈小、交通成本愈低，志愿服务工作也就会愈方便。空间距离小，代表着彼此住得近，志愿服务工作者和受服务的个案可能原本即是熟识，服务质量因而更易提升，人际互动自然更为温馨、紧密。自助包括进取精神和创造行动，互助涵盖人际关系与社会参与。唯有积极帮助个体组织其原有的生活经验，学会以更高远且多样的视野看待其所存在的世界，才能建立真正的社会联结关系。国外行之多年的"时间银行"秉持自助人助的精神，结合生活情境，提供更多机会给需要者，积极强调个人生活经验与能力的开展，以及问题解决能力的培养，意图借由该项机制达到社会互助，让慈善的施予不至沦为一种习惯性的福利依赖。长久以来，福利与无助之间始终存有一种共谋的关系，倘若只给福利而不进行培力，则压迫永远存在。就此而论，自助是一种培力的形式，培力的本身并不是目的，而是在挑战社会现有的不公不义，极力为那些在社会上被边缘化、被忽视的族群争取公平待遇及享有应有的权利。时间银行拉近了社会距离，成为另类补充式的志愿服务形态与实践，施者与受者互为主体，彼此相互提供服务与协助，满足需求、责任和自主性。原先的依赖者被赋予了权利与能力，在建构个人支持网络之余，更能产生社会集体力量和资本。

有鉴于此，本研究在台湾南部某县市中就一项时间银行的小区方案进行实验，试图建置符合本土情境脉络与具有在地特色的"资源服务网络"，整合并创造出更多的民间捐输资源，在"施比受更有福"中领略服务的精神及互动的真谛，继而创造生命真实的价值与意义。公共服务不只是一味地奉献付出，志愿服务不再局限于一个人的善行，"多管闲事"的古道热肠更可以实时、即地有效地去识别各种待援家庭。小区组织犹如一个互助会，凡参与者就等同买了一份"社会生活保险"，让每个人可能会发生的事，由所有参与的成员共同分摊。当现今社会向来依恃的家族力量逐渐隐而不见，支持性的社会网络建构也就格外别具深义。在这样的时空背景因素下，时间银行的小区推展受到了期待。

（二）研究目的

本研究旨在建构时间银行在地实践的模式。具体研究目的如下：
（1）探讨时间银行的推展理念与影响；
（2）形塑时间银行在地实践的可能模式；
（3）反思时间银行在小区实践的效能；
（4）提出时间银行的实务经验与建议；
（5）提供活跃老化的创新思考与经验。

（三）待答问题

（1）时间银行在小区行动前，必须准备与思考的重点为何？
（2）时间银行在小区行动中，可能遇到的问题与解决之道为何？
（3）时间银行在小区行动后，对于小区的影响为何，是否适用于台湾的小区环境？
（4）时间银行在地适性模式与策略为何？
（5）时间银行对于活跃老化的促进有何意义及成效？

（四）名词释义

1. 时间银行

"时间银行"（Time Bank）的概念初由美国 Edgar Cahn 教授于 1980 年提出后扩及全球，有以"时间货币"（Time Dollar）、"照顾货币"（Currency of Caring）、"小区货币"、"人力时间银行"、"时间人力银行"、"志工人力时间银行"（林依莹，1997；刘宏钰、吴明儒，2010；钟燕菁，2001；Edgar S. Cahn, 2009；Seyfang Gill, 2004；Time Banks USA, 2010）等称之。本研究就其英文原名 Time Bank 统称为"时间银行"，在操作概念上仍以"时间货币"的形式进行，主要是借由非实体的"时间"作为流通与交易的媒介，促进人际互动与互惠。本研究的重点在于探究"时间银行"此一外来机制回归到本土场域中，能否经过吸收、转化与应用，获致活跃老化的成功策略与经验，同时促进小区自主并开启更多晚年生活的选择。

2. 活跃老化

"老"这个字的本身意涵，原属中性的形容词，但结合各种文化与制度因素后，由于受到社会对个人价值与生理特征的刻板印象，故而常会被赋以动态过程的想象。许多人将"老化"视同为"退化"（不论是生理层面或是社会层面），因而低估老人对于家庭及社会的贡献，间接促使部分老人消极看待个人的行为与角色，在内外双重否定的情境下，限缩个人的社会参与与生活形态（萧文高，2010）。为了改变一般人对于老化的认知概念，各种正面且积极的老化理念陆续被提出，包括正向老化（positive ageing）、健康老化（healthy ageing）、成功老化（successful ageing）等，还有近年来广被讨论的活跃老化（active ageing），无一不在强调老化不该只是被动消极的过程，而是尽量维持身心机能的自主，避免依赖。优质晚年生活的期待，端赖个人生活的态度与选择。WHO提出的"活跃老化"政策架构本身包含一种正向的价值，期待能够透过某些机制来影响人们的老化过程。健康、参与、安全是达成活跃老化的三个支柱，相关政策与方案的关切面向不仅在于降低早逝、慢性病所造成的失能，亦在增加社会参与、降低医疗与照顾的成本等。晚年生活质量的提升与幸福感的增进，不能只着眼于老年期，相关政策与制度早期预防性的介入，才是关键的决定因素。因而本研究将以此作为论点基础。

3. 行动研究

行动研究是实务工作者于特定场域中针对特殊问题所做的研究，是一个自我专业反省的探究过程，强调计划、行动、观察、反省等四阶段螺旋式的循环。本实验方案将志愿服务发展导向"互助小区"，使之成为一个大家庭，以补充日见式微的家庭功能，也期待小区互助的力量能满足待援家庭与高龄化社会相关服务的需求。鉴于以小区作为主要行动场域的时间银行，必先建立共识、取得互信基础、联结地方资源，才能增强并维系彼此的合作力道与意愿，同时考虑到小区本身参与意愿与环境条件，因而本研究分别选定南部某县市两个各具特色的小区作为研究的行动场域。

二 文献探讨

（一）时间银行的主要意涵与沿革

人与人之间的活动，原就是一种利益输送的过程。这种利益可以是物质、金钱或是精神上的利益，当获得大于付出时，人们自会更容易并愿意去采取行动。社会关系通常以一连串的交换行为做基础。当社会行动者认定行为所带来的奖赏胜过付出的成本时，行为才会继续（吕宝静，1999）。在交换过程中，人与人之间因着回馈与信任，就此展开施与受的关系。国外实施多年的"时间银行"（Time Bank）意在累计志愿服务时数，俟有需要时再做提领，或请他人提供志愿服务。此间银行的储存涉及了"存"与"贷"两项基本机制，流通的货币并非一般所使用的"钱"，而是"时间"。在此，时间就是金钱。国外的时间银行活用小区居民的力量，加强互助互动的功能，使得"共助"成为小区最大的资源。每个人的时间一律等值，参与者都能够运用自己的劳务、知识，为他人提供帮助，换取自己想要的服务，是一种非经济交换方式的交易（林依莹，1997；钟燕菁，2001）。

集体现象影响个人的行为表现，互动的密度决定社会支持凝聚力的强度。打破原先单向的施予与救助，时间银行拉近年龄、阶级的差距，在志愿服务的实际行动中得以获得更多的快乐与成就，达到自我的满足与肯定，进而在"施比受更有福"中领略服务的真谛并创造生命美好的价值。其间，弱势者不是单纯被动接受成果的"受惠者"，而是具有主体意识与行动能力的"参与者"。对于长期处于低自尊状态下的弱势族群或是依赖者而言，时间银行鼓励其从事公共服务与小区参与，在社会歧视与社会排除的观点之外，创造补充性的公平机制，借以提升个人自我价值感。人际距离可以就此拉近，甚至推展成为小区的互助机制；小区的闲置空间得以开发成为小区居民的聚会场所。时间货币不会贬值，交易也不用课税，可以储存、转让，还能预借。在帮助别人的同时所得到的回馈与尊重，可以使人感觉到自己是被需要的、可被利用的，每个人都有存在的价值（Cahn，2009）。时间银行的核心概念是一种博爱的精神，一种社会责任的承担，并非因应眼前需求的满足，更着眼于对未来世界的托付（Edgar，2004）。以自助和互助为本，阐述的是人的价值与所谓"工作"的意涵，远比购买式或供给式的照顾输送更为贴近生活实际的需求、满足情感的依赖。正因这样的服务与小区工作具有亲缘性，因而得以利用在地原有的资源与网络，扩展过往志愿服务的工作内容和范畴，建立小区多元化的服务输送网络，强化家庭及小区功能，结合社会福利体系及小区发展，建构完整的社会支持系统，改善并提升高龄者在地生活的质量，达到活跃老化以及构建高龄友善小区的目标。

（二）时间银行的实施现况与模式

时间银行用支付的时间换取他人的帮助，以银行作为时间流通和交易的媒介。因应各国国情与地方实际需求的不同，许多国家或地区因地制宜逐渐发展了时间银行多样化的服务内容、进行方式与发展重点，且都各具在地文化的特色。以下分别就服务学习、志愿服务与小区发展、人力资源等面向阐释时间银行的意涵与实施模式。

1. 时间银行与服务学习

服务学习制度的建立与推广，不能只在学校里凭空想象，而是必须与小区建立平等的伙伴关系，才能拥有较佳的服务场域，进行有意义的学习。因而部分大专院校通过服务学习和小区进行策略联盟，如弘光科技大学老人服务事业管理学系"弘光帮帮家族"与台中县龙井乡龙西小区"龙龙帮帮家族",使用"互助券"成为大学生与小区居民共同的生活经验。为具体实现学校通识教育服务学习的理念,环球技术学院设置了志工人力时间银行。亚洲大学的"志工大学"则鼓励学生在附近乡里小区推行社会服务工作,增进学生关怀、认同、回馈小区的情操与服务精神(中央社,2010)。

2. 时间银行与志愿服务

志愿服务的实质内涵在于经验的传承、需求的预警以及社会的倡导等积极的回馈。就行为取向上,时间银行和志愿服务之间存在着分歧,以银行为名常会引来功利之讥。然而,为求志愿服务工作有效发展,不可忽略时代的转变,同时必须厘清时代的特质,才能使志愿服务的推展产生事半功倍的果效。弘道老人文教基金会参考日本全国志工联机的办法登录服务时数,以便人们将来年老时获得回馈或是交换服务他地的亲人。老五老文教基金会推行人力时间银行方案,鼓励民间志工团体参与小区温馨互助的照顾网络。台北市政府开办的"天使银行爱心存折",一如银行机制进行服务的存与贷,以失能的中老年人为主要服务对象。

3. 时间银行与小区发展

在高龄化社会里,建构一套完整的小区人力运用与照顾体系,落实"老有所养、老有所用、老有所长"的理想,俱是当政者掌握趋势、因应未来的必要思维(刘宏钰,2011)。美国密苏里州执行的老人志工服务银行(Older Volunteer Service Bank)方案,动员老年邻居扩展小区居家服务,招募及训练老年志工来帮助其他老人,使他们都尽可能留在家中(Time Banks USA,2010)。英国的时间银行(time bank)是一个以小区为基础且能善用时间的"在地性货币"(local currency)组织,将时间银行建构于"非市场经济"策略的基础上,与贫穷、社会排除、社会资本营造有关。在区域内,时间货币可以换到实体的商品。日本时间银行扮演补充长期照护保险制度不足的角色,鼓励老年人也能成为照顾者。日本活力生活俱乐部(Nippon Active Life Club,简称NALC)是一个让老年人为使自己的生活有意义和健康，从事无偿的互助与志愿服务的非营利组织。香港时间银行透过"时分券"促进小区内居民进行服务及货品的交换，达到"人尽其才、物尽其用、地尽其利、各取所需"的经济目标（钟燕菁，2001）。在台北花园新城里，一群居民自行印制小区货币，称之为"花币"，会员自称为"花钱帮"，帮友们的各项才能都可标价，举凡清水塔、带小孩、剪发、教英文或台语，都可以用花币来交换，透过"花钱"来"帮"助彼此，活络在地经济。

4. 时间银行与人力资源

就台湾现有状况而言，中高龄人士如欲再度就业，抑或转业，常会遭逢市场严酷的现实排挤。从人力资源发展的角度观察，适应良好、具有丰富的人生阅历、优质的专业中高龄者，正是小区里最重要的资产，且能成为一股凝聚稳定的力量。考虑此一人群的殊异性，若能透过适当的人力规划与统整，赋予权利与机会，促使每个人的能力都能够依其状况发挥，时间银行不啻是一个值得尝试的创新策略。有鉴于此，为妥善运用退休公教人力，行政院人事行政局成立"银发公教志工人力银行"，专门媒合有意投入志工工作的公教退休人员与需要志工的公私立机构（中国时报，2006）。利用 MSN 网络社群打造互动社团平台的"洋帮办"，利用互助时间货币——"梦币"提供各种趣味活动、支持公益行动或是协助帮友实现生活中的梦想（黄又怡，2013）。长期协助隔代教养、单亲家庭、贫困及问题儿童、罕见重大疾病患者的花莲县啄木鸟全人发展协会，成立"合家欢小铺"，利用时间货币贩卖物美价廉的二手物品，筹措协助弱势家庭的善款（张柏东，2008）。

5. 小结

发展越是蓬勃的社会，象征良善、秉持和谐价值观的志愿服务工作也会愈积极。时间银行是一种互助式的志愿服务。有别于强调"志愿性"的志愿服务，时间银行更为重视"参与性"，对于长期处于低自尊状态的弱势族群或是依赖者而言，公共服务的参与可以提升自我价值感与生命的意义感，组合多元背景及目标，兼顾社会正义与专业服务，时间银行强化人际信任关系的同时，也扩大了公益事业的能量。因为"利己"因素的存在，潜在志工"利他"的意愿因而更受到鼓励。在时代演变和相关政策的推波助澜下，小区意识日益受到重视，小区工作也愈发强调个人与邻里间的互动，着重在网络的建立。西方社会强调小区文化的连续性，台湾社会重视关系的延续性（刘宏钰，2011）。在少子化日趋严重之时，鼓励高龄者以更为积极的角色和态度进入社会参与，供给其专业技术与经验，一方面从既有的现实框架和社会久存的迷思中解放，另一方面也促进社会结构的转变。中高龄人力资源的开发与利用，决定了个人、小区、社会，甚至是国家未来的方向。

三　研究方法

在台湾，时间银行的实施方式始终缺乏一套完善的系统规划和资源链接。一般民众对于"莫衷一是"的时间银行显然并无太多具体的认知与概念。本研究尝试于南部某县市中进行一套时间银行本土模式的建构，基于目的需求，采用小区协同行动研究法，由问题形成、寻求合作伙伴、进行文献探讨、形成假设、设计方案、采取行动、自我评鉴与修正、再行动等循环历程，逐步发展出具体的研究概念（见图1），研究时间自2012年2月至9月底止，一共进行约8个月。

（一）研究场域

为顺利推展时间银行，建构一套活跃老化小区可操作模式，本研究两个示范点的主要选取原则如下：

（1）曾获得"内政部"绩优小区称号之小区发展协会

（2）小区内目前需设有小区照顾关怀据点或有经常性活动进行

（3）小区内至少可招募到20位以上成员参加

（4）小区时间货币发行数额系以前一年之小区志愿服务时数为最高上限

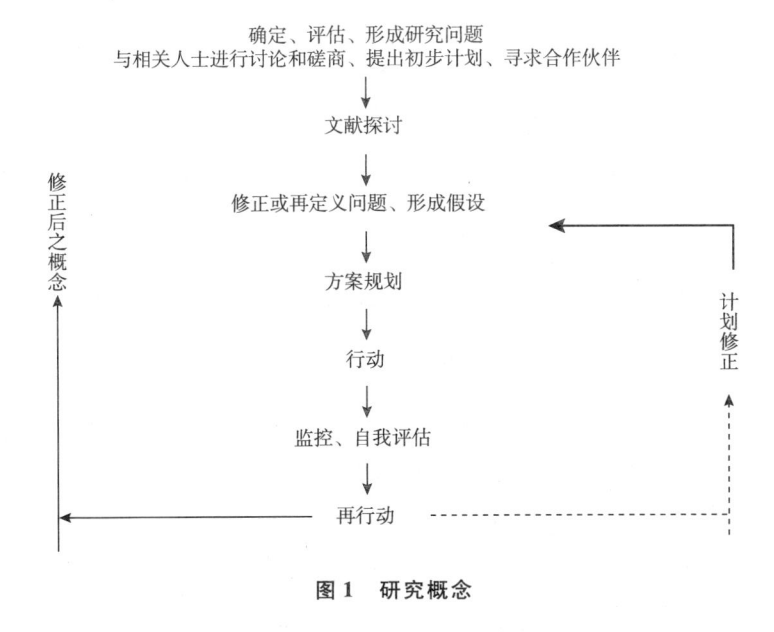

```
              确定、评估、形成研究问题
          与相关人士进行讨论和磋商、提出初步计划、寻求合作伙伴
                        ↓
                     文献探讨
                        ↓
   修                                                    计
   正              修正或再定义问题、形成假设 ←─────      划
   后                     ↓                         │    修
   之                   方案规划                     │    正
   概                     ↓                         │
   念                    行动                       │
   ↑                     ↓                         │
   │                 监控、自我评估                  │
   │                     ↓                         │
   └─────────────────── 再行动 ─ ─ ─ ─ ─ ─ ─ ─ ─ ─ ┘
```

图1　研究概念

（5）参与成员每个人的时间均等值

（6）志愿服务时数于年底将完全归零，但服务记录册仍可登录时数，且小区会定时或不定时提供市集、据点或商店等促进劳务、实物之兑换与流通

基于上述原则，本研究选定乡村型之甲小区，以及都市型的乙小区作为行动场域，兹说明如下并做一评估。

1.【甲小区】-照护型（互助园游券）

（1）小区处于偏远山脚，以传统农业为主；小区居民以基督教信仰居多。

（2）小区总户数312户，人口数约计894人，男性468人、女性426人；65岁以上的高龄者占24%，弱势社会福利人口数则为52人，约占5.8%。

（3）1988年成立小区发展协会，长期关注老人、妇女、青少年及儿童、小区营造方面。

（4）小区大量联结小区资源，由教会及小区关怀协会协助小区推动相关工作,并与国外组织合作,以教会力量和资源带动小区发展工作,并与其他政府部门充分合作。

表 1　甲小区 SWOT 分析表

内部优势（Strength）	内部劣势（Weakness）
1. 小区环境幽雅,生态丰富。 2. 教会为小区领航,具真善美的小区意念且长期投入小区营造,经验丰富。 3. 小区目标明确,逐年分阶段营造。 4. 生命共同体的小区意识与资源整合能力强。 5. 长期经营多元化小区议题,管理制度明确。 6. 具优良小区传承意识与教育。	1. 小区人口高度老化,教育程度普遍偏低。 2. 小区范围太广,聚落分散为四,联系不易。 3. 小区产业不足,在地经济不热络。 4. 居民观念保守,不易尝试产业创新。 5. 蚊虫太多。
外部机会（Opportunity）	外部威胁（Threat）
1. 国际志工长期投入青少年、儿童关怀。 2. 年轻人开始愿意回乡尝试新产业。 3. 新团队加入,小区总干事具健康美食的丰富经验。 4. 小区关怀中心运作稳定,今年度开始尝试小区健康美食传承与学习。 5. 小区环境与公共基础建设逐渐改善,生活质量提升。 6. 小区居民自我认同度提高。 7. 长期培养的孩子逐渐长大。	1. 小区人口老化问题日益严重。 2. 小区本身专业照顾服务人力不足。 3. 小区妇女就业与儿童隔代教养的议题日益突显且受重视。 4. 农村产业发展不易,难吸引青年回乡。 5. 政治选举常引起居民对立。 6. 宗教立场不同造成隔阂。

2.【乙小区】－学习型（互助币）

（1）1988 年成立小区发展协会,2003 年"内政部"评鉴列为优等。

（2）小区位于该市第五重划区之新兴地段,小区户数 1919 户,总人口数男性 2641 人、女性 2868 人,共计 5509 人,65 岁以上者占 8.6%,福利人口约占 4%。

（3）小区展现关怀与行动的五大面向,包括小区福利关怀、小区产业经营、小区文化传承与创新、小区治安维护,以及小区环境保育等,具有热情、活力与小区营造的核心精神。

（4）开展老人福利、新住民福利、妇女福利、身障及弱势族群、青少年、保健、街友关怀等活动。小区照顾关怀据点连续五年获得优异成绩与肯定。

（5）小区志工队人数达 171 人，分关怀组、环保组及新住民关怀组，领取记录册的有 89 人。

表 2　乙小区 SWOT 分析表

内部优势（Strength）	内部劣势（Weakness）
1. 小区长期推动六星计划，对各项议题的操作与营造经验丰富。 2. 小区组织健全，居民凝聚力强，动员力佳。 3. 小区内无派系，小区理事长与里长互动良好。 4. 具传统布饰产业，能形成在地特色产业。	1. 小区人口逐年老化，老人照护服务人力亟须培养。 2. 小区内外籍配偶日增，亟须进行文化融合。 3. 都市型小区，流动人口众多，易形成治安、交通问题。 4. 辖内无学校，教育资源不足。 5. 都市型小区，住宅环境特色不易展现。
外部机会（Opportunity）	外部威胁（Threat）
1. 县市合并升格，位阶提高，新任市长高度重视小区发展。 2. 86 号道路即将通车，小区将成为南部地区进入市府的新门户。 3. 长期从事小区培力工作，发挥母鸡带小鸡的精神，扶植其他伙伴小区。	1. 都市型小区，公共开放空间易遭破坏，维护管理成本日增。 2. 传统布饰产品易遭复制，且同构型高。 3. 政府预算有限且竞争者众，小区资源分配受影响。

（二）研究者角色

在行动研究的过程中，个人即是行动源。从问题提出、双方观点协商、意见融合、方案拟订到问题解决，每一环节都变动不居。凡参与者都具有民主决定和共同行动的能力，因着分享性的关怀（shared concern）而更具动能（见图 2）。

行动研究重视团队彼此的合作默契和行动的一致性，"信任"度是决定成败不可或缺的一项关键因素。本研究团队与小区做第一次接触时，即向参与者充分展现尊重、恳切、诚挚与高度关怀的热诚，基于双方互为主体之原则，建立友善、诚信的共融、互惠关系。同时在对话和讨论过程中以敏锐观察、积极倾听、专注同理，营造理想的沟通情境。在互动中更时

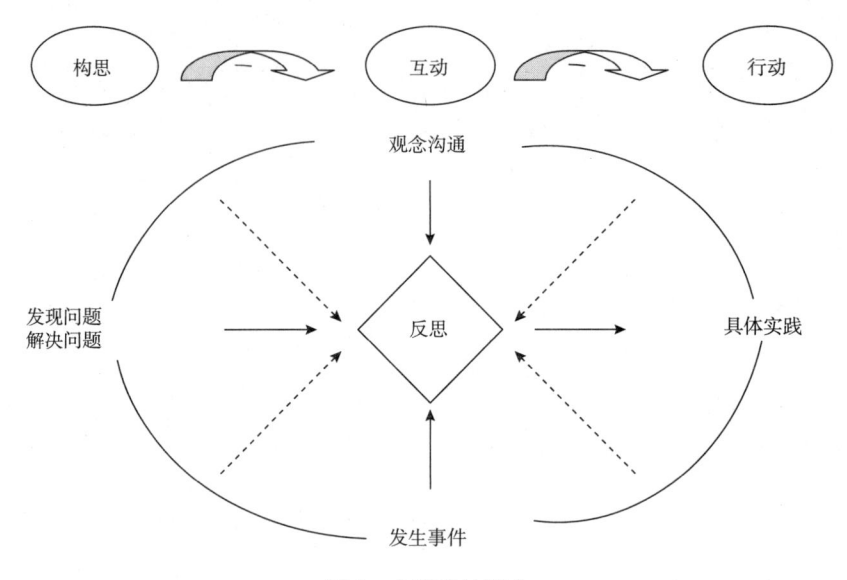

图 2 方案设计概念

时反思,不断确认、澄清,使意义的诠释更接近经验之本质。本研究团队包括三位教授、一位博士生、两位顾问、一位助理以及两位工读生,工作分配由教授负责专业知识与理论指导,博士生进行理念构思与行动方案的规划及修正,顾问提供之前小区实务运作经验咨询,助理负责小区联系与庶务协助,工读生则是在地资源的联结与应用,相关工作安排兼具实务与理论经验之考虑。

(三) 方案设计

基于"小区互惠""人际互动""民众展能"之规划理念,以及"扩大参与、服务创新"的行动原则,研究者自 2012 年 2 月起规划了三阶段目标,旋即陆续开展以下活动。

1. 目标设立

本行动方案经由知情同意、小区实践、成果发表、知识移转等程序逐一进阶完成。

第一阶段(2012.02 - 2012.04):寻找合作伙伴、小区探查、情境分

析、SWOT 分析

第二阶段（2012.05 – 2012.09）：建立共识、研拟方案、发展行动策略、收集资料

第三阶段（2012.09 – 2012.11）：检验成果、资料分析、撰写报告

2. 具体步骤

步骤一：进行资源盘点

此阶段为了解服务过程或小区所拥有及所缺乏之资源，预先进行以下五个问题的了解：

（1）谁需要帮助（who）：透过地方士绅、热心人士、小区工作者或村里干事来先做一个小区需求调查。

（2）需要什么帮助（what）：针对需要者之主要需求设计方案，以提供符合实际状况之服务。

（3）有哪些资源可以提供（where）：要提供服务就要考虑资源在哪里？有什么资源可以整合或联结？

（4）在什么时间提供服务（when）：提供服务的时间务必要配合受服务者的生活作息。

（5）如何进行服务（how）：要使"施者大方，受者实惠"，服务方式才是关键。

步骤二：召开试点说明会

此阶段主要进行时间银行理念倡导以及未来规划的说明，试办小区必须派员接受相关训练。凡参与者皆为时间银行的基本会员。主要进行内容有：

（1）每位会员列出自己可提供与可接受的服务项目（至少三样）。

（2）每位会员确认个人资料正确无误后，交予研究团队建立档案（此一信息将同时放入时间银行的操作手册中，包括参与者姓名、联络方式及可获得之服务与权益）。

（3）签署试办方案合作意向书。

（4）参与小区设计具在地特色之时间货币互流通券。

（5）共同讨论并形成小区时间货币之流通公约。

（6）决定小区时间货币之交换内容（服务、实物、劳务等）。

步骤三：熟悉实务运作模式

此阶段开始进入小区的实际操作。每一个小区设立时间货币管理及供需媒合中心。

（1）行动开始的七至十天内，参与会员将会收到此实验方案之操作手册。

（2）再次确认个人资料无误。

（3）思考个人可能所需之服务，可向媒合中心提出要求。

（4）不论提供服务内容为何，一小时的服务皆等同于一单位的时间货币。

（5）服务提供商与被服务者在服务结束后，需在所使用时间货币背后写上：提供者姓名、被服务者姓名，及接受服务的日期与内容。

（6）实验期间参与成员必须持续与不同成员进行服务交换。

（7）实验期间参与成员有任何的意见或问题，均可联络或反映给研究团队，以利运作规则之修正。

步骤四：检验与分享成果

（1）实验期间必须定期召开检讨会议，随时进行检讨并协商修正。

（2）俟实验期结束，汇整相关数据并召开成果发表会，由参与成员进行意见交流与经验分享，并思考下阶段之行动方向。

（3）效益评估分别以小区时间货币的流通量（意即小区互助次数）作为量化指标，社区居民的快乐指数、信任度、小区资本等作为质性指标。

（四）资料搜集与分析

本研究的主要资料搜集方法包括以下几个。

（1）研究团队成员对话并记录：研究者与协同行动研究团队固定聚会进行专业对话，讨论主题集中于时间银行的实施成效，并将过程摘要记录。

（2）访谈：研究者私下访谈参与的小区居民，以更清楚了解小区的实际想法。

（3）利用电话与电子邮件交流：有时或因时间与距离因素，研究者即便不亲至现场或与小区居民面对面详谈，也会不时利用电话和电子邮件进行联系与讨论。

（4）撰写札记：包括研究者撰写的札记及研究团队撰写的札记。

（5）发放问卷：包括小区回馈问卷及小区负责人之问卷。

（6）相关资料搜集：包括小区联系会报记录、实施计划及其他相关文件。

在资料整理与分析上，本研究采用归纳法。具体步骤如下：

（1）将每项原始数据都注明日期、时间及地点。

（2）研究过程中，凡讨论或协同反省均进行全程录音或记录。

（3）资料分析过程中，研究者进行参与人员间及资料间的三角检证，力求资料的真实性。

（4）对所搜集之数据进行编码（coding）后分析。

（5）探讨类别间的关系与意义，以形成研究结果。

（五）研究历程

经由文献分析与相关理论研究，本研究团队跳脱资本主义对于"银行"狭隘传统的意象概念，将"BANK"转化成为小区"信念"（belief）、"行动"（action）、"网络"（network）、"知识"（knowledge）的集结与储存，进而形成小区充沛的动力与能量。在发展策略上，本研究团队以建立小区互信、互惠、互助的"共同信念"为先，再依据各小区原有之条件与需求开展"多元行动"，从而将可运用的资源设置为一个整合小区丰富资源的统合单位，扩大资源网络的功能，将更多的民间捐输与资源联结成一个互补互援的"服务网络"，最后进行省思并分享"经验知识"。以下逐一胪列说明。

1. 建立共识与信念

愿景共筑的领导精神与弹性效率的创新作为，正是许多民间社团组织保持旺盛生命力的关键原因。超脱现有志愿服务的运作格局，时间银行植基于对人群服务的奉献本质、经验交流与需求反思的理想沟通情境，形塑了民主社会中志愿服务者的公民性格，同时，创造了提升志愿服务公共性的各种可能。以此视角观之，营造有利的资源联结和政策环境，充权（empowerment）于当事者，也可以是问题解决的另一种思考。就行政立场考虑，政府单位希冀鼓励民间志愿服务多元的参与面向，有效结合地方资源，以扩大志愿服务功能，共同拓展志愿服务领域。因而目标的设定与沟通的互动，系于时间银行对于施者与受者之间互为主体意识的提升，能够帮助弱势者及边缘族群从中重新找到生存的价值与尊严的关注。

2. 发展策略与行动

有鉴于该地方政府"有心想推动，只是欠缺实践策略"的问题，本研究行动团队为此拟定之解决方式，即以三个行动主轴为核心："充实小区时间银行相关知能""拟定时间银行在地运作模式"，以及"修订及实践时间银行实验方案"。此三阶段的行动系为一不断循环的螺旋模式，其中，"充实小区时间银行相关知能"与"修订及实践时间银行实验方案"两项行动持续进行，与"拟定时间银行在地运作模式"之行动，在时间上多有重叠。

3. 整合资源与网络

社会资源大致分为有形资源与无形资源，或是以正式资源与非正式资源做区隔。以下以有形资源与无形资源再做细分并说明。

第一，有形资源

（1）人力资源：包括小区发展协会理事长、专职工作人员、兼职工作人员、志工、顾问、契约人员等。

（2）物力资源：包括捐赠给受服务者的物资。

（3）财力资源：包括私人捐献、政府赞助、商业活动等。

（4）活动空间：包括可提供服务或举办活动的适合空间。

第二，无形资源

（1）专业技术：如理发师、医师、律师、厨师等提供的专业技术。

(2) 社团组织：在地社团或民间组织，如扶轮社、狮子会、青商会、宗教慈善团体、志愿服务协会等。

(3) 社会关系：个人或团体之人际关系网络。

四 研究结果分析与讨论

（一）研究结果分析

本实验方案由甲小区关怀协会（乡村型）与乙小区发展协会（城市型）为试办小区，发行之时间货币券经在地居民自行决定后，分别以互助园游券与互助币称之，透过会员制度与规范进行（如表3）。

表3 时间人力银行会员人数

会员别	男	女	合 计
互助园游券（甲小区关怀协会）	7	14	21
互 助 币（乙小区发展协会）	8	18	26

（二）甲小区之互助园游券

甲小区关怀协会自6月初开始进行园游券方式的互助服务，至10月约试行5个月的时间，回收的互助园游券共25张，60分钟、30分钟及10分钟各1张、14张及10张；累计互助服务次数共125次，累计服务时数为2900分钟；互助之服务类别以分享自种作物为最多，次之为小区共餐（见表4、表5、表6）。

表4 互助园游券累计张数

单位：张

月 份	回收园游券
07	6
08	15
09	4
小 计	25

表5　互助园游券次数统计

互助园游券（分钟）	张　数	次　数	时　数	人　次
60	1	5	300	10
30	14	70	2100	140
10	10	50	500	100
小　计	25	125	2900	250

表6　互助园游券服务类别

类　别	次　数
分享自种作物与食物	38
分享小区共餐	22
帮忙购买食材	21
协助小区共餐	7
整理教会、小区环境	6
帮忙家务工作（准备茶水、晚餐、挑菜、扫地）	4
代祷告	3
帮忙开车载送	3
帮忙去邮局、拿东西	3
邀请一起吃饭	3
帮忙刮痧	2
协助推轮椅回家	2
协助爱餐教会礼拜	2
帮忙摘破布子	1
提供小区共餐食材	1
安排老师教导计算机	1
分享好听CD	1
帮忙搬东西	1
提供防蚊液	1
帮忙网络下载诗歌	1
教导制作凤梨酥	1
协助吃饭照顾	1
合　计	125

（三）乙小区发展协会之互助币

乙小区发展协会从 5 月初开始进行小区货币的互助服务，至 10 月份约试行 6 个月的时间，回收的互助文南币共 33 张，60 分钟、30 分钟及 10 分钟各为 10 张、14 张及 9 张；累计互助服务次数共 165 次，累计时数为 5550 分钟，回收的时间点多偏重在 6 月份与 10 月份。互助服务类别以协助性事务工作与陪同工作为最多，协助性事务工作如剪布、上网/找数据、拷贝光盘等，陪同工作如陪伴运动、聊天、购物等；次之为帮忙买东西和帮忙送东西（见表 7、表 8、表 9）。

表 7　互助文南币回收张数

单位：张

月　份	回收文南币
06	10
07	4
08	6
09	4
10	9
合　计	33

表 8　互助文南币次数统计

互助文南币	张　数	次　数	时　数	人　次
60 分钟	10	50	3000	100
30 分钟	14	70	2100	140
10 分钟	9	45	450	90
小　计	33	165	5550	330

表 9　互助文南币服务类别统计

类　别	次　数
协助性事务工作（剪布、泡茶、上网/找数据、拷贝光盘等）	33
陪同（运动、唱歌、聊天等）	33
代买东西（便当、饮料、布料等）	21
帮送东西（公文、送货、资料）	21

续表

类　别	次　数
工艺指导与教学（包包、布娃娃）	19
倒垃圾	11
帮忙照相	5
代拿东西、文件	4
帮忙接送	4
帮忙看理门户	3
帮忙搬东西	3
扫地	2
修脚踏车	1
做风车	1
场勘	1
端午节摆摊	1
赶货	1
帮忙代办事宜（报到）	1
合　计	165

（四）初步讨论

本实验方案依区域特色分为乡村型与都市型两种模式进行，行动结果显示，女性参与比例和投入的积极程度显然高于男性；运作约两个月后开始有币券之回收；服务类别方面，乡村型的甲小区因以关怀据点作为定点定时的服务据点，服务类别以提供自家作物与协助餐点供应为主，都市型的乙小区则多以倒垃圾以及购物等举手之劳为主。研究者观察方案进行后小区民众的互动更为热络，活动参与也更为积极，显示小区环境与氛围更为友善、融洽，社交圈具有拓边效应，但也都同样出现了下述问题。

（1）互助服务的参与者大部分交换态度较为被动，需要推动委员会积极鼓励。

（2）互助服务倾向于在熟悉对象与范畴内进行，参与者在小区中自然形成个人生活舒适圈，相互协助、彼此交换以及相互影响。

（3）部分年龄较高的参与者，由于不谙文字且书写不熟稔，感觉币券填写程序过于繁复，因而降低了以币券进行互助交换的意愿。

针对以上问题，研究团队经讨论后，提出下列解决方案。

（1）为提高互助服务的交换频率，可思考凡交换次数达一定者给予奖励。

（2）目前多数会员皆是熟悉的朋友彼此互助服务，可思考建立媒合与咨询平台，加强倡导与更多资源的联结，将志愿服务的同心圆扩大延展以激发后续之涟漪效应。

（3）为方便高龄者及精省服务兑换流程，可思考依小区服务类别制作色彩贴纸或印章取代手写，抑或简单以代号表示以增加交换意愿。

五　结论与建议

（一）结论

当照顾愈发商品化，市场愈趋专业化，人际关系愈是疏离，人性价值愈受冷落。慈善造成的依赖，以及权力上的阶级关系，使得受惠者习惯不做任何努力就能得到救助，让政府主导的社会福利成为理所当然，民间志愿服务的范畴与形态也更为窄化。时间银行整合参与者的社会关系，并非限于单方面的馈赠或施予，而是另一种促进社会公平、对抗资本主义贫富不均的方式。就此角度而言，时间银行在帮助弱势者找到生存意义与人性尊严上，更值得肯定与鼓励。本时间银行实验方案从发展"小区照顾""小区经济"概念出发，凝聚小区认同与在地情感，集结地方资源与人脉，或提供小区老年生活的多元选择与照护服务，或透过中高龄人力资源的管理与开发、学习和参与，在普遍关爱和自律自治的原则下相互结合、行动，进而厚植小区最为珍贵之"学习资产"与"智慧资本"。

（二）建议

从问题发现到省思后拟定解决策略，本研究根据研究发现，提供时间银行未来规划与行动之建议如下。

1. 创新行动需要有创新思维

行动方向的正确与否，系乎一时之观念。创新的思考通常需要一段时间的接受与调整。以活跃老化作为理论基础，时间银行创新了时代思维，开展前瞻性的小区行动，同时颠覆了传统市场经济的概念，用"价值"（value）取代"价格"（price），尊重所有人的尊严。将所有人包括弱势者或边缘族群都视为生产者，人人都拥有二十四小时，以"时间"作为交换媒介，人人都"等值"，人人都"均富"，都是无可取代的资源，也都能积极为社会发展作出贡献及获得回馈，然而，回馈的适当性却必须要事先取得共识与默契。

2. 行动之前必须先形成共识

国人一向具有"未雨绸缪"的储蓄习惯与"施恩毋望报"的行善观念，参与志愿服务的目的不一定在乎于时数的累积与交换，而是看重社会参与及自我价值的肯定，故而时间银行双向式服务的游戏规则和操作理念宜再厘清并多加倡导以形成共识，才能促使人尽其才、"务"尽其用、"善"尽其流，发挥社会"平等""互助"的积极效益。

3. 公部门宜提供更多机会与空间

时间银行的机制可以运用在不同面向和脉络，鼓励原被社会排除于外的人们经由小区活动的参与，再造工作的平台。为了降低责信问题的疑虑，在时间银行的推展工作上，地方政府必须扮演重要的推手，协力（facilitation）而不介入（intervention）。举凡公信表扬机制的建立、志愿服务团体的整合、时间银行服务主轴的制定、志愿服务推广目标的研拟，都是推动时间银行发展的必要策略，地方政府明确具体的政策与作为，更能提高服务的效率与质量，提供更多服务协调与供需媒合。

4. 互助的服务机制应具有弹性

时间银行在实验过程中，必须要从不同的视野去进行理解与修正，将更多的社会觉醒联结到个人的真实生活世界中。除了要符合参与者的需求与能力，更要注意到个别的差异性。例如：考虑为不识字之高龄者简化原先繁复的规则，将原先手写记录之小区服务类别代之以贴纸制作粘贴、代号表示或盖章等简易方式进行。

时间银行的时数储存与提领属于制度面的个人操作层次，运作的实质意义与核心价值则是组织层次的资源链接与小区培力。在时间银行中，参加成员超越"志工"或"志愿服务者"原来的位阶，以着更具主体性的"参与者"身份开展小区的公共想象力与真实生活的服务行动，一方面避免将志愿服务工作货币化，另一方面跳脱志愿服务工作者的阶级化。时间银行将志愿服务工作延伸于原来据点之外的场域，极大化"厝边隔壁"的功能，重新建立日益消退的社会连带关系，进而充权小区居民，自发性地彼此进行照顾。高龄者透过参与机会拥有权利，以动态概念和行动积极且有组织地投入小区活动；在自发性的运作过程中小区居民得以一起凝聚共识，组织镶嵌于邻里与世代关系间隐而未显的社会资本。再以此由下而上的方式，重新思考自身所处的小区环境、健康等相关问题，进而愿意共同参与，营造一个无歧视、无障碍，相互共融、共享、共乐的友善小区。这是一个可以改变的契机，也是一个值得期待的未来愿景。

参考文献

1. 刘宏钰，2011，《"时间人力银行"行不行？——中高龄人力在地运用与志愿服务的另类思考》，载《成人教育青年愿景论坛——共筑成人之美》。
2. 林依莹，1997，《居家老人间歇照护支持性方案——人力时间银行》，国立中正大学社会福利研究所硕士论文。
3. 刘宏钰、吴明儒，2010，《时间人力银行——小区高龄人力运用可行策略之探讨》，载于中华民国小区教育学会、国立台湾师范大学社会教育学系主编《高龄志工与小区学习》，师大书苑。
4. 钟燕菁，2001，《我国志愿服务工作的多元发展：以"老五老基金会"推动"人力时间银行"为例》，发表于91学年度志愿服务研讨会，花莲慈济大学。
5. Edgar S. Cahn. 2009. "Time Dollars: A New Currency in Community Building"., Web Site at: http://www.timedollar.org.

6. Seyfang Gill. 2004. "Time Banks: Rewarding Community Self – help in the Inner City?", *Community Development Journal* 39.

7. Time Banks USA. 2010. Web Site at: http://www.timebanks.org/.

8. 萧文高, 2010, 《活跃老化与照顾服务: 理论、政策与实务》, 《小区发展季刊》第 132 期。

9. 吕宝静, 1999, 《增进老人社会参与之政策规划》, 2010 年 3 月 20 日取自: http://minho.show.org.tw/vote/new/book1/p199.htm。

10. Cahn, Edgar S. 2004. *No More Throw Away People*. Washington, DC: Essential Books.

11. 中央社, 2010, 《亚洲大学全国首创"志工人力银行》, 2010 年 4 月 13 日取自: http://www.cna.com.tw/postwrite/cvpread.aspx? ID = 55659。

12. 中国时报, 2006, 《天使人力银行 志愿服务可提存》, 彭蕙仙专题报导, 2008 年 11 月 28 日取自: www.ptcf.org.tw/ptcf2/modules/myproject/case.php? cat＿id = 146&page = 9。

13. 黄又怡, 2013, 《分享生活体验, 勇敢实现自我》, 2013 年 2 月 15 日取自: http://www.managertoday.com.tw/? p = 1380。

14. 张柏东, 2008, 《合家欢小铺 捡便宜兼做善事》, 《联合报》2 月 25 日。

我国养老制度与社会服务实践

论我国城乡居民社会养老保险制度的整合[*]

毕天云[**]

摘 要：新型农村社会养老保险制度和城镇居民社会养老保险制度的建立，为农村居民和城镇居民提供了基本养老保障。在基本完成城乡居民养老保险全覆盖的基础上，需要及时推进制度整合并建立一体化的城乡居民社会养老保险制度。实现城乡居民社会养老保险制度整合，有利于促进城乡养老保障公平发展，有利于有效预防和减少重复参保行为，有利于提高居民养老保险的管理效率，有利于深化户籍制度改革，提高户籍人口的城镇化水平。目前，我国已基本具备城乡居民社会养老保险制度整合的经济基础、政策基础和实践基础，建立一体化城乡居民社会养老保险制度的时机已经成熟。

关键词：新型农村社会养老保险　城镇居民社会养老保险　城乡整合

1999 年我国进入老龄化社会以来，人口老龄化加速发展，传统养老保障体系面临严峻挑战。截至 2011 年末，我国 60 岁及以上老年人口达到 18499 万人，占总人口的 13.7%；其中 65 岁及以上人口有 12288 万人，占总人口的 9.1%（民政部，2012）。为有效应对老龄时代的养老挑战，我国不断健全和完善社会养老保障体系，先后建立起机关事业单位养老保障制度、企业职工基本养老保险制度、新型农村社会养老保险制度和城镇居民

---

[*] 本文系 2011 年度国家社科基金项目（11BSH064）"大福利视阈下的我国社会福利体系整合问题研究"的阶段性成果。

[**] 毕天云（1968 -　），男，社会学博士，云南师范大学哲学与政法学院教授，主要从事社会保障和社会福利研究。

社会养老保险制度，基本实现了社会养老保障制度的全覆盖，为实现全国老年人人人享有基本养老保障奠定了坚实的制度基础。与此同时，以身份群体为基础建立的四项社会养老保障制度也进一步加剧了养老保障制度的"多元化"和"碎片化"，迫切需要在普遍性的基础上尽快提高整合性，建设普遍整合型的社会养老保障体系。依据我国的国情、社情和民情，全面实现社会养老保障体系整合需要经历一个历史过程；推进城乡居民社会养老保险整合，建立一体化的城乡居民社会养老保险制度是最具现实性和可行性的整合起点，本文对该问题进行简要分析。

一 我国城乡居民社会养老保险制度的发展历程

（一）农村社会养老保险制度的曲折发展

农村社会养老保险制度的实践探索始于20世纪80年代中期，前后经历了一个曲折的发展过程，总体上可分为"老农保"和"新农保"两个时期。

1. 传统农村社会养老保险时期（1986－2008年）

我国从20世纪80年代中期开始探索建立农村社会养老保险制度，到2009年实施新型农村社会养老保险，传统农村社会养老保险先后经历了三个小阶段。

一是早期探索阶段（1986－1991年）。在该阶段，民政部门是推动农村社会养老保险探索的主导部门。1986年10月，《中华人民共和国国民经济和社会发展第七个五年计划（1986－1990）》提出："要有步骤地建立起具有中国特色的社会主义的社会保障制度雏形"；1986年12月，民政部向国务院递交《关于探索建立农村基层社会保障制度的报告》，开始探索建立农村社会养老保险制度。1988年，民政部先后在大连市甘井子区、安徽省淮北市两地进行了县级养老保险试点；1989年，民政部成立中国农村社会养老保险研究课题组，选择北京市的大兴县和山西省的左云县作为县级农村社会养老保险试点县,对农村社会养老保险进行理论研究和实践探索。1991年6月,国务院在《关于城镇企业职工养老保险制度改革的决定》(国发〔1991〕33号)中明确提出:由民政部负责农村(含乡镇企业)的养老保险制度改革。1991年,民政部选择山东省的牟平县、龙口市、招运县、荣成市、乳山县作为农村社会养老保险首批试点县(市);1991年10月,民政部在山东省烟台市召开全国农村社会养老保险工作会议,总结山东试点经验,讨论建立县级农村社会养老保险制度的基本方案。

二是试点推广阶段(1992-1997年)。在该阶段,民政部是农村社会养老保险试点的主管部门。1992年1月,民政部印发《县级农村社会养老保险基本方案(试行)》,规划和设计了县级农村社会养老保险制度的整体框架(民政部,1992),正式启动全国性的农村社会养老保险试点工作。到1992年底,全国已有1000多个县(市、区)开展试点,其中700多个县制定了农村社会养老保险暂行办法,有3500多万农村人口参保(民政部,2008)。1993年,国务院批准民政部成立农村社会保险司;1994年,民政部组建农村社会养老保险管理服务中心,有20多个省级人民政府的民政部门相继成立农村社会保险管理处,1100多个县(市、区)建立事业性的农村养老保险管理机构,农村社会养老保险工作呈现良好发展势头,保险覆盖面不断扩大(林永生,2007)。截至1997年底,全国参保农民达到7452万人,共有61.4万农民领取了养老保险金;建立农村社会养老保险机构2005个,养老金保险代办点33140个,积累农村养老保险基金139.2亿元(民政部,1997)。在1992-1997年间,农村社会养老保险总体上呈平稳发展态势,具体如表1所示。

表1 1992-1997年传统农村社会养老保险发展情况

单位:万人,亿元

年 份	参保人数	领取人数	支付养老金	基金滚存结余
1992	3500	—	—	—
1993	—	—	0.29	14.79
1994	3485	17.2	0.48	27

续表

年份	参保人数	领取人数	支付养老金	基金滚存结余
1995	5143	26.9	0.99	59.5
1996	6954	31.6	1.82	99.5
1997	7452	61.4	3.33	139.2

资料来源：民政部《1992-1997年民政事业发展统计公报》。
注："—"表示在《民政事业发展统计公报》中没有公布相应的统计数据。

三是整顿停滞阶段（1998-2008年）。在该阶，劳动保障部门成为农村社会养老保险的主管部门。1998年，国务院决定将农村社会养老保险业务由民政部移交到劳动和社会保障部。由于受到"亚洲金融危机"影响，农村社会养老保险制度存在"先天缺陷"，养老保险账户利率持续下降，农村绝大部分地区参保人数下降，中央决定暂缓发展农村养老保险。1999年7月，国务院指出我国农村尚不具备普遍实行社会养老保险的条件，决定清理整顿已有业务，停开新业务，有条件的地区应逐步向商业保险过渡。1998年由此成为老农保发展的转折点，此后参加农村社会养老保险的农民数量逐年下降；截至2008年底，全国参加传统农村社会养老保险的人数仅为5595万人。在1998-2008年的11年间，参加老农保的人数总体上呈逐年下降趋势，具体如表2所示。

表2　1998-2008年传统农村社会养老保险发展情况

单位：万人，亿元

年份	参保人数	领取人数	支付养老金	基金累计结余
1998	8025	—	5.4	166.2
1999	8000	—	—	—
2000	6172	—	—	195.5
2001	5995.1	—	—	216.1
2002	5462	—	—	233.3
2003	5428	198	15	259.3
2004	5378	205	—	285
2005	5442	302	21	310
2006	5374	355	30	354

续表

年　份	参保人数	领取人数	支付养老金	基金累计结余
2007	5171	392	40	412
2008	5595	512	56.8	499

资料来源：①劳动和社会保障部《1998－2007年度劳动和社会保障事业发展统计公报》；②人力资源和社会保障部《2008年度人力资源和社会保障事业发展统计公报》。

注："—"表示在《社会保障事业发展统计公报》中没有公布相应的统计数据。

2. 新型农村社会养老保险时期（2009－2012年）

到2008年底，参加"老农保"的人数由1998年的8025万人下降到5595万人，下降了2430万人，意味着"老农保"已经不能通过整顿方式获得"新生"，陷入了不可持续的"穷途末路"。如果没有新的制度取代，原本用来造福农民养老的社会政策将会产生巨大的消极后果。欣慰的是，2009年9月，国务院发布《关于开展新型农村社会养老保险试点的指导意见》（国发〔2009〕32号），决定从2009年起开展新型农村社会养老保险（以下简称新农保）试点。新农保充分汲取了老农保的教训，实行"个人缴费、集体补助、政府补贴相结合"的筹资机制，建立"基础养老金和个人账户养老金相结合"的养老金制度。"新农保"明确了政府承担的财政责任，加大了公共财政投入，彻底纠正了老农保的根本缺陷，得到广大农民拥护，试点进展神速。截至2011年底，北京、天津、浙江、江苏、宁夏、青海、海南、西藏等8个省份已经实现新农保制度全覆盖，全国有2253个县（区、市）开展试点，参保人数达到32643万人，比2008年增加了27048万人，是2008年的5.83倍，具体如表3所示。

表3　2009－2011年新型农村社会养老保险发展情况

年　份	试点县数（个）	参保人数（万人）	领取人数（万人）	支付养老金（亿元）	基金累计结余（亿元）
2009	320	8691	1556	76	681
2010	838	10277	2863	200	423
2011	2253	32643	8525	588	1199

资料来源：人力资源和社会保障部《2009－2011年度人力资源和社会保障事业发展统计公报》。

（二）城镇居民社会养老保险制度的建立

在我国的社会保障话语体系中，"城镇居民"是一个具有特定含义的概念，是指具有非农业户口、居住或生活在城镇里的非从业居民，区别于城镇里的从业居民（如城镇企业职工、国家机关和事业单位职工等）。在社会保障体系建设中，城镇非从业居民一直处于比较"尴尬的境地"：一方面，虽然他们拥有城镇户口，但由于没有固定的工作单位和稳定的职业，难以参加城镇职工社会保障体系；另一方面，由于他们不属于农村居民，不能参加农村社会保障体系。于是，城镇非从业居民的基本社会保障长期处于"制度真空"状态，成为我国社会保障体系建设中的"短板"，城镇居民在社会保障体系中的"尴尬处境"引起了国务院的高度重视。2007年7月，国务院发布《关于开展城镇居民基本医疗保险试点的指导意见》，提出建立城镇居民基本医疗保险制度，要求在2010年基本实现全覆盖。截至2011年底，全国参加城镇居民基本医疗保险的人数为22116万，基本实现了全覆盖（人力资源和社会保障部，2012）。

在解决基本医疗保障后，城镇居民在社会保障体系中的"制度真空"就集中表现在基本养老保障领域。2011年6月，国务院发布《关于开展城镇居民社会养老保险试点的指导意见》（国发〔2011〕18号），决定从2011年7月1日启动试点，建立个人缴费与政府补贴相结合、社会统筹和个人账户相结合的城镇居民社会养老保险制度，要求在2012年基本实现城镇居民养老保险制度全覆盖。截至2011年末，全国有27个省、自治区的1902个县（市、区、旗）和4个直辖市部分区县及新疆生产建设兵团开展了国家城镇居民社会养老保险试点；国家城镇居民社会养老保险试点地区参保人数539万，其中实际领取待遇人数235万；全年城镇居民社会养老保险基金收入40亿元，其中个人缴费6亿元；基金支出11亿元，基金累计结存32亿元（人力资源和社会保障部，2012）。

综上所述，我国城乡居民社会养老保险制度的发展具有"先慢后快"的显著特征。在1992-2008年的17年中，老农保制度一波三折，徘徊不前甚至停滞倒退。从2009年启动新型农村社会养老保险试点，2011年启动城镇居民社会养老保险试点，到 2012 年底基本实现城乡居民社会养老保险全覆盖，前后仅用了短短四年时间。这一方面体现了党和国家对城乡居民"老有所养"问题的高度重视，另一方面反映出制约我国城乡居民社会养老保障体系建设的关键因素主要不是经济条件，而是政府决心。

二　我国城乡居民社会养老保险制度整合的必要性

促进城乡居民社会养老保险制度整合，是统筹城乡经济社会发展的客观要求，是统筹城乡社会养老保障体系的必然趋势。具体而言，其必要性至少体现在以下四个方面。

（一）有利于促进城乡养老保障公平发展

现代社会保障制度是人类追求社会公平的产物，是实现和维护社会公平的手段和工具。在社会保障体系建设过程中，既有公平问题也有效率问题，但首要的是公平问题，必须坚持公平优先的基本原则。纵观我国改革开放以来的社会保障体系建设，存在着一系列"悖论"现象，即以追求社会公平为价值目标的社会保障制度产生了不公平的社会后果。在社会保障领域的诸多不公平中，城乡社会保障发展不公平是最为突出的现象，长期存在着各种形式的"重城轻农"现象。早在 2002 年，党的十六大就提出，统筹城乡经济社会发展是全面建设小康社会的重大任务；统筹城乡社会保障是统筹城乡经济社会发展的基本任务，也是我国社会保障发展的必然趋势。2003 年以来，随着新型农村合作医疗制度、农村医疗救助制度、农村最低生活保障制度和新型农村社会养老保险制度的建立，社会保障领域的城乡差距有所缩小，社会保障的城乡不公平状况有所改善。从目前城乡社会保障的管理体制看，统筹城乡社会保障体系建设，相对比较容易的保障项目有两个：一是城乡最低生活保障制度，二是城乡居民社会养老保险制度。国务院在制定新型农村社会养老保险政策和城镇居民社会养老保险政策时，已充分考虑到两项养老保险制度之间的公平发展问题，并为两项养老保险制度整合预留了制度空间。把新型农村社会养老保险与城镇居民社会养老保险整合为一体化的城乡居民社会养老保险制度，不仅可以保障农村居民与城镇居民公平享受政府提供的基础养老金待遇，而且能够有效提高城乡社会保障体系的公平程度。

（二）有利于有效预防和减少重复参保行为

由于制度设计、人口流动、政策执行、信息封闭、理性算计等多种因素的综合作用，重复参保成为我国社会养老保险领域的一个突出问题。例如，农民工有可能同时参加新农保、城居保和企业职工基本养老保险，城镇居民有可能同时参加城居保和企业职工基本养老保险。根据国家审计署（2012）公布的社会保障审计结果显示，截至2011年底，有112.42万人重复参加企业职工基本养老保险、新型农村社会养老保险或城镇居民社会养老保险，全国共有240.40万人跨省拥有两个以上企业职工基本养老保险个人账户。重复参保会产生四个后果：一是增加政府的财政补贴压力，如果一个人重复参加新农保、城居保和企业职工养老保险，那么，各级财政将为此人重复支付补助费用，造成财政资金浪费。二是导致重复领取养老保险待遇，2012年全国就有9.27万人重复领取养老金6845.29万元（审计署，2012）。三是助长参保人的道德风险。有的重复参保是参保人精明算计和理性选择的结果，一旦有人获得成功，可能产生负面的示范效应。四是导致养老保险的统计数据失真，直接影响政府的正确决策，导致决策偏差或决策失误。如果把新型农村社会养老保险和城镇居民社会养老保险整合为一个统一的城乡居民社会养老保险制度，那么，同一居民同时参加两个养老保险制度的概率就非常小，重复参保率就能控制在最低限度，重复领取养老金就能被及时发现和纠正。

（三）有利于提高居民养老保险的管理效率

强调社会保障制度要坚持公平优先原则，并不等于社会保障不需要效率。管理效率是现代科学管理的重要标志，在社会保障体系的运行过程中，管理效率是一个不可或缺的重要指标；在某些特定情形下，管理效率甚至直接体现和反映公平。我国的新型农村社会养老保险制度和城镇居民社会养老保险制度，参保人数将达到数亿人，管理任务非常艰巨，管理难度极大，提高管理效率特别重要。促进城乡居民社会养老保险制度整合，至少可以在三个方面提高管理效率：一是精简管理机构。政府机构具有自我膨胀的刚性动力，为了体现对新建社会保障制度的重视，每建立一项新的社会保障制度就会新建或增设一套管理机构，引发机构膨胀。如果把两个制度整合为一个制度，就可以把两套机构精简为一套机构。二是减少管理人员。减少管理人员是机构精简的必然结果，减少管理人员并不一定意味着管理能力的下降；通过精简冗员和庸才，淘汰不称职者，保留精干队伍，提高管理人员的业务素质，同样能够提高管理效率。三是降低管理成本。从经济学的角度看，减少管理机构和管理人员的最大益处是节约和降低管理成本，特别是办公成本、财力成本和物力成本。

（四）有利于提高户籍人口的城镇化水平

城镇化水平是衡量一个国家或地区现代化程度的重要指标之一，城镇化水平不断提高是社会现代化的必然趋势。由于我国长期实行城乡分离的二元户籍制度（农业人口和非农业人口），所以存在两种类型的人口城镇化：一是户籍人口城镇化，二是常住人口城镇化。在我国的城镇化水平统计中，两种类型的人口城镇化水平之间存在着比较大的差距。以2011年为例，根据卫生部公布的《2011年我国卫生事业发展统计公报》，2011年底全国新型农村合作医疗参合人口数达8.32亿人，参合率为97.5%（卫生部，2012）。据此测算，全国农业人口总数为8.5641亿人，占全国总人口（13.4735亿人）的63.73%，这意味着全国户籍人口城镇化水平（即非农业人口比重）仅为36.27%。根据国家统计局发布的《2011年国民经济和社会发展统计公报》，2011年末，我国乡村常住人口为65656万人，城镇常住人口为69079万人，全国的常住人口城镇化水平达到了51.3%，比户籍人口城镇化水平高出15个百分点。两种人口城镇化水平之间的"落差"长期存在，不但扭曲和歪曲了中国城镇化的真实状态，而且进一步"固化"了城乡分离的户籍制度。整合城乡居民社会养老保险制度，有利于打破城乡户籍界限，提高农民进城的吸引力，增加城镇居民的数量，提高户籍人口城镇化水平。

三 我国城乡居民社会养老保险制度整合的可行性

目前，我国已基本具备城乡居民社会养老保险制度整合的经济基础、政策基础和实践基础，建立一体化城乡居民社会养老保险制度的时机已经成熟。

（一）经济基础

经济基础是决定城乡居民社会养老保险制度整合的根本因素，没有坚实的经济基础作为支撑，再好的设想也只能是"画饼充饥"。城乡居民社会养老保险制度实行个人缴费与政府补贴相结合的筹集机制，个人有钱缴费、政府有钱补贴，才能维系制度整合的可持续发展。改革开放34年来，国民经济高速增长，城乡居民收入稳步提高，为城乡居民社会养老保险制度整合提供了坚实的经济基础。一是国家经济实力增强，财政支撑能力提高。国家统计局发布的《2011年国民经济和社会发展统计公报》（2012）显示，2011年中国GDP总量达471564亿元人民币，2011年末全国总人口为13.4735亿，人均GDP达到34999.37元人民币，已超过5400美元。国际经验表明，当一个国家的人均GDP超过3000美元，意味着一个国家的经济发展进入一个新阶段，也意味着一个国家发展社会保障的经济能力明显增强。随着GDP的快速增长，我国的财政收入增幅显著，2011年全年公共财政收入103740亿元，比2010年增加20639亿元，增长24.8%。政府是社会福利供给主体中的主导力量，政府掌握和拥有的公共财政资源越多，支持城乡居民养老社会保险制度整合的能力就越强。在2009—2011年三年间，中央财政对新农保的补助金额依次为10.76亿元、110.83亿元、352.06亿元，2011年的补助金额比2009年增长了31.72倍（审计署，2012）。二是城乡居民收入提高，个人缴费能力增强。《2011年国民经济和社会发展统计公报》（国家统计局，2012）显示，2011年，农村居民人均纯收入6977元，中位数为6194元，比2010年增长19.1%；城镇居民人均可支配收入 21810 元，中位数为 19118 元，比 2010 年增长 13.5%。根据国务院的规定，参加新农保的个人缴费标准设为每年 100 元、200 元、300 元、400 元、500 元 5 个档次，参加城镇居民养老保险的个人缴费标准设为每年 100 元、200 元、300 元、400 元、500 元、600 元、700 元、800 元、900 元、1000 元 10 个档次。对于绝大多数农村居民和城镇居民而言，完全有能力承担最低缴费；对于比较富裕的城乡居民而言，完全可以根据各自的经济情况选择更高档次的缴费标准。

（二）政策基础

城乡居民社会养老保险制度整合已有明确的政策依据。国务院在发布的《关于开展城镇居民社会养老保险试点的指导意见》中提出："有条件的地方，城镇居民养老保险应与新农保合并实施。其他地方应积极创造条件将两项制度合并实施。"对照国务院《关于开展新型农村社会养老保险试点的指导意见》和《关于开展城镇居民社会养老保险试点的指导意见》两个政策文件，可以清楚地看到，国务院对两个社会养老保险制度之间的整合已有充分考虑和超前谋划，两个社会养老保险制度之间的政策设计至少具有六个方面的相同点：一是基本原则相同，两个制度均遵循"保基本、广覆盖、有弹性、可持续"的基本原则。二是保障模式相同，两个养老保险制度均实行"社会统筹和个人账户相结合"的"统账模式"，社会统筹账户为政府补贴的基础养老金，中央确定的基础养老金标准为每人每月 55 元；个人账户养老金主要来源于个人缴费和其他补贴资助，月计发标准为个人账户全部储存额除以 139。三是资金筹集方式相同。城镇居民养老保险基金主要由个人缴费和政府补贴构成。新型农村社会养老保险基金由个人缴费、集体补助、政府补贴构成；但在实际执行过程中，由于绝大多数农村地区集体经济实力薄弱，基本上采取个人缴费与政府补贴相结合的做法，与城镇居民社会养老保险之间无实质差异。四是政府补贴标准相同。两个文件中都规定：政府对符合待遇领取条件的参保人全额支付养老保险基础养老金，其中，中央财政对中西部地区按中央确定的基础养老金标准给予全额补助，对东部地区给予 50% 的补助。五是主管部门相同。新型农村养老保险制度和城镇居民社会养老保险制度的行政主管部门均为人力资源社会保障部门,避免了分散管理和政出多门的弊端。六是基金管理层次相同,两个养老保险制度的基金管理在试点阶段均为县级管理,随着试点扩大逐步提高管理层次,有条件的地方可直接实行省级管理。

(三) 实践基础

2009 年以来,全国已有部分省(自治区、直辖市)、州市和县(区)积极开展城乡居民社会养老保险一体化的试点和探索,为城乡居民社会养老保险制度整合积累了丰富的实践经验。北京市率先在全国实施一体化的城乡居民养老保险制度,2008 年 12 月,北京市人民政府出台《北京市城乡居民养老保险办法》(京政发〔2008〕49 号),决定自 2009 年 1 月 1 日起实行一体化的城乡居民养老保险制度。《办法》规定:城乡居民养老保险实行个人账户与基础养老金相结合,个人缴费、集体补助与政府补贴相结合的制度模式;参保范围为具有北京户籍,男年满 16 周岁未满 60 周岁、女年满 16 周岁未满 55 周岁(不含在校生),未纳入行政事业单位编制管理或不符合参加本市基本养老保险条件的城乡居民;城乡居民养老保险费采取按年缴费的方式缴纳,最低缴费标准为上一年度农村居民人均纯收入的 9%,最高缴费标准为上一年度城镇居民人均可支配收入的 30%。2009 年 9 月,重庆市人民政府印发《关于开展城乡居民社会养老保险试点工作的通知》(渝府发〔2009〕85 号),提出建立覆盖农村居民和城镇灵活就业人员的城乡居民社会养老保险制度,决定从 2009 年 7 月 1 日起开展试点工作;参保人员的养老保险费年缴费标准分别为 100 元、200 元、400 元、600 元、900 元 5 个档次,养老保险基金实行市级统筹。2009 年 9 月,浙江省人民政府发布《关于建立城乡居民社会养老保险制度的实施意见》(浙政发〔2009〕62 号),提出建立一体化的城乡居民社会养老保险制度;参保范围为具有浙江户籍,年满 16 周岁(全日制学校在校学生除外),非国家机关、事业单位、社会团体工作人员,未参加职工基本养老保险的城乡居民;个人账户的缴费标准设为每年 100 元、200 元、300 元、400 元、500 元五个档次,各地可按不低于当地上年农村居民人均纯收入或城镇居民人均可支配收入5%的额度，增设和调整若干绝对额缴费档次。

2011年7月，湖北省人民政府发布《关于实施城乡居民社会养老保险制度的意见》（鄂政发〔2011〕40号），决定将全省城镇居民社会养老保险制度和新型农村社会养老保险制度合并实施，建立个人缴费、政府补贴相结合的城乡居民养老保险制度，实行社会统筹与个人账户相结合，与家庭养老、社会救助、社会福利等其他社会保障政策相配套，保障城乡老年居民的基本生活。参保范围为具有湖北省城乡居民户籍、年满16周岁（不含在校学生），未参加其他社会养老保险的城乡居民；个人缴费标准设为每年100元、200元、300元、400元、500元、600元、700元、800元、900元、1000元10个档次。2011年8月，宁夏回族自治区人民政府发布《关于统筹城乡居民社会养老保险试点的实施意见》（宁政发〔2011〕108号），提出将新型农村社会养老保险与城镇居民社会养老保险制度统一、合并实施，建立个人缴费与政府补贴相结合的城乡居民养老保险制度。参保范围为具有宁夏户籍，年满16周岁（不含在校学生）、未参加职工基本养老保险的农村居民和不符合职工基本养老保险参保条件的城镇非从业居民；个人缴费标准设为每年100元、200元、300元、400元、500元、600元、700元、800元、900元、1000元、1500元、2000元12个档次。2011年11月，内蒙古自治区人民政府办公厅发布《关于开展城镇和农村牧区居民社会养老保险试点的实施意见》（内政办发〔2011〕133号），决定将城镇居民社会养老保险与新型农村牧区社会养老保险合并实施，建立城镇和农村牧区居民社会养老保险，简称城乡居民养老保险制度。参保范围为年满16周岁（不含在校学生），未参加城镇职工基本养老保险的城镇非从业居民、农村牧区居民，个人年缴费标准分为100元、200元、300元、400元、500元、600元、700元、800元、900元、1000元10个档次。2012年5月，河北省人民政府发布《关于合并实施新型农村和城镇居民社会养老保险制度的通知》（冀政函〔2012〕68号），决定自2012年7月1日起，全省新型农村社会养老保险和城镇居民社会养老保险制度合并实施，建立城乡居民社会养老保险制度。参保范围为年满16周岁（不含在校学生）、不符合职工基本养老保险参保条件的城乡非从业居民，个人年缴费标准分为 100 元、200 元、300 元、400 元、500 元、600 元、700 元、800 元、900 元、1000 元 10 个档次。

除了上述省、自治区、直辖市开展省级层次的城乡居民社会养老保险整合试点外，全国还有部分市、县（区）自主开展一体化的城乡居民社会养老保险试点。据审计署 2012 年 8 月 2 日公布的《新型农村社会养老保险、城镇居民社会养老保险和城乡居民社会养老保险基金审计情况》显示，截至 2011 年底，全国已有 683 个县合并新型农村社会养老保险和城镇居民社会养老保险，实施一体化的城乡居民社会养老保险，参保人数达到 14390.60 万人（2012）。

地方性整合试点的实践，为建立一体化的城乡居民社会养老保险制度提供了可贵的实践经验。

总之，城乡居民社会养老保险制度整合已是必然趋势，整合条件已经具备，时机已经成熟；期待有更多的省、市、县抓住发展机遇，早日实现城乡居民社会养老保险制度整合的全覆盖。

参考文献

1. 民政部，2012，《2011 年社会服务发展统计公报》，民政部网站，http：//www. mca. gov. cn/article/zwgk/mzyw/201206/20120600324725. shtml。

2. 民政部，1992，《县级农村社会养老保险基本方案（试行）》（民办发〔1992〕2 号）。

3. 民政部，2008，《1992 年民政事业发展统计公报》，民政部网站，http：//cws. mca. gov. cn/article/tjbg/200801/20080100009427. shtml。

4. 林永生，2007，《我国农村社会养老保险制度：过去、现在和未来》，中国社会保险学会网站，http：//www. csia. cn/hknr/200711/t20071123_ 167034. htm。

5. 民政部，1997，《1997 年民政事业发展统计报告》，民政部网站，http：//cws. mca. gov. cn/article/tjbg/200801/20080100009420. shtml。

6. 劳动和社会保障部，1999，《1998 劳动和社会保障事业发展年度统计公报》，《中国劳动保障》第 7 期。

7. 人力资源和社会保障部，2009，《2008 年度人力资源和社会保障事业发展统计公报》，人力资源和社会保障部网站，http：//www. gov. cn/gzdt/2009 - 05/19/

content_ 1319291. htm。

8. 人力资源和社会保障部，2010，《2009 年度人力资源和社会保障事业发展统计公报》，人力资源和社会保障部网站，http：//www. gov. cn/gzdt/2010 - 05/21/content_ 1611039. htm。

9. 人力资源和社会保障部，2011，《2010 年度人力资源和社会保障事业发展统计公报》，人力资源和社会保障部网站，http：//www. molss. gov. cn/gb/zwxx/2011 - 05/24/content_ 391125. htm。

10. 人力资源和社会保障部，2012，《2011 年全国社会保险情况》，人力资源和社会保障部网站，http：//www. gov. cn/gzdt/2012 - 06/27/content_ 2171250. htm。

11. 审计署，2012，《全国社会保障资金审计结果公告》（2012 年第 34 号），审计署网站，http：//www. audit. gov. cn/n1992130/n1992150/n1992379/n3071301. files/n3071602. htm。

12. 国家统计局，2012，《2011 年国民经济和社会发展统计公报》，国家统计局网站，http：//www. gov. cn/gzdt/2012 - 02/22/content_ 2073982. htm。

13. 国务院，2009，《关于开展新型农村社会养老保险试点的指导意见》，中央政府门户网站，http：//www. gov. cn/zwgk/2009 - 09/04/content_ 1409216. htm。

14. 国务院，2011，《关于开展城镇居民社会养老保险试点的指导意见》，中央政府门户网站，http：//www. gov. cn/zwgk/2011 - 06/13/content_ 1882801. htm。

15. 卫生部统计信息中心，2012，《2011 年我国卫生事业发展统计公报》，卫生部网站，http：//www. moh. gov. cn/publicfiles/business/htmlfiles/mohwsbwstjxxzx/s7967/201204/54532. htm。

混合福利框架下的养老服务市场分析
——以杭州市为例

朱 浩[*]

摘 要: 混合福利的供给、筹资和规制三维分析框架,一直是社会福利分析政府、市场和社会三者边界的经典维度,其三者相互关系的变化能够清晰地展现福利的结构,而杭州市作为全国养老服务试点城市,其政府主导、市场和其他主体共同参与的格局表现出混合福利的一种典范性经验。从杭州养老服务市场多元主体看,政府的主体责任被充分强调,其资源投入持续加大,针对民政服务对象的内部市场充分建立起来,但未能增进多主体的共同发展,以致外部经济市场的发展缓慢。虽然政府不断加大供给进行养老服务的"增量改革",但总体仍旧难以满足需求,同时在筹资和规制方面政府大包大揽,市场、志愿部门和家庭的参与机制没能有效建立起来。这些问题要求我们在养老服务发展中正确处理养老服务主体之间的相互关系,在增加内部市场供给的同时鼓励促进外部市场的发展,以建立一个健康有效率的养老服务市场体系。

关键词: 混合福利 养老服务 福利多元主义

一 问题的提出

20世纪70年代随着资本主义世界进入滞涨时期,福利国家在经济基础和意识形态方面都遭受了较大的冲击。凯恩斯主义和新自由主义的地位

---

[*] 朱浩,浙江大学公共管理学院博士研究生。

发生转变，在理论和实践方面后者逐渐占据主导地位，而在公共管理领域，随着传统公共管理的官僚制本位走向市场化基础的新公共管理主义，国家在公共服务中的角色也随之改变。新公共管理主义倡导公共服务的民营化和市场化，强调公共服务的供给效率和管理绩效，寻求通过对私人经济的规制来实现国家和市场或社会组织在公共品方面的责任分摊，使得福利多元主义变得流行起来，"多元服务供给模式被提出"（萨瓦斯，2002）。传统福利国家过度强调国家的责任不再具有政治基础，国家、市场、社会等主体之间的关系重新组合，以国家为主的福利框架逐渐让位国家—市场—社会的合作主义架构，混合福利开始成为欧美国家的主要福利形态。

混合福利在某种程度上与福利多元主义交替使用，其最初源自 1978 年英国《沃尔芬德的志愿者组织未来的报告》，但在福利历史发展中早已存在，即认为福利供给由国家福利、市场福利、志愿性福利和非正式福利等组成，但混合福利时代的真正到来要到福利国家改革阶段。作为改革内容"福利多元化""福利民营化""公私伙伴关系"等，要求国家、市场和社会三者都参与到公共福利的供给中，而政府则需要处理与市场、社会的多元关系。这也是社会福利理论体系与社会政策框架设计的核心议题，即"如何处理国家、市场、社区（非政府组织）和个人之间的关系，是社会制度安排的基本结构特征和社会结构功能的最佳组合模式"（刘继同、冯喜良，2005）。

在中国，随着 20 世纪 90 年代确立社会主义市场经济体制，福利领域也经受了自由主义的冲击，政府不再大包大揽，而倡导福利社会化，在很大程度上减轻了政府的责任和负担，同时也使得社会中弱势群体的生存保障受到威胁。2005 年十六届五中全会提出"更加注重社会公平，使全体人民分享改革发展成果"，重新确立了社会福利的公平导向，政府责任不断回归，同时不断寻求市场和社会力量的培育，这也在很大程度上形成了目前以政府为主导的多元主体参与的福利体系。"小政府，大社会"中的社会福利发展将依赖于广阔的社会部门（如社区、社会团体）和企业化的社会组织来承担，国家也将从资源分配者转为政策制定者和法律监督者（熊跃根，1999）。尤其在经济发达地区，市场和社会的力量更为强大使得它们更多地参与到福利供给中来。

由此，本文选择杭州市养老服务的实践作为分析基础。作为养老服务的全国试点城市，杭州有着特殊的典范性表征，养老服务多元主体的共同作用一直被强调，但各主体发展的程度有着差异性表现。笔者试通过混合福利的分析框架，分析养老服务主体之间的相互关系，以对养老服务市场的形成提供论证。

二 混合福利的分析框架

关于混合福利，柏查特（Burchardt，1997）提供了一个供给、融资和决策的三维度框架。其中的决策指的是个体公民能否选择福利服务的提供者，抑或是由国家为公民决定。这一点在新自由主义和新公共管理主义里特别受到强调，即个人在公共部门和私人市场 DIY 自己的福利（Martin，2011）。约翰逊（Johnson，1999）则提出供给、融资和规制的三维度框架，马丁·鲍威尔（Martin Powell）在《理解福利混合经济》一书中同样选择这个主流框架来阐释英国政府部门、私人部门、志愿和社区部门、非正式部门之间的关系。由于现有的多元主体主要是执行政府的决策，在总体福利并不发达的情况下个体公民的参与决策十分有限，更多的在于监督控制政府的行为，所以这里仍旧采用约翰逊的主流分析框架（见表1）。

表1 三维度的混合福利经济（供给、融资和规制）框架

筹资		供给			
		国家	市场	志愿部门	非正式部门/家庭
	国家	1a（高度规制） 1b（低度规制）	2a 2b	3a 3b	4a 4b
	市场	5a 5b	6a 6b	7a 7b	8a 8b
	志愿部门	9a 9b	10a 10b	11a 11b	12a 12b
	非正式部门	13a 13b	14a 14b	15a 15b	16a 16b

资料来源：马丁·鲍威尔《理解福利混合经济》，北京大学出版社，2011。

在该框架中，国家、市场、志愿部门、非正式部门/家庭共同承担社会福利责任，即约翰逊在罗斯（Rose）基础上对福利来源的四元分类：家庭、市场、国家和志愿组织（Johnson，1987）。体现在养老服务市场中，既包括政府为弱势群体提供的民政福利，也包括政府以购买（或补贴）的形式通过社会组织和志愿部门提供的服务、私人部门提供的需要付费的服务和家庭提供的福利，四者共同构成了养老服务的供给主体。而在融资方式上可以通过政府出资、购买或补贴、公私合作伙伴（Public Private Partnerships）、慈善捐助、个人付费等形式来实现，在规制上则更多是政府通过法律法规、行业准入、行业监督和管理等形式约束私人部门和志愿部门，同时通过第三方购买服务来监督和评估政府、私人部门以及志愿部门的服务质量。

对于国家、市场和社会在福利框架中所扮演的角色与地位，有学者认为福利供给的各部门之间有一条"移动边界"（Finlayson，1990），在历史的某个时期国家会多一些而另一个时期市场又多一些，同时"对于不同的福利项目，或以政府提供为主，或以私人市场为主，有时则以其他福利来源为主，其依据福利项目的不同特性而决定"（Johnson，1987），但社会政策作为一门规范科学，其更大的意义是探讨在特定的意识形态和文化的基础上，国家、市场和社会之间各自扮演的角色是怎样的，尤其是政府的角色怎样；如何在处理三者之间的关系基础上，搭建一个能够满足福利对象需求且有效率的福利体系。

三 杭州市养老服务市场的例证分析

据第六次人口普查数据，杭州市 60 周岁及以上人口为 116.58 万人，占 13.40%。而 60 岁以上人口在杭州主城区——上城、下城、江干、拱墅四区均超过 16%，上城区超过 20%（唐世明，2008）。老龄化程度非常严重，这也使得养老服务一直是福利发展的重点。目前，上城、下城、江干区等成为全国养老服务体系的试点区，而西湖区"以政府与社会共担，管理与服务共进，机构与居家共通，物质与精神并重"的"西湖模式"，更是在很大程度上已经成为全国养老服务的典范性经验。

《杭州市社会养老服务体系"十二五"规划》提出,到"十二五"期末,杭州市要构建起"9064"的养老格局,即老年人口中,以社区为依托、社会化服务为协助的自主居家养老将占90%,享受政府购买服务的居家养老占6%,入住养老机构集中养老的占4%。作为"生活品质之城"建设的题中之义,杭州市在9064的养老框架下正努力将老年人的生活保障向普惠型保障延伸,通过政府、市场和社会多方力量来推动养老服务的发展,谋求养老服务的多元性、多层次性。

1. 供给方面

公共品的供给方式有以下几个分类标准:按照公共部门与私人部门的关系分类、按照是否收费分类、按照供给的主体分类(温来成,2010)。在本文除按供给主体分类外,由于我国养老服务更多的作为公共品由政府提供,政府在养老服务体系中起主导和支持作用,私人机构和志愿团体仅作为政府财力不足的补充。所以这里,为了对政府供给的养老服务项目有更清楚的展现,基于家庭养老、居家养老和机构养老三种不同类型对政府为主体的养老供给进一步进行分类。

养老服务作为福利的传统领域,政府一直是供给的主要力量。为了应对空巢化、高龄化和失能老人,养老服务体系得到空前的重视,学界对于长期护理和护理保险的讨论更是强调了老年人需求本位的养老服务体系构建。2011年《社会养老服务体系建设"十二·五"规划》的出台,从根本上确定了养老服务的政府责任。

在老人基本的经济保障方面,《杭州市城乡居民社会养老保险办法》的出台意味着全市60周岁以上无保障老人自2010年起可以享受基础养老金待遇,标准为每月90元;80周岁以上则统一享受普惠型高龄津贴政策。同时通过社会救助、政府购买等形式给予老年人基本的经济保障,主要解决社会养老的硬实力,即指收入来源问题。其次将居家养老作为主要项目推进,自2006年来政府致力于居家养老服务体系的构建。从社区居家养老服务政策的文本来看,无论是建设养老服务设施(场地、设备等),还是成立服务机构（比如"星光老年之家"、社区托老所、老年食堂等），以及管理养老服务机构（社区服务业审批、登记等），基本都由政府来完成（王萍、倪娜，2011）。杭州市养老服务"十二五"规划中提出"到2015年，实现政府购买服务人数6%"，西湖区作为试点区已提早完成任务。在具体的居家养老服务方面，各级政府强调分类供给，对于"三无""五保"老人进行集中供养；对低收入、失能老人采取政府购买制度或直接供给形式；而对高龄和"空巢"老年人则采取多元供给的形式。2011年，杭州市大力推广老年养老服务照料中心，推出"全托""日托""临时托"三种服务。同时实现"星光老年之家"全面覆盖；要求街道在每个社区兴建社区食堂，提供经济实惠的饭菜。另外不断加大居家养老的政府购买力度，通过"居家养老服务券"，让困难老人可以在居家养老服务网点使用，享受钟点工、理发、裁缝等日常生活服务，如下城区每人每月发放100元的居家养老服务券。

按养老类型来分，政府养老服务的供给方式和供给内容如表2所示。

表2 政府养老服务的供给方式和供给内容

养老类型	供给方式	供给内容
家庭养老	政府政策鼓励、支持	鼓励传统孝道文化
居家养老	政府直接生产	社区医疗服务中心、社区食堂、星光老年之家、老年养老服务照料中心
	政府购买第三方服务	居家养老服务券、家政服务、护理服务等
机构养老	政府补贴	床位补贴，房、水、电等基础设施补贴
	公办民营、公私合办	养老院或福利院、社区日间照料中心

政府的责任不仅仅是以公共财政来直接提供福利，更重要的还在于整合市场与社会资源，协调和引导整体的福利供给（郭巍青、江绍文，2010）。从表3可以看到，政府作为养老服务的主要供给方，除了直接生产和管理养老服务，兴办养老院和福利场所，还通过降低养老服务机构建设准入门槛，积极引导、支持、鼓励社会力量兴办多形式、多层次的养老服务机构，加大对社会办养老机构的公助力度。

得益于政府的支持和鼓励，民营/私人机构有的通过公建民营、委托管理、购买服务等间接形式，也有的通过直接兴办养老院和社区照料中心等形式加入到养老服务供给中来（见表2），并寻求民办养老的品牌化经营，如台湾唯新集团投资的唯康老人公寓、在水一方互助会出资的在水一方养老院。但是截至2010年底，在全部养老机构床位数中，社会办养老机构床位数有6031张，仅占床位总数的23.16%，当前市场化主体在养老服务供给中仍旧有限。全市各类养老服务机构共217家，每百名老年人拥有床位数2.23张，"十二五"规划要求2015年床位数达到百人4张，势必要求在增加政府供给的同时进一步寻求市场化的途径来解决。

在传统家庭养老方面，杭州市养老框架中肯定了90%的人需要在家庭中安度晚年，而在调查中我们发现，老年人也倾向于在家庭内部得到照顾和支持。虽然家庭小型化、空巢化等特点使得家庭的功能不断弱化，但在现有社会化养老刚刚起步养老资源还较短缺的情况下，家庭仍旧是养老供给的绝对主体。在此，杭州市弘扬孝道文化，除强调社区对于家庭的多元化支持外，更多偏重于对空巢老人、传统民政对象进行支持和照顾，而独立能力较强的对象则更多的是自我依赖型养老。

志愿部门作为补充，主要通过对居家养老、星光老年之家等的慈善捐赠和志愿服务来为老年人提供支持。上城区创建了"个十百千万"和"时间银行"志愿者为老服务模式；而在杭州农村，有1139个农村老年人协会

表3 养老服务供给主体及其供给内容

供给方	供给内容
政府	养老服务基础设施建设（公营养老院、福利设施、社区日间中心、居家养老服务站等）
	政府政策优惠支持（床位补贴、发放代用券）
	购买第三方服务（服务外包、政府购买）
私人/民营机构	民营养老院、老年公寓
	民营社区照料中心
家庭	经济保障
	情感支持、照料服务
社会组织、志愿部门	慈善资助居家养老、星光老年之家等服务
	志愿服务

开展"银龄互助"活动，建立起低龄健康老人结对帮助高龄、病残、空巢老人的"以老助老"志愿服务模式。

2. 筹资方面

杭州以政府为主导的养老服务体系势必使得政府公共支出成为养老服务的主要经费来源。在市本级，2011年，市财政大幅提高居家养老、机构养老、社区服务业发展专项资金预算，实际向各区拨付资金6000余万元。其中包括：社区服务业发展专项、政府购买居家养老服务、居家养老服务建设项目（居家养老服务站、老年食堂、托老所、星光老年之家）、社会办养老服务机构新增床位及寄养、养老机构购买责任保险（杭州市财税网，2011）。2012年民生支出占预算支出的74.7%，其中安排9500万元资助全市社区服务业发展，重点扶持开展为老、为残、为幼服务以及养老服务体系建设（杭州市政府，2012），同时区、街道财政的配套使得在养老方面的财政支出不断加大。根据杭州市委市政府《关于加快推进养老服务事业发展的意见》（市委〔2010〕24号），福利性养老服务机构重点解决"三无"人员、"五保"老人、有特殊贡献者和困难家庭老人等的基本养老问题，其入住经费全部由政府财政解决；非营利性养老服务机构，入住的养老费用以个人承担为主，经相应的养老需求评估后由政府予以适当补助；营利性养老服务机构，入住的养老费用则由个人或家庭承担。该意见稿对各项养老事业的补贴标准做了详细的规定（杭州市委市政府，2010），详见表4。

表4 各项养老事业补助标准及配套资金

	补助标准	配套资金
营利性社会办养老服务机构	市、区财政按每人每月35元的标准给予寄养补助	养老服务建设基金
"星光老年之家"	六个老城区的给予5000元的补助，其他区县给予2500元的补助	低于1:1给予配套补助，镇（街道）财政补助额应不低于市级标准的50%
社区托老所、老年食堂、居家养老服务站	3万-5万元的一次性补助	按照1:1给予配套补助
社区托老所、老年食堂	2万元的运行补助	按照1:1给予配套补助

杭州同时寻求养老服务社会化，而其筹资的渠道也表现出多元化趋向，例如居家养老服务的资金来源就包括财政拨款、彩票公益金的资助、社会捐助和向使用者收费。随着"十二五"规划的出台，政府财政投入力度不断加大，财政拨款成为公办养老服务机构的绝对资金来源，而民营机构的资金来源则主要是向使用者收费和政府补贴，其融资渠道相对狭窄。

3. 规制方面

规制主要指的是政府部门为弥补市场失灵而对其他社会主体的控制和干预。作为公认的经济学范畴，1970年代Wilson从政治学角度作出"传统的规制"和"新的规制"的分类，前者指对价格和进入规制，后者指对产品生产过程的规制，包括劳动卫生、食品药品的安全以及广泛意义上的社会保障等，将其与经济规制区分开来（植草益，1992）。这里所说的规制主要对应于后者，指的是政府对其他社会主体在养老服务生产和供给过程中的监督管理和控制。

杭州市在准入标准、组织架构、监督和评估等方面不断加强规制，确保养老服务的良性运行。首先体现在准入标准上，由于老年人的经济支付能力比较弱，同时自身对于服务的独立选择性比较差，所以对于民办机构进入养老服务行业需要有行业准入标准，在基础设施和服务人员等方面需达到规范要求。同时杭州市针对养老服务体系建设，制定出台了《杭州市社区（村）居家养老服务标准》《杭州市社区（村）居家养老服务需求评估办法》《杭州市养老服务标准》《杭州市国办养老机构准入评估办法》等四个文件，在全省率先推行统一的养老服务标准。

在管理的架构方面，要实现养老服务的有效输送就必须以老年人需求为本位，对于政府公共服务的社会市场以及由政府购买、民办机构和志愿部门等构成的经济市场，通过有效的管理来达成服务的输送。为此，杭州加强养老服务机构的分类管理，建立市、区、街道、社区四级居家养老服务工作管理体制。对于有购买能力的可以从市场或社区购买养老服务，而对于失能老人、优抚对象、经济困难或高龄老人等为主的民政对象则通过政府购买提供照护式养老，同时对养老服务机构实行认证、评级、年检制度。

在监督和评估方面，随着统一标准的制定，杭州市在服务标准细则中对服务的评估和检查考核作出了规定。例如《杭州市社区（村）居家养老服务标准（试行）》中规定，政府通过专人和第三方对居家养老服务机构的服务质量进行评估，建立等级管理与评价体系，根据评级来确定财政补贴金额，并定期进行调整，对评价低的实体进行淘汰。同时对需方的评估也逐渐科学化，在引进巴氏量表对老年人需求进行评估的基础上，按照评分来区分需求等级和补贴层级，对居家养老服务对象基于生活自理能力、经济状况等建立社区（村）、街道（乡镇）、区、市四级共建共享的信息系统。

四 讨论

由于家庭小型化和空巢化，还有失能老人和半失能老人的增加，使得传统的家庭养老面临严重危机，所以社会化养老在近几年来成为政府社会保障、民政工作的重点，政府责任得到了强化，但家庭、市场等主体没有同步发展反而受到一定的抑制，这又势必要求政府加大投入。杭州市的经验即体现在对政府责任的特殊强调，从养老服务的供给、融资和规制方面都能看出政府在几个主体中发挥着最重要的作用，这一点与我国社会发展的背景密切相关，体现出政府在保障公民社会权利方面的责任和义务，但在某种程度上形成了对家庭和市场主体作用的替代，缺乏对其他主体的培育使得供给数量和质量一直有限。

在我国以家庭为中心的传统文化和老年人的生活习惯，使得家庭养老仍旧是养老格局中的主体，同时社会化养老也无力承担这么大规模的老年群体。杭州9064格局中将96%的老年人都纳入了居家养老的范围，即这种"家"可以是地理意义上的"家庭"，也可以是社区的日间照料中心和居家养老服务站，在实践过程中更加强调社区居家养老，将居家养老等同于社区养老，社区承载了过多的养老功能。从传统的家庭养老走向居家养老是发展的趋势，但两者尚不形成替代关系，政府的民政工作重点覆盖的是那些孤寡、独居、困难、残疾和高龄老年人，而自立程度较强的老年人仍旧是自我依赖或依靠子女照料的传统养老，社区主要提供日常生活方面的帮扶，如维修、家政等服务。从杭州市看，2012年的目标是享受居家养老政府购买服务的主城区老年人口为2.5%，而萧山、余杭等地只为1%（吴佳妮，2011）。可以说，家庭仍旧承担着养老的主要责任，政府对于家庭养老的直接帮助比较短缺，更多的体现在弘扬传统孝道以及敬老爱老的文化宣传上，在社会政策支持方面严重缺乏。

在西方国家，社会化养老更加普遍，相比较下，基于儒家文化传统的东亚国家更加强调家庭在混合福利框架中的作用，比如韩国坚持"家庭照顾第一，公共照顾第二"的社会政策，新加坡的"奉养父母法律"，都对家庭养老寄予厚望。基于中国现阶段的养老现状，居家养老政府应该大力推进，但同时应该出台家庭支持的政策，关注老年人自身需求的同时要注意对家庭照顾者的帮助，而不能过度强调社区忽略家庭在养老中的主体作用。

从私人市场这一主体力量看，杭州市政府虽然从新公共管理主义的角度鼓励和支持民办/私人机构进入养老服务领域，通过政府购买、床位补贴、政策优惠等多种形式鼓励民营资本的介入，但民办养老机构发展缓慢，在政府主导的养老框架中还不能成为提供多元或多层次服务的重要伙伴。这涉及两个问题：一是民办养老服务机构的定位问题，二是民办养老服务机构如何盈利的问题。对于定位则关系到养老服务的本身，即养老服务允不允许营利，作为福利事业只能强调公益性或薄利还是可以在不同的市场需求基础上盈利？虽然在实践中已经认识到养老服务的多层次性，但考虑到老年人的购买能力普遍比较弱，民办养老机构在强调养老服务的福利性定位的氛围中发展仍旧存在诸多障碍，一般以民办非企形式注册也限制了其盈利空间，很多鼓励措施仅存在政策层面。与其联系的第二个问题是民办养老机构还没有形成盈利机制，融资较为困难。虽然政府对床位或水电等基础设施有一定补贴，但是在杭州市区兴建养老院的成本较高，"在土地资源行政划拨的条件下，单张床位的建设投入成本约10万-15万元"（沈积慧，2010）；另外民营养老院收费标准每月在2000元左右，完全依靠老年人缴费维持运营困难较大；在社区层面，老人日间照料中心主要采取公办民营或民办公助的形式来运行，较高的床位空置率使得其运行也变得困难，居家养老服务站则基本由政府公办，通过购买服务的形式引入社会力量，但盈利空间有限，这些因素都使得市场化主体介入养老服务的有效机制还没有形成。

从政府和市场主体的多元互动来看，政府公共服务的社会市场和老年人自由选择的经济市场之间没有有效的衔接，前者主要针对民政对象，多采用政府转移支付、购买、补贴等形式来解决；后者则指老年人根据自身需要从私人或非营利组织购买服务，可以是家政、维修、餐饮和居家上门服务（见表5）。优抚对象、高龄老人、困难群体等民政对象可能需要私人服务，如日常生活服务、助老服务、家政服务。居家养老服务券虽然能够在一定程度上满足老人日常生活方面的基本需要，杭州市每个街道和社区设有诸多便民服务网点，辅以社区食堂，为老年人提供服务。但居家养老服务券只能使用于单独项目，不能跨类或叠加使用；服务网点这些社区"小三产"行业需酌量收费，同时未必能够满足老年人的需要，尤其是健康服务；而有独立自理能力的老年人，可能有比较高的护理、生活照料和情感交流的需求，依托社区开展的居家养老服务只保基本，在总体质量和服务多元化方面尚不能有效满足个人选择的多层次性。个人怎样从市场上购买服务，同时购买的服务能不能享受一定的优惠或补贴？可以说，个人通过不同供给主体获得服务，实现居家养老服务与家政服务、生活照料服务、医疗卫生服务之间的衔接，涉及两个问题：一是福利服务如何面向市场，公共服务和个人服务如何区分，其付费机制是怎样的；二是老年人能不能自由选择服务提供者。

表5 福利的社会市场和经济市场

社会市场	经济市场			
公共领域	私人领域			
联邦、州及地方政府的直接转移支付	由家庭和朋友提供的正式支持	由志愿性非营利组织提供的服务	盈利部门提供的服务	由盈利公司生产的产品和服务
税收开支的间接转移支付				
规则转移				

资料来源：吉尔伯特·特瑞《社会福利政策导论》，黄晨熹等译，华东理工大学出版社，2003。

另外我国制度运作，往往重融资，轻规制（岳经纶，2009），在研究中多强调服务的供给和融资，对于规制研究则较为缺乏。杭州市虽然在市场准入、服务标准、需求者评估等方面进行了规范和制度化，但往往是政策创新有余，评估不足。基于老年主体性需求本位的政策设计强化了政策的科学性，但对政策的本身和执行过程缺少规范与评估。比如居家养老服务券的政策评估；还有居家养老服务站和社区食堂的利用率和运行效率等问题，各级政府要求在社区实现全覆盖，但对于其运行中的融资结构、人员经费和素质、运行效率等缺乏规范和建设标准，在区县甚至街道之间表现出较大的差异性。

五　结论

混合福利和福利多元主义作为当前社会福利领域广泛流行的理论，其对于政府、市场和家庭、志愿部门的四元分类以及这些主体在福利多元供给中角色的讨论，给予我国当前福利社会化过程一个良好的理论基础和框架。杭州市作为全国养老服务的典范性城市，其多元市场的发展经验将成为全国养老服务的有益探索。政府主体作用的加大体现了国家对公民社会权利的保障力度不断加强，但对于养老服务市场的构建，国家或政府仅作为资源配置的一种手段，需要其他主体的共同发展和壮大，以形成一个强大有效率的老年服务市场。杭州市的经验发现，养老服务中政府主体力量的强力介入，既是对以往过度社会化理念的纠正，也是当前社会发展的内在要求，有着重要意义，但政府的角色主要体现在供给方面，而未能从筹资和规制方面增进多主体的共同发展。同时在形式上以居家养老为主要推手，实践中等同于社区养老使得社区承载过度，缺乏对家庭和市场主体的扶植。另一方面市场化主体发展缓慢，养老服务的社会市场和经济市场相互分割，尚在民办养老机构的定位和盈利模式方面存有困惑和争议，这将使得养老服务市场局限于政府供给的内部市场，无论从效率还是供给数量、质量方面都有限，且难以有效满足老年人的多元化需求，这需要在混合福利框架下对主体间的良性互动增进研究，要在"增量改革"的同时寻求养老服务的结构优化，引导市场、志愿和非正式部门参与，培育一个健康有效率的养老服务市场。

参考文献

1. E. S. 萨瓦斯，2002，《民营化与公私部门的伙伴关系》，周志忍等译，中国人民大学出版社。
2. 刘继同、冯喜良，2005，《转型期多元福利实践与整体性福利理论框架》，《北京大学学报（哲学社会科学版）》第 3 期。
3. 熊跃根，1999，《论国家、市场与福利之间的关系：西方社会政策理念发展及其反思》，《社会学研究》第 3 期。
4. Burchardt, T. 1997. "Boundaries between Public and Private Welfare: A typology and Map of Services." CASEpaper 2. London: LSE Centre for Analysis of Social Exclusion.
5. 马丁·鲍威尔，2011，《理解福利混合经济》，北京大学出版社。
6. Johnson, N. Mixed. 1999. *Economies of Welfare: a Comparative Perspective*. London: Prentice Hall.
7. Johnson, N. 1987. *The Welfare State in transition*. London: Wheatsheaf Books.
8. Finlayson. 1990. "A moving frontier: Voluntarism and the state in British Social welfare, 1901 – 1949." *Twentieth Century British History*, Vol1, NO2, pp. 183 – 206.
9. 唐世明，2008，《杭州空巢独居老人服务保障机制的创建和示范——杭州市应变社会老龄化的行动研究》，《浙江工商大学学报》第 4 期。
10. 温来成，2010，《目前我国城乡社区公共品供给方式的现实选择》，《中国行政管理》第 10 期。
11. 王萍、倪娜，2011，《政府主导下的社区居家养老服务运行困境——基于杭州市四个社区的实证分析》，《浙江学刊》第 6 期。
12. 郭巍青、江绍文，2010，《混合福利视角下的住房政策分析》，《吉林大学社会科学学报》第 2 期。
13. 杭州市财税网，2011，http://www.hzft.gov.cn/gb/hzft/csdt/czdt/201112/t20111231_132818.htm.。
14. 杭州市政府，2012，《杭州市及市本级 2011 年财政预算执行情况和 2012 年财政预算草案》。
15. 中共杭州市委、杭州市人民政府，2010，《关于加快推进养老服务事业发展的意见》,市委〔2010〕24号。
16. 植草益,1992,《微观规制经济学(中译本)》,中国发展出版社。
17. 吴佳妮,2011,《杭州酝酿统一居家养老服务标准,西湖区已全面推进试点》,《今日早报》8月30日,第A05版。
18. 沈积慧,2010,《杭州老龄化程度全国靠前,1400多老人排队争一张床》,http://news.163.com/10/0131/10/5UBN1C8K000120GU.html。
19. 吉尔伯特·特瑞,2003,《社会福利政策导论》,黄晨熹等译,华东理工大学出版社。
20. 岳经纶,2009,《社会政策学视野下的我国社会保障制度建设:从社会身份本位到人类需要本位》,载杨团、彭希哲主编《当代社会政策研究》IV,中国劳动社会保障出版社。

社会工作指导下的"三位一体"多元社会养老模式构建

胡孝斌

摘 要: 老龄化问题一直是一个世界性的难题,其所带来的诸多问题中,养老又是最为突出的。家庭养老、机构养老、居家养老作为目前主流的三种养老模式,各有利弊,不足以适应中国日益严重的老龄化趋向。本文依托课题组对浙江省养老问题的研究成果,在社会工作理论指导下,建立起以居家养老为基础、精神自养为保障、机构养老为补充,政府主导、部门协同、社会参与、公众互助的"三位一体"多元社会养老模式。

关键词: 社会工作 三位一体 多元社会养老

一 研究背景和研究问题

进入 21 世纪后,老龄化问题成为困扰中国社会经济发展的一个难题。据国家统计局 2011 年发布的第六次人口普查数据显示,目前我国人口中,60 岁及以上者占 13.26%,比 2000 年人口普查上升 2.93 个百分点,其中 65 岁及以上人口占 8.87%,比 2000 年人口普查上升 1.91 个百分点,老龄化进程逐步加快。与全国相比,浙江省人口老龄化形势更为严峻。主要表现在:一是来得早。全省于 1987 年就进入人口老龄化社会,比全国(1999 年)提前了 12 年。二是基数大。2009 年底全省老年人口有 762 万人,占总人口的 16.2%(全国约为 12.5%)。三是增速快。2005 年以来,全省人口老龄化开始进入加速阶段,2008、2009 两年,老年人口增长率均达 4.5% 左右，高于全国平均增速（金兴盛，2010）。

如何解决老龄化的问题，养老模式的选择至关重要。国家"十二五"规划建议明确指出要将社会化养老放在优先发展的地位来抓。目前国内对于养老方面的研究也大多将焦点放到了社会化养老上：对社会化养老存在的可行性进行分析，研究影响老年人社会化养老发展的因素，总结社会化养老目前在国内发展的模式，分析社会化养老发展存在的问题，从政府层面提出推动社会化养老发展的建议。并且例举了上海、香港、北京等地的社会化养老发展比较成功的案例。虽然国内对于社会化养老的研究已经比较多，但是仍然存在以下一些不足之处：首先，浙江省整体的社会化养老研究并不多，大部分是研究全省养老事业的发展概况，或者仅限于某个小区。其次，对于社会化养老没有统一的定义，而且对于该模型的建设与运行没有明确详细的研究和介绍。再次，往往是从政府的角度提出建议，忽视了社会以及老年人自身对社会化养老应当承担的责任。最后，以往的研究大多浮于表面或者过于宏观，针对当今社会经济发展的大背景，探索一条符合时代潮流的养老之路，而对于老年人本身的需求关注的并不多。

本文的研究正好弥补了上述不足，以浙江省养老状况实证研究数据为基础，在社会工作理论的指导下，研究问题分为三部分：（1）老年人的需求评估；（2）三种养老模式的优、劣比较；（3）"三位一体"多元社会养老模式的构建。

本次调研以浙江省9个县市为调查对象，共发放问卷1200份，回收有效问卷966份，有效率达80.5%。其中城镇户口人数占43.4%，农村户口人数占56.6%。男性人数占48.5%，女性占51.5%。年龄结构分布为：60 - 69 岁，占44.9%；70 - 79 岁，占35.4%；80 及 80 岁以上，占19.7%。婚姻状况：老伴健在的人占64.9%，丧偶的占27.2%，离婚和未婚的分别占3.6%和4.3%。文化程度上，未上学的人数比例达16.1%，拥有大专及以上学历的只有6.1%，大部分拥有小学或初中文化。总体来说，本次调查的对象涵盖了不同年龄段、户籍、性别等各个层次的老年人，既保证了调查的全面性、科学性，又便于比较和分析不同层次老年人的需求倾向。

二 老年人的需求评估

近年来,浙江省为了更好地推进养老服务模式建设,缓解省内养老服务供需矛盾,决定在全省开展老年人养老服务需求评估试点工作。评估内容主要包括三项:第一,评估对象的身体状况。身体状况是老人享有养老服务的重要依据,试点单位要认真设计评估表,重在简单明了,方便填写和统计,可以计分值,也可以作失能、半失能等定性描述。第二,评估对象的经济状况。评估对象的经济状况可参照低保对象收入核查制度。第三,评估对象入住养老机构的意愿。已经享受机构服务式居家养老社区服务的,应在评估调查表中列明(张晓峰,2010)。本文在政策的基础上,结合马斯洛需求层次理论,将老年人的需求评估设计为四个指标:健康需求指标、经济需求指标、居住需求指标和心理及社会需求指标。每个指标下都有若干个小指标。

首先,在健康需求指标上,本文发现:(1)老年人偏好家庭照料。调查关于"日常生活中的这些事情一般由谁来解决"时,有44.95%的老年人选择了自己解决。[①] 找子女或老伴解决的也占到了一半以上。而社区、政府和社会组织在老年人日常生活中,特别是生活照料方面,所承担的工作依旧非常少,分别只占到10.15%和3.29%。志愿者的帮扶更是寥寥无几。老年人生活上的相对独立性是与浙江省经济的快速发展,健康医疗水平的逐步提高分不开的。但同时也应该看到老年人对于家庭的依赖程度还是很强的。(2)健康医疗需求大。在调查老年人最希望解决的问题时,研究者给出了8个选项,限选3项。结果选择健康医疗问题和生活照料问题的比较多,分别占65.32%和40.79%。其次是子女问题,占25.98%;再次是住房问题,占23.40%。在问及他们需要哪些服务类型时,绝大多数人选择了医疗保健。另外,选择安全救援的人也超过了60%(见图1)。

---

① 此处的数据结果,本文不能忽视本次调查对象身体状况的影响。分析"身体状况与问题解决方式"二者的相关性,得出 $r = 0.878$,属于高度相关,$sig = 0.017 < 0.05$,结果具有显著性,说明老年人选择谁来解决日常问题与他的身体状况密切相关。

图 1　老年人的服务需求类型

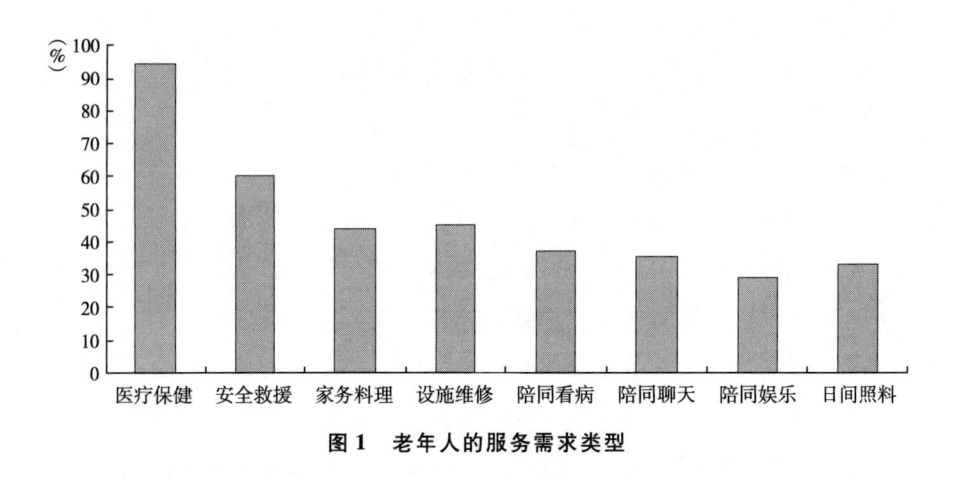

其次，在经济需求指标上，本文发现：（1）老年人收入来源单一，经济承受能力差。调查显示，有44.9%的人收入来源于工资或者退休金，有23.9%的人需要子女提供生活费。而政府、社会资助和养老保险所占的比例都比较少。这说明，老年人的收入来源较为单一，政府及社会支持相对缺乏。当问及他们每月所能承受的养老费用时，只有21.4%的人表示能够承受1000元/月以上的养老费用，23.4%的人只能承受每月300-550元甚至更低的养老费用。在金钱本位以及物价日益飞涨的今天，老年人的经济承受能力与他所能享受到的养老服务水平直接相关。（2）收入城乡差别大。据中国老龄科学研究中心的一项调查，城市老年人中有42.8%的人拥有储蓄存款，另外退休金一项到2010年就将增加到8383亿元，2020年为28145亿元，2030年为73219亿元（严冬琴、黄震方，2009）。经济相对发达的浙江省，城市老年人将更加富裕。根据农村、城镇老年人能够承受的养老费用柱形图来看（图2），农村中老年人口更多，养老费用更低，且大多集中在550元以下；而城市老年人能够承受的养老费用普遍集中在550-799元这个档次，300-550元及以下的比较少。（3）产品需求层次低。调查结果显示，老年人的日常开销主要集中在购买生活用品和健康食品这些基本的物质生活品上，分别占到48%和27%。服装首饰及文化娱乐方面的消费严重不足，只占日常开销的5%和3%。一方面，这跟老年人群的特殊性有关，他们拥有一定的购买经验，产品类型趋向实用性，并且对

— 190 —

一些享受型的消费缺乏兴趣。另一方面，也应该看到，老年人的购买意向往往与当地当时的经济条件和消费文化相关。

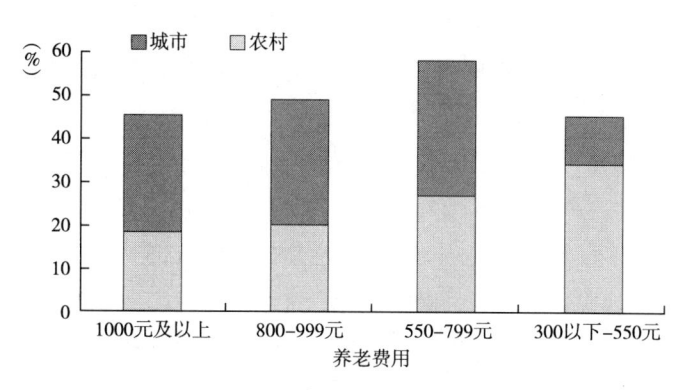

图 2 老年人所能承受的养老费用

再次，在居住需求指标上，本文发现：老年人对居住环境的需求高于居住设施需求。调查中，有关居住环境的 6 项选择，老年人的投票意愿普遍较高。尤其是环境安静和空气清新两项，分别占到 87.1% 和 84.8%（表1）。同时本文对比了大家对于居住设施方面的需求：除了对于医疗保健的热衷外，对其他居住设施的选择都普遍低于环境的选择热度。这说明老年人在养老方面更加注重环境、卫生等软性条件指标，而对于一些硬性条件指标的需求相对较少。

表 1 老年人的居住设施和环境条件需求

单位：%

问卷项目	比 例		问卷项目	比 例	
居住设施	医疗保健	89.1	环境条件	环境优美	82.0
	安全与防护	66.0		环境安静	87.1
	运动休闲	53.8		空气清新	84.8
	文化娱乐	55.7		交通便利	82.9
	教育培训	30.6		开阔明亮	83.7
	家具家电	36.5		卫生良好	76.1

最后，在心理及社会需求指标上，本文发现：（1）老年人幸福感的来源：2009 年重阳节前夕，上海市质量协会通过调查上海及长三角 15 个城

市老年人的幸福指数后发现,老年人的平均幸福指数达 7.6 以上,远远高出全国 7.0 不到的指数（新华网,2009）。那么这些老年人的幸福感究竟来源于哪里呢？调查显示,大多数老年人将身体健康和子女孝顺作为幸福的主要方面。另外,经济因素也占到了一定的比例。体现了我国老年人的传统幸福观念根深蒂固。（2）社会活动缺乏、单一。在调查老年人的平时活动参与情况时,研究者给出了 7 项选择。结果有 67.5% 的人选择了看电视、读书看报,47.1% 的人选择了锻炼身体、参加体育运动,39.6% 的人选择了打麻将、下棋等棋牌类活动。这些活动的一个共同特点,就是活动的参与者大多为自己或者是邻近的同辈群体。这在一定程度上容易造成老年人与社会的逐步脱轨,他们只能生活在自己的小圈子里。多数退休的老年人待在家中会觉得无事可做,生活没有意义（见表2）。（3）自我提升意识薄弱。如调查所示,老年人对于知识的需求,主要集中在医疗保健和子女教育方面。棋牌娱乐也是很多老年人喜欢的活动。至于书法绘画、法律法规、计算机等有助于自我能力提升的活动,需求量还是相对比较少的。

表 2　老年人的日常活动

单位：人,%

	问卷项目	人数	比例
日常活动	看电视、读书看报	650	67.5
	锻炼身体、参加体育运动	454	47.1
	打麻将、下棋、打牌等棋牌活动	381	39.6
	参加社区或社会组织的志愿者活动	58	6.0
	参加各类老年人培训,提升知识和能力	98	10.2
	其他活动	256	26.6
	感觉无所事事	72	7.5

总的来说,老年人的需求呈现层次、内容的多样化趋势,但又有明显的偏好。需求大多以期望晚辈幸福和个人健康为导向,对于高层次的需求及自我提升意识明显不足。

三　三种养老模式的比较分析

在评估了老年人的需求之后,接下来最重要的任务就是分析当下三种主要养老模式(家庭养老、机构养老、居家养老)在满足老年人需求,适应时代潮流发展过程中各自的优势和劣势。对于三种养老模式的比较分析,集美大学王瑞华教授采用了"多种战略模型分析法"(王瑞华,2010)。这种分析方法有助于全面把握事物发展的关键、主流和重点,从根本上找出解决养老问题的途径和对策,具有灵活性、动态性和适应性的特点。不足之处是这种模型不便于分析各种养老模式之间的关系以及比较它们各自的优势、劣势。为了解决这一问题,本文设计了"TR 优、劣势分析模型"①,结合调查数据,对三种养老模式进行更加形象生动的分析和对比。

(一)养老模式的优势分析

图 3 对三种养老模式进行了优势分析。本文发现,首先家庭养老、机构养老和居家养老都有其独特的优势。其中居家养老优势相对较大,它不仅拥有其他两种养老模式不可比拟的优势,还包含了家庭养老和机构养老的部分优势。其次,家庭养老和机构养老优势差别大。

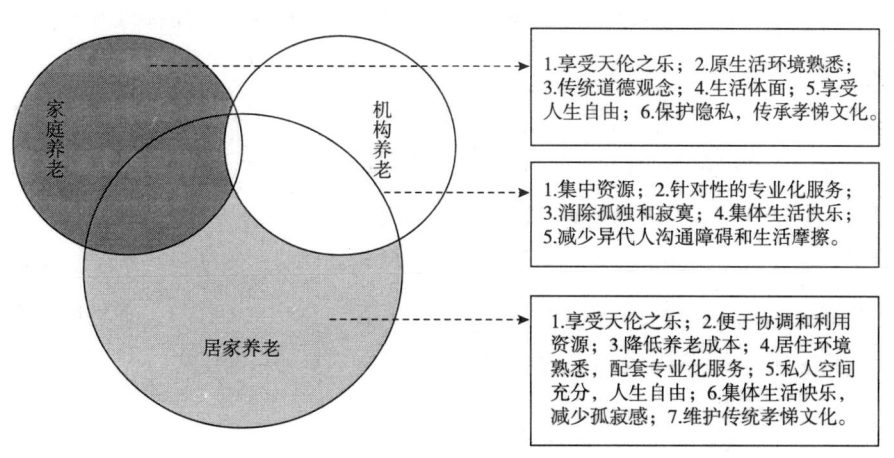

家庭养老:1.享受天伦之乐;2.原生活环境熟悉;3.传统道德观念;4.生活体面;5.享受人生自由;6.保护隐私,传承孝悌文化。

机构养老:1.集中资源;2.针对性的专业化服务;3.消除孤独和寂寞;4.集体生活快乐;5.减少异代人沟通障碍和生活摩擦。

居家养老:1.享受天伦之乐;2.便于协调和利用资源;3.降低养老成本;4.居住环境熟悉,配套专业化服务;5.私人空间充分,人生自由;6.集体生活快乐,减少孤寂感;7.维护传统孝悌文化。

图 3 三种养老模式优势模型

具体来说,首先传统的家庭养老观念仍旧占据着主导的地位。本文的调

---

① "TR 优、劣势分析模型"是由本文独创的一种用于分析比较三种养老模式的模型。模型由颜色、大小不一的三个圆圈组成,分别代表家庭养老、机构养老、居家养老三种养老模式。圆圈的交集代表它们的共有属性,其余代表他们的独特属性;圆圈的面积大小表示他们这种属性所含的特征量。

查对象中，有75.1%的人喜欢家庭养老模式，是选择另外两种养老模式人数总和的3倍。选择家庭养老的理由，66.4%的人认为是可以享受天伦之乐，受原生活环境熟悉、传统的道德观念以及生活体面因素影响的人也分别占到了33.5%、23.9%和24.0%。另外，老年人在家生活也能够享受人生的自由，保护隐私。对子女来说，更是对传统孝悌文化的弘扬与传承。相比于家庭养老，机构养老最大的特点就是能够相对集中资源，并为服务对象提供有针对性的专业养老服务。除了上述优势之外，本文还发现，选择机构养老的老年人大多数是因为家里无人照顾，占到68.75%。另外因为家里孤独寂寞和集体生活快乐的也分别占到25.89%和27.68%。除此之外，机构养老还可以消除因异代人之间价值观念、生活习惯的不同而引发的矛盾与纠纷（吴谅谅、钟李卿，2010）。居家养老除了拥有前两种养老模式的优点外，还有自己的独特优势：第一，社区作为一个人们集中居住的地方，集中了大量的人力和物力资源。居家养老有利于充分调动和利用这些资源，使服务更加顺畅。第二，居家养老的老年人比较自由，既可以享受天伦之乐，又可以通过社区活动避免子女外出时无人照料的尴尬。第三，居家养老有效利用了自己已有的居住设施和社区服务资源，成本较其他两种养老模式低。

一项关于"三种养老模式下老年人的满足度"调查发现，满足度曲线和实际养老方式曲线呈不同向的开口状：满足度曲线向下开口，实际养老方式向上开口，分别在居家养老处达到峰顶和峰谷（见图4）。这表明居家养老在满足老年人的需求方面功能大大超过另外两种养老模式。同时，本文还分析了实际养老模式曲线和喜欢的养老模式曲线之间的相关性，得出 r = 0.217，不呈现相关性，这表明相当一部分老年人选择了与自己意向不符的养老模式。

（二）养老模式的劣势分析

图5对三种养老模式进行了劣势分析。本文发现，首先家庭养老、机构养老和居家养老都有其各自的劣势。其中，居家养老劣势相对较小，它虽然有自己的特有劣势，但是却能很好地避免其他两种模式的部分劣势。家庭养老和机构养老存在着部分共同的劣势。

具体来说，首先家庭养老作为一种传统的养老模式已经受到越来越多

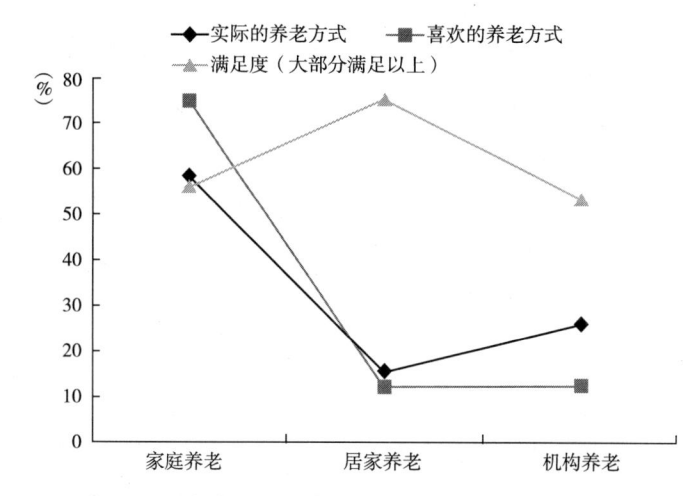

图 4　老年人实际、喜欢的养老模式和相应满足度

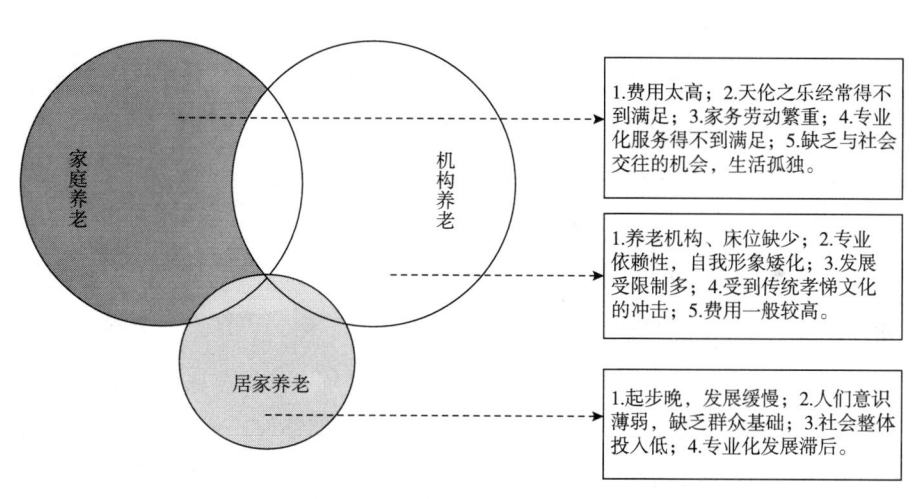

图 5　三种养老模式劣势模型

的来自社会转型和家庭功能弱化的双重压力。第一，它的费用高。大部分老年人在生活中都会碰到各种各样的麻烦，急需依靠他人的力量来解决，而独立购买专业化服务会加大养老的成本。通过对老年人每月所需的养老费用与其选择的养老模式之间的相关性分析，研究发现，r＝0.517，属于中度相关（sig＝0.000＜0.05，结果具有显著性），说明两者间有一定的关系。第二，老年人的天伦之乐得不到经常性的满足。第三，生活在家中的老年人需要承担一些家务劳动和工作，这在一定程度上会给老年人，特别

是身体欠佳的老年人带来生活负担。第四，老年人在家难以享受到专业化的服务，医疗需求难以满足。第五，生活在家中的老年人，绝大多数缺乏与社会的交流，这样会使老年人生活更加抑郁，幸福感急剧下降。

其次，机构养老本身也有一些显著的劣势，阻碍其未来的可持续发展。第一，养老机构，特别是床位明显不足。目前我国共有各类养老机构38060个，床位266.2万张，收养各类人员210.9万人。其中养老床位总数仅占全国老年人口的1.57%，不仅低于发达国家7%的比例，也低于一些发展中国家2%至3%的水平（新华网，2010）。第二，机构养老的专业化服务容易造成老年人对于专业服务的依赖，使生存能力逐步减弱，矮化自我。第三，机构养老受场地和服务的限制比较多，而且自身的条件限制也使它的成长举步维艰。第四，机构养老还受到来自传统孝悌文化的强烈冲击，老年人会觉得进养老院非常丢人。

最后，居家养老虽然可以满足老年人的大部分需求，但是一些现实性因素却严重阻碍了其功能的发挥。第一，作为一种全新的养老模式，它的"产生—发展—完善"必定经过一个漫长的过程。据本文统计，在三种养老模式的选择中，只有12.3%的选择了居家养老，对这种模式认识非常清楚的只有8.2%，不太清楚和一点不清楚的分别高达40.2%和19.6%。说明大多数人对于居家养老并不了解，它的发展仍旧任重道远。第二，居家养老模式本身的非营利性也导致了它的发展缺乏有力的社会支持，各界对此投入的都比较少。本次调查还显示，明确社区有为老年人提供过各种服务的只有21.6%，而且服务类型大多集中在资金帮扶等一些低级别服务上。第三，居家养老的专业化发展还比较滞后，尤其是对于专业社会工作者的需求在当今社会是远远不能满足的。以养老护理员为例，全国潜在需求在1000万人左右，但目前全国取得职业资格的仅有几万人（新华网，2010）。

四 "三位一体"多元社会养老模式的构建

（一）基本思路

通过以上一系列的分析，结合社会工作理论，本文主张构建一套"三位一体"多元社会养老模式——以居家养老为基础、精神自养为保障、机构养老为补充，政府主导、部门协同、社会参与、公众互助的多支持多主体的社会化养老模式。

在文章的第一部分，养老需求的多元化与经济承受能力的异质化决定了本文的养老模式构建必须多方支持、多主体，以适合更多的老年人。在文章的第二部分，本文发现在目前已有的国情之下，三种养老模式各有利弊，单纯地采取任何一种养老模式都是行不通的。中国养老事业在发展的过渡时期，期待一种过渡性的养老模式来支持。多元化社会养老模式的构建正是综合利用了这三种养老模式，使其形成优势互补，达到最好的养老效果。

在介绍多元化社会养老服务模式之前，先要导入社会工作中社区照顾的理念。社区照顾是指社区工作者调动社区中的政府机构、非政府机构、志愿者、家人等正式和非正式资源，为有各种不同需要的老年人在他们熟悉的社区中提供相应的服务（周沛，2002）。这个理论为本文模式的构建提供了重要的理论基础。

（二）多元化社会养老模式基本框架

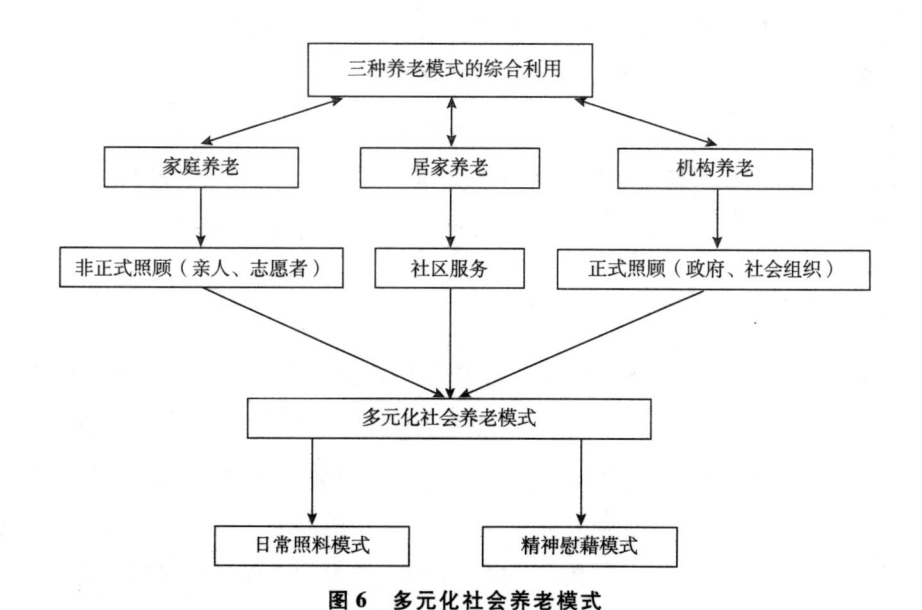

图6 多元化社会养老模式

1. 日常照料模式

社区老年服务对于老年人日常照料来说是最基本和最需要的。

(1) 具有完全自理和部分自理能力的老年人享受居家养老服务。社区的老年服务中心为他们上门提供各种服务。当老人们在家里遇到自己无法解决的困难时，可以拨打社区老年服务中心的电话，工作人员会第一时间赶到服务对象的家里，提供他们所需的服务。根据文章第一部分的需求评估，生活照料和医疗保健是老年人最迫切的需求，平时开销主要集中在购买生活用品和健康食品这类基本的物质生活品上。因此，本文建议服务项目应该包括：送饭上门、社区医疗服务、理发护发、家务料理、购物服务、心理调试、健康保健服务、陪同看病等等。政府应该大力支持社区老年服务中心的建设，并且积极促成社区周边相关组织比如社区医院、饭店、理发店、超市等机构的合作，这样可以完善中心的服务项目。同时政府也可以通过购买这些服务，并根据各个地区的财政能力给予有偿、低廉甚至无偿等形式的服务。

(2) 无自理能力或者孤寡老年人可以在社区内的小型养老机构养老。目前全省存在养老机构利用率不高的情况，这是一种极大的资源浪费。通过这次问卷调查，笔者发现，老年人没有选择机构养老是因为要离开原来熟悉的环境。所以本文建议将大型的养老机构进行拆分，分散到各个社区中去，让老年人不离开原环境就能享受到专业的养老服务。而且养老机构的功能可以多样化，根据老年人需求的不同分为全托和日托两种形式。

2. 精神慰藉模式

社区活动和社会参与对老年人的精神慰藉具有重要作用。

(1) 丰富老年人的娱乐活动。根据对老年人的需求评估笔者发现：首先，老年人娱乐活动内容单一，大部分人的选择都集中在看电视、读报、打麻将等活动上。其次，老年人也有对于特定知识的需求，主要集中在医疗保健和子女教育方面。最后，在有关居住环境的选择中，以环境安静、优美和卫生良好为主。因此，社区应该充分利用本身的资源。例如将社区中的老年活动中心，比如"星光老年之家"，进行升级改造，增加更多的适合老年人的娱乐性的活动项目。还可以培养一些刚刚退休的低龄且身体健康的老年人作为老年人志愿者的领袖，带动老年人开展一些活动。同时发动社区中的青年志愿者定期到老年活动中心组织老年人开展活动，比如象棋比赛、书法比赛、歌咏大赛、聚会等。政府需要唤醒居民的互助意识，倡导居民积极参与社区志愿者服务工作，并且给予一定的奖励。

（2）鼓励老年人精神自养。从马斯洛的需求层次理论来看，老年人具有获得他人尊重和社会交往的需要。随着生活水平和医疗水平的提高，老年人的身体越来越健康，大家都希望可以为自己或他人做点事情。我们也要改变传统的认为养老单纯是社会和子女的责任的思想，培育和激发老年人"精神自养"的巨大力量。

（3）建立社区老年人力资源系统。可以在老年人服务中心，设立一个老年人人才市场，为有能力且愿意发挥余热的老年人提供一个平台。我国《老年人权益保障法》明确规定："国家应当为老年人参与社会主义物质文明和精神文明建设创造条件。"根据该法对老年人社会参与内容的界定，老年人的社会参与，主要是指老年人参加和从事各种有偿或无偿的有益于社会发展的经济活动、公益活动及其他社会活动。社会参与是老年人实现自身价值、寻求精神寄托、获得心理满足的需要。因此，社区应当为老年人提供参与社会的途径。

（三）各方主体的责任

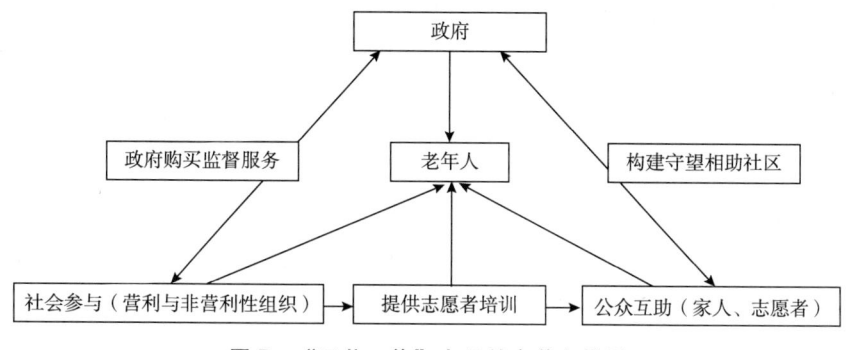

图7 "三位一体"多元社会养老模型

1. 发挥政府的主导作用

我国政府具有高度权威性,能够利用强有力的行政手段和宏观调控对政策和市场进行干涉。作为整个社会养老事业的规划者,它要积极探索和实践养老政策与服务,为养老事业的发展营造一个有利的大环境(孟艳春,2010)。

(1) 加快制度改革与创新。对于养老事业的建设,政府必须要有一套切实可行的方案,而这套方案的执行则少不了相关政策的配合。因此,政府要顺应时代潮流,不断探索新的养老政策。同时科学合理配置公共服务资源,协调养老事业的社会效应与市场效应。

(2) 加强财政支持力度。在一项"你希望政府在养老方面做些什么"的调查中,希望政府能够加大财政力度的占 64.0%。看来,老年人对于政府在养老事业方面的财政投入抱有很大的期望。本文觉得,一方面要加大国家的财政投入,建造或者改造社区老年服务中心,购买社会养老服务项目,尤其是老年医疗服务,提升现有养老机构的服务质量和资源的利用率。针对目前城乡老年人经济承受能力的差异,政府特别要加大对农村社会保障制度的投入力度,提升农村社会保障功能,增强农村养老模式抵御风险的能力。另一方面,要对养老产业的建设资金、土地征用、税收、信贷、水电等方面给予优惠政策,以此来扶持和鼓励其发展。

(3) 强化社区责任。社区作为多元社会养老的一个载体,必须要恢复其"自我管理,自我监督,自我教育"的权力。政府要赋予社区一定的职权,将人事权、资金支配权与资产管理权等权力让渡于社区,使其不再只具有单纯的行政功能。这样有利于增强大家对于社区的归属感,积极参与社区管理和服务工作,构建一个守望相助、和谐幸福的大家庭,为以后养老工作的顺利开展铺平道路。

(4) 推广居家养老服务。本次调查中发现,明确社区有为老年人提供过各种服务的只有 21.6%。可见居家养老服务开展面还不足,而且服务内容也不够深入。居家养老作为多元化社会养老模式的基础,我们要加大推广的力度,大力宣传政策法规和居家养老的好处,引起整个社会对居家养老事业的重视。同时，本文也要树立全社会"尊老、爱老、养老"的良好风尚，倡导无论是城市社区还是农村社区都应该把每一个老年人能够安享晚年当成是自己的责任。

（5）加强社会工作专业人才队伍的建设。我国养老事业领域的专业人才一直非常匮乏，严重阻碍了养老服务的专业化、产业化和规范化。人才队伍的建设一靠培养，二靠激励。因此，国家在大力培养社会工作专业人才的同时，要在社区或社会组织内设置专业岗位，制定相应的激励和晋升机制，吸引更多的专业人士就业。

2. 强化社会的参与作用

要调动社会组织中的营利性组织和非营利性组织①的积极性，使他们投身到社会养老事业当中来。最近几十年来，各类社会组织在社会福利领域中发挥了重要的作用，它们介入的方式一般有两种，一种是筹集和分配资源，另一种是直接提供服务。

（1）非营利性组织要利用自己凭借公益性、志愿性、自治性、民间性、专业性等特征容易获得公信的优势，灵活机动、富有成效地为社会提供养老服务。

（2）非营利性组织可以拓展养老资金来源。非营利性组织的加入，使养老服务的资金来源更加多元化，可以提升养老服务的医疗保障、生活照料等方面的水平。

（3）非营利性组织吸收了大量志愿者资源。但是本文调查发现，目前全省在养老方面的志愿者帮扶数量很少，只占0.1%不到的比例。这相对于非营利性组织的优势来说，是一种资源的浪费。本文可以在社区老年人服务中心为每位志愿者设置一个"时间银行个人账户"，将志愿者服务时数进行登记，在他们年老时，可以享受同样的或者更多的无偿服务时间。

（4）营利性组织应该认识到中国养老事业发展的前景。营利性组织处

---

① 非营利性组织，就是不以营利为目的，主要开展各种志愿性的公益或互益活动的非政府社会组织。

于市场中,市场存在着大量的资源,并且在这些资源的配置过程中起基础性作用。营利性组织要利用资源投身到社会化养老事业中来。

(5) 营利性组织具有专业化、规范化的特点,可以为有特殊需求的老年人提供更加专业化和高水平的养老服务。不仅能满足一部分老年人的养老需求,而且营利性组织建设私营养老机构、参与社区志愿者活动、积极与社区取得合作,还能提升组织的社会效益和公众形象。

3. 培育公众的互助意识

自助互助是中华民族历来所倡导的一种和谐的人际关系。在养老方面提倡自助互助,有利于缓解目前养老所面临的严峻挑战,解决资源稀缺、老年人口众多等问题,为构建一个和谐的养老环境创造条件。

(1) 老年人自身要学会自立自强。传统观念中,老年人往往会将养老托付给子女或国家。实际上,老年人应该将自己也纳入到责任人中去,在还未失去劳动力之前应该为自己的养老做好一定的准备,以适应当代家庭功能弱化和养老资源日益短缺的事实。

(2) 子女应该秉承孝道,力所能及地为老年人提供物质支持和精神慰藉。调查发现,有77.6%的老年人认为幸福感来自"子女孝顺"。事实上,大部分老年人仍将子女看成是可以托付的对象而对其有较强的依赖性。因此,家庭成员应该自觉承担起关心、照料老年人的责任和义务,传承和弘扬中华民族的传统孝道精神。

(3) 公众要树立尊老、爱老、养老风尚。养老是一件关乎国计民生的大事,与每一个人的日常生活息息相关。为养老事业贡献一份力量不仅是本文的义务,更是本文的责任。全社会倡导这种风尚,是传统文化的一种回归,是互帮互助意识的体现,是构建社会主义和谐社会的有利基础。

五 结束语

浙江省作为一个典型的老龄化省份,未来养老问题必将成为一个重大的战略问题,而"三位一体"多元社会养老模式的建立将会成为最佳选择。以居家养老为基础、精神自养为保障、机构养老为补充，政府主导、部门协同、社会参与、公众互助的多支持多主体的社会化养老发展道路必定能够从容地应对银色浪潮的冲击。

参考文献

1. 金兴盛，2010，《浙江积极应对人口老龄化》，《今日浙江》第 17 期。

2. 张晓峰，2010，《浙江：启动老年人养老服务需求评估社会福利》，《社会福利》第 8 期。

3. 严冬琴、黄震方，2009，《城市老年人养老休闲需求与选择行为研究——以长江三角洲地区老年市场为例》，《苏州商论》第 5 期。

4. 新华网，2009，《上海老年人生活幸福指数略高于长三角整体水平》，http：//news.xinhuanet.com/politics/2009-10/25/content_12320530.htm。

5. 王瑞华，2010，《家庭养老、机构养老与社区养老的比较分析》，《重庆工商大学学报（社会科学版）》第 8 期。

6. 吴谅谅、钟李卿，2010，《老了，去哪里养老——关于现存两种养老方式的调查》，《中国社会调查》第 1 期。

7. 新华网，2010，《权威访谈：民政部部长谈加快建立健全社会养老服务模式》，http：//news.xinhuanet.com/2010-11/28/c_12824450.htm。

8. 新华网，2010，《"优先发展社会养老服务"写入十二五规划建议》，http：//news.xinhuanet.com/politics/2010-11/08/c_12747904.htm。

9. 周沛，2002，《社区照顾：社会转型过程中不可忽视社区工作模式》，《南京大学学报》第 5 期。

10. 孟艳春，2010，《对中国居家养老模式的思考》，《河北师范大学学报（社会科学版）》第 5 期。

我国养老社区发展中存在的问题及对策研究

刘晓梅　纪晓岚

摘　要：我国面临人口快速老龄化的现状，如何有效增加养老服务的供给、提高养老服务水平成为我国目前发展老龄事业亟待解决的问题。养老社区作为一种集居家养老和机构养老模式为一体的新型养老综合体，必将成为老年人养老生活的优先选择。未来10－20年是我国发展养老设施的重要发展机遇时期，因此本文在分析养老社区的特点以及我国养老社区发展现状的基础上，提出未来我国养老社区发展的建议和对策。

关键词：养老社区　发展　建议

一　引言

我国自1999年进入老年型社会以来，老龄化程度不断以较快速度加深，养老服务的需求迅速扩张。我国老龄化社会具有老龄人口总体数量大、人口老龄快速化、老年人口高龄化、空巢化等特点，而且我国是在经济相对不发达的情况下进入老龄化社会，老龄化进程与经济发展不同步，是"未富先老"，这为我国解决养老问题带来了严重挑战，老龄问题显得日益严峻。

截至2011年底，我国60岁以上的老年人口达到1.85亿，占总人口的13.7%，而每千名老年人拥有养老机构的床位仅为19.7张，养老床位缺口较大。我国养老服务的供给已远远难以满足老年人日益增长且不断丰富变化的养老服务需求，两者之间的矛盾日益突出。在生育率降低、家庭规模小型化、人口寿命不断延长的情况下，解决目前和未来老年人的养老问题迫在眉睫。

受传统家庭养老观念的影响，我国老年人仍然倾向于居家养老。为此，我国提出要建立以居家为基础、社区为依托、机构为支撑的养老服务体系。但由于家庭规模小型化，女性地位上升，子女工作压力增加，传统的家庭养老功能不断弱化，如何更好地实现居家养老便成为一个现实难题。为此，养老社区作为居家养老、机构养老的结合体应运而生。同时，随着经济、社会的不断发展，老年人对生活、生命质量的追求不断提升，对老年生活的服务需求也将更加丰富、复杂。养老社区作为一种以老人为本的生活综合体将逐渐成为老年人退休后养老生活的一种选择。

二 养老社区的基本特征

养老社区在我国虽然是个新生事物，发展历史不长，但其广阔的市场前景已引起了不少国内学者、专家的关注和研究。就目前的相关研究而言，其主要内容包括：第一，对当前某个养老社区进行个案分析，如关于亲和源的研究（高存，2010；周建国，2010）；第二，对养老社区开发和建设进行构想（刘毅、曹清连，2010；沈雁英、杨青、张莉，2006；荣霞、李志鹏，2006）；第三，对养老社区发展现状及问题进行分析（周燕珉、林婧怡，2012；刘立峰，2012）。第四，农村养老社区的建设（李振堂，2012）。这些对养老社区的研究为我们了解和进一步研究养老社区提供了良好的基础，但既有的相关研究也多是从建筑规划、住宅开发等方面展开，探讨硬件环境，对服务、管理等软件方面研究不足，缺乏宏观的发展方向研究。

对养老社区目前尚无统一的概念界定。刘立峰（2012）认为，养老社区是在一个较大的地域范围内，以成套老年住宅为主，拥有适合老年人需要的公共服务设施，以及较为完整的社会服务体系，能为老年人提供生活照料和精神文化享受的康居社区。李振堂（2012）认为，养老社区是集中建立的老年宜居社区，在社区中以居家养老的形式居住，但享有社区中的养老配套服务，是无围墙的养老院。侯家泽（2012）认为，养老社区应该是一个社区公共服务设施，应该按照城市的千人指标来规划和设计，周边应有便捷的文化、娱乐、交通和其他社区服务设施，还应该与学校、图书馆和各种社区商业服务设施有便捷的联系。

综合各位专家学者的观点并结合国内外养老社区的实际发展情况，本文认为养老社区是适合老年人居住的具有养老功能的生活社区，包含老年群体、适合老人心理和生理特征的住宅和公共设施以及专业的养老服务体系三个基本要素。作为养老社区，其不仅是为老年人提供一个物质化的居住场所，更应是提供一种适合老年人心理和生理特征的生活方式，不仅为老年人提供方便舒适的住宅，更应注重老年人的情感归属与社会交往，使老年人以此为家，有尊严地健康生活。

首先，养老社区具有社区的基本特征。作为社会学概念的社区（community）最初是由德国社会学家滕尼斯提出来的。社区是指在一定地域内，根据一定的社会制度和社会关系组织起来的，具有共同人口特征的生活共同体（邓伟志，2009）。而养老社区则是指在一定地域内，有一定规模的老年人居住、以维护老年人共同利益为重，并不断促进老年人维持社会交往的生活共同体。一定规模的地域、一定数量的老年人口、养老服务体系、老年群体具有共同的认同感和归属感是养老社区构成的基本要素。

其次，养老社区应注重养老功能。社区具有服务、管理、保障、稳定、人的社会化等功能。在生活节奏加快、老年人口快速增加的社会中，在社区里生活时间最长的是老年人，公共设施使用最频繁的也是老年人，社区的设施和服务应以满足老年人的心理和生理需求为导向。然而，目前我国许多社区在建设中没有考虑老年人的心理和生理特点，不能满足老年人的老年生活需求，大大限制了老龄化背景下社区服务功能的发挥。养老社区应注重发挥其养老的功能，在住宅建设时应考虑老年人的特殊需求，并营造"以老人为本"的社区文化和文明优雅的生活环境，建立生活照料、文化娱乐、学习教育、医疗护理等全方位养老服务体系，提高老年人的生活和生命质量。

与普通住宅小区不同的是，养老社区配置了适合老人居住和生活的老年住宅和公共设施与服务；与传统的养老院不同的是，养老社区注重老人的归属感和社会交往，允许老年人与亲人一起居住，促进老年人的社会融合（王莹，2012）。

三 养老社区建设的必要性分析

根据发达国家养老设施的发展历史来看，老龄化率达到7%－10%时，政府主要解决医疗、社会保障制度问题；老龄化率在10%－14%，政府开始大量建设老年设施；当老龄化率超过14%时，发达国家十分重视老年住宅建设，使养老回归社区和家庭，大力发展养老社区（上海亲和源老年生活形态研究中心，2012）。由此可见，依托社区就近养老成为各国老年人的主要养老方式。在吸取发达国家的经验和教训的基础上，发展养老社区将成为我国应对快速老龄化，解决我国老龄问题的必要措施。

（一）推进老年家庭建设的客观要求

2011年，《中国老龄事业发展"十二五"规划》提出"十二五"期间的主要任务之一是老年家庭建设，要引导开发老年宜居住宅和代际亲情住宅，改善老年人居住条件。我国以往的住宅建设并未考虑到老年人的特殊需求，没有安装电梯，缺乏无障碍设施，现有公共设施并不适合老年人使用，现有住宅也不利于老年人生活。因此，建设配置适老化公共设施和住宅的养老社区创造了更适合老年人居住的环境，响应了国家"构建老年宜居社区"的号召，是推进老年家庭建设，改善老年居住环境的客观要求。

（二）吸收社会力量参与老龄事业发展的有效途径

构建完善的社会养老服务体系已成为我国老龄事业的核心工作。面对如此庞大的老年群体，建设养老服务基础设施成为整个老龄事业顺利发展的关键。但目前我国仍处在经济发展中阶段，仅靠政府投资建设难以满足养老服务设施的市场需求。鼓励社会力量参与老龄事业的发展，建立多元长效投入机制是推动我国老龄事业发展的必然措施。而在发达国家，养老社区的投资主体也多为企业、个人或社会组织。养老社区同普通住宅小区一样，可以遵循市场经济的运行规则，通过市场化运作，由个人、企业、社会团体等各种力量参与建设，从而拓展我国养老设施的融资渠道。

（三）进一步完善社会养老服务体系的现实需要

我国提出要构建以居家为基础、社区为依托、机构为支撑的社会养老服务体系。一些专家通过调查发现由于受传统养老观念和老年家庭经济状况的影响，我国老年人仍然倾向于选择居家养老。但是，居家养老具有分散养老的特点（穆光宗，2010），在家庭结构小型化、子女工作压力大、家庭养老功能弱化、社区养老服务体系不完善的情况下，居家老人往往得不到家人的精心照顾，也很难获得社区的帮助，居家养老的风险日益加大。而机构养老尽管能将老年人集中起来为其及时提供照料和护理，降低老年人生活中的一些风险，但往往在促进老年人社会融入方面显得明显不足，以至于老年人不愿入住养老机构。养老社区以老年人居家养老的形式，集中服务资源，为居住老人提供专业的生活照料、医疗护理等服务和便于人际交往的社区环境，不仅适应了老年人的生活习惯和心理要求，而且能有效合理配置资源。由此可见，养老社区是居家养老和机构养老的综合体，融合了居家养老和机构养老之长，规避了两者之短，在同一社区提供多种养老方式，进一步完善了养老服务体系，为社区养老服务指明了发展方向。

四 我国养老社区的发展现状与问题

（一）我国养老社区发展现状

人口老龄化不仅给我们带来了挑战，同时也带来了发展机遇。许多社会人士看到了这一商机，21世纪以来尤其是2005年以来在国内掀起了一阵养老社区建设的浪潮，吸引了各行各业人士参加，一些保险、投资公司，房地产开发商，相关服务行业也纷纷投入到养老社区的开发和建设中来。北京、天津、上海、重庆、河北、浙江、四川等地已纷纷建立了十多个大小不一的养老社区。

1. 入住对象

我国养老社区的入住群体有两种：一种是仅老年人群体，如上海亲和源；另一种是允许各年龄层次人群居住，老年人口占一定比例并配置适老化住宅，如天津卓达太阳城。由于我国养老社区发展时间较短，仍处于探索时期，而全龄化养老社区在服务和管理上有更高的要求，因此现阶段的养老社区中，大部分养老社区只允许老年人居住。而在国外，全龄化老年社区比较受欢迎。

2. 开发模式

我国养老社区的开发模式有两种：一种选址在城郊或城乡结合部，建立规模较大的养老社区。这种养老社区往往环境优美，规模较大，投资较大，风险也较大。我国养老社区普遍采用这种模式进行开发和建设。另一种则为依托成熟社区，嵌入式地插建或改建小型规模的养老社区。这类养老社区充分利用周边社区资源，可以减少建设成本，而且运营比较灵活，较易管理，如河北邢台的悦檀台老年社区。由于受原来城市规划的限制，这种模式的养老社区较少。

养老社区的投资主体以房地产开发商为主，土地以招牌挂的方式取得为主，因此目前我国养老社区多为商业性质。

3. 运营模式

从运营模式来分，我国养老社区分为销售型、持有型和混合型。销售型即开发商将老年住宅进行产权销售，这种模式具有资金回笼较快的特点；持有型养老社区往往采用会员制和租赁制的模式，入住时收取一定的会员费或押金，按月或按年再收取服务费，这种模式虽然资金回笼慢但有利于对社区的后续服务与管理。

总体来说，相对传统养老机构，我国养老社区设施相对齐全，服务内容较为丰富，服务水平和质量较高，为老年人健康独立的生活提供了较好的养老环境，其中其优质的管理和服务水平为传统养老机构带来了示范效应，为推动老龄产业的发展发挥了重要作用。

(二) 我国养老社区发展存在的问题

虽然我国已建立如"北京太阳城"、上海"亲和源"、杭州"金色年华"、广州"寿星大厦"等规模较大且具有代表意义的养老社区，但养老社区在我国发展历史较短，仍属于新兴事物，其发展过程中仍存在较多问题。

1. 过度商业化

现有养老社区基本属于商业范畴，具有市场化运营的特点。目前，已有的养老社区多由保险业、房地产行业内经济实力非常雄厚的企业进行投资。福利性事业，市场化运作是整合社会资源，提高养老服务水平的有效途径。一方面可以减轻政府的负担，另一方面可以推动政府办的养老机构发展，带动整个养老服务行业的发展。但是在目前的养老社区中，由于部分开发商急功近利，为了尽快回笼资金，只注重养老社区的前期建设和开发，对后续的管理和运营重视不足，导致养老社区的服务滞后，引起居住老人的不满，进而影响整个养老社区的运作和效益。另外，从近几年开发的养老社区来看，我国养老社区为了经济利益片面追求社区规模，小则四五百亩，大则上千亩，入住老人几千名，这给经验尚不成熟的养老社区在后续的服务和管理工作带来极大的困难与挑战。

2. 受众群体有限

一方面，养老社区的入住对象多为经济实力较强的高端老人。目前，养老社区均推行豪华和高端品牌战略，建筑规模较大，设施配置奢侈，服务档次较高，各项收费较高。目前大型养老社区的会员费从 50 万 - 200 万，押金为 5 万 - 10 万，月费为 4000 - 7000 元不等。因而，实际入住的老人多为企业家、老干部等经济条件较好或子女经济实力较强的老年人。

养老社区因仅为具经济实力的老年人提供个性化条件和人性化服务而成为富人的天堂，穷人的梦想。另一方面，养老社区为了降低风险和运营成本，入住对象均以健康老人为主，少量需护理老人。养老社区仅针对健康自理老人，提供餐饮、健康管理、娱乐活动等服务，较少提供医疗护理。因此很多需要护理却又无法入住福利性养老院的老年人仍然无法解决养老问题。而且，居住在社区里面的健康老人最终会因为年龄增加、身体机能衰退而增加护理的要求。

3. 政策支持滞后

尽管政府对养老产业十分重视，并不断完善相关的扶持政策，但总体上讲，相关的法律法规、配套政策仍不健全，制度支持明显滞后。目前我国已出台了《中华人民共和国老年人权益保障法》《社会福利机构管理暂行办法》《中国老龄事业发展十一五规划》《中国老龄事业发展十二五规划》等法规和政策（王建文，2012），但在养老社区发展过程中，配套政策不完善和政策难以落实使养老社区的发展陷入困境，如养老用地的获取方式便成为制约社会力量进入养老社区建设的重要原因。另外，养老服务行业缺乏统一的行业规范和实施标准，各养老社区无论硬件配置还是软件服务均无统一的标准，收费标准和方式也不统一。

4. 监督机制缺失

养老产业政出多门，养老社区的开发与运营涉及民政部、卫生部等多个部门，缺乏统一的监管部门（朱凤泊，2012），难以实施统一的监督和管理，导致监督机制缺失。一些开发商曾举着养老的旗号进行房地产开发，破坏了行业秩序，也使政府对待养老社区的建设尤为谨慎。由于缺乏监督，一些开发商在建设好养老社区之后，便不再开发后续的养老服务，使养老社区徒有养老虚名而无养老之实。仅有老年住宅而无配套为老服务并不能称为真正的养老社区。

五 未来养老社区的发展对策

"十二五"时期,将出现第一个老年人口增长高峰,60岁以上老年人将由1.78亿增加到2.21亿,老年人口比重将由13.3%增加到16%;到2030年,将达3.1亿;到2050年,将高达4.37亿(李齐云、崔德英,2008)。这意味着未来我国老年市场巨大。而且20世纪50-60年代出生的群体成为未来10-20年老年社区的主要需求群体。他们比以往的老年人具有更强的经济实力、更开明的养老观念、更现代的生活需求。面对如此庞大的老年人口群体和巨大的老年人市场,在构建以居家养老为基础的社会养老服务体系的思想指导下,我国养老社区面临较广的发展前景和较好的发展机遇。

为进一步推动养老社区的发展,我们应立足于现实问题,采取相应对策。

(一) 因地制宜,合理规划

养老社区的建设与开发要纳入城市发展规划,合理设计养老社区的地理位置和空间格局以及规模大小,避免资源浪费或养老设施供给不足。一是结合城镇发展需求和发展现状,根据人口分布在成熟的社区中或社区周边插建小型养老社区或改建原有闲置的设施。一方面可以为当地不能原居养老的老年人提供服务,另一方面可将养老社区服务辐射到周边社区老人,依托社区居家养老。二是在城郊或城乡结合部建立大型养老社区,为老年人提供优雅的养老环境,同时应将配套建设如交通、商业、学校、医院等纳入城市发展规划,避免隔断老年人同社会的密切联系。在规划过程中,不仅要对空间布局合理设置,切勿因过多追求环境优美而将养老社区一律放在偏远的郊区,还要根据当地市场对养老社区进行合理定位,避免过于奢侈或过于简陋。

（二）以人为本，打造老年友好社区

在硬件设施上，配置无障碍设施，适老化的公共活动场所和设施；在软件上，营造良好的人文氛围，打造老年友好社区。社区必须立足于老年人的需求，合理设置社区功能并提供相应的设施。马斯洛需求层次理论把需求分成生理需求、安全需求、归属与爱的需求、尊重需求和自我实现需求五类。而老年人的需求一般包括方便独立、健康安全、休闲娱乐、社会交流、价值尊重，相对应的养老社区应具有居住功能、医疗护理功能、生活休闲功能、文化沟通功能、价值诉求功能。社区应配置多元化人性化的现代住宅产品、完善的医疗服务系统、丰富的娱乐设施、便于学习和交流的环境以及实现自我价值的组织活动等。

（三）拓展服务功能，建立持续照料服务体系，打造专业服务人才队伍

我国养老社区多以服务健康的自理老人为主，即使部分养老社区也设有护理床位，收养介助和介护老人[①]，但其服务设施和护理人员在数量和质量上均难以满足养老服务持续性和多元化的需求。老年人在不同阶段其身体状况发生变化而产生不同的服务需求，为此老年人不得不频繁迁移居所。而且，我国老年人口呈现高龄老人、空巢老人、失能失智老人增多的发展趋势，这部分老人将大大增加对护理服务的需求。可持续的服务体系将成为养老社区发展制胜的法宝。因此，我国养老社区今后的发展方向要注重完善服务功能，打造一支专业的为老服务和社区管理人才队伍，通过在同一园区整合住房、医疗服务、生活管理、健康照料等各种资源，综合发展各种服务能力，包括对健康自理老人、介助老人、介护老人以及痴呆老人的服务能力，为老人提供持续照护服务，力求能满足贯穿老年人生命全程的照料和护理需求。

---

① 根据《老年人建筑设计规范》，介助老人是指生活行为依赖扶手、拐杖、轮椅和升降设备等帮助的老年人；介护老人指生活行为依赖他人护理的老年人。

(四) 迎合市场需求，开发多层次、多样化的产品

目前我国养老社区的运营模式主要有销售制、会员制和租赁制。但我国养老社区的服务对象多定位为高端型，住宅和设施设计豪华，入住高端老年群体，受众的老年群体极为有限。而今后实际需求最多的是经济实用的普通住宅。因此，养老社区应发展多层次、多元化的住宅产品和服务体系，注重服务质量，能纳入以退休金和养老金生活的老年人，提供多种协议和价格标准供老年人根据自身的经济情况选择合理的住房和服务，无论是富人还是普通人都可成为其居民，让老年人均能享受改革开放的发展成果。

(五) 完善政策法规，建立统一的行业标准和监督机制

引入市场竞争机制，促使养老服务提供者之间良性竞争，有利于提高服务质量，但目前我国对养老社区尚无统一的管理规范和行业服务标准以及监管机制，缺乏一个良好的竞争环境。为此，今后我国应完善相关法律法规，加大力度尽早出台养老设施的分类标准，建立养老服务的机构准入机制、服务评估机制和监管机制，使养老社区与其他政府办养老福利设施一样公平、公正发展，让老年人公平、公开享受社会发展成果。

参考文献

1. 高存，2010，《"机构"与"居家"养老结合 催生我国养老新模式——亲和源养老社区模式解析》，《劳动保障世界》第 8 期。

2. 周建国，2010，《市场化养老模式研究——上海市亲和源老年社区个案及启示》，《人口学刊》第 2 期。

3. 刘毅、曹清连，2010，《城郊养老社区合作开发模式的构想》，《中国城市经济》第 11 期。

4. 沈雁英、杨青、张莉，2006，《关于建设养老社区的构想》，《中国临床保健杂志》第 3 期。

5. 荣霞、李志鹏，2006，《浅析大型城市养老社区构建问题》，《太原城市职业技术学院学报》第 2 期。

6. 周燕珉、林婧怡,2012,《我国养老社区的发展现状与规划原则探析》,《城市规划》第 1 期。

7. 刘立峰,2012,《养老社区发展中的问题及对策》,《宏观经济研究》第 1 期。

8. 李振堂,2012,《养老社区模式解决农村留守老人问题的思考》,《教育教学论坛》第 17 期。

9. 刘立峰,2012,《养老社区发展中的问题及对策》,《宏观经济研究》第 1 期。

10. 李振堂,2012,《养老社区模式解决农村留守老人问题的思考》,《教育教学论坛》第 17 期。

11. 侯家泽,2012,《"配套型"养老社区标准体系研究》,《住宅产业》第 1 期。

12. 邓伟志,2009,《社会学辞典》,上海辞书出版社。

13. 王莹,2012,《试论社会融入型养老机构的建设》,《劳动保障世界》第 5 期。

14. 上海亲和源老年生活形态研究中心,2012,《养老产业新观点》,《养老产业联盟通讯汇——第二届中国国际老年住区发展大会暨 2012 中国养老产业高峰论坛专刊》(下)第 18 期。

15. 穆光宗,2010,《我国养老服务体系构造格局质疑》,《中国社会工作》第 12 期。

16. 王建文,2012,《现行老年住区相关政策问题及展望》,载中国房地产业协会老年住区委员会、中国百年建筑研究院编著《社会力量参与老年住区建设的模式和相关标准》,中国城市出版社。

17. 朱凤泊,2012,《老年住区建设实践中的政策难题》,载中国房地产业协会老年住区委员会、中国百年建筑研究院编著《社会力量参与老年住区建设的模式和相关标准》,中国城市出版社。

18. 李齐云、崔德英,2008,《老龄产业发展现状、问题与对策研究》,《山东经济》第 1 期。

欠发达地区农村养老模式的新探索

——以"夕阳红"养老资金互助合作社为例

河北省新乐市化皮镇政府 贾建友

摘 要：河南省信阳市郝堂村，以"资金互助促发展，利息收入敬老人"的社区内置金融为核心框架，建立起以农民为主导的农民村社组织内部金融，利息收入归社区内部农民所有，壮大了农村集体经济，促进了农村社区综合发展，取得了一定的成绩和经验。

关键字：养老 合作社 内置金融

一 农村养老问题的严峻形势

21世纪是人口老龄化的世纪，而中国的老龄化问题更为突出并具有一定的特殊性，"规模空前""未富先老""差距超大"是中国老龄化社会最主要的三个特征：2011年4月发布的第六次全国人口普查显示，至2010年11月1日，全国13.71亿人，60岁及以上人口1.78亿，占总人口的13.26%；65岁及以上人口1.19亿人，占总人口的8.87%。2011年6月13日，民政部社会福利和慈善事业促进司副司长王素英做客人民网，与网友进行在线交流指出"目前，全国60岁以上的老年人口已达1.85亿，占总人口的13.7%，是世界上老年人口数量最多的国家。据预测，我国60岁以上老年人口2014年将突破2亿，2034年将突破4亿，2055年将逼近5亿的峰值"。2011年10月20日，中国人民大学老年学研究所所长杜鹏教授就人口老龄化问题接受搜狐公益频道访问，也指出"中国60岁以上和65岁及以上老年人口数量已经超过整个欧洲的老年人口数（欧洲60岁以上和65岁及以上老年人口数量分别为1.61亿和1.19亿)"。与此相对的却是，我国"未富先老"特征非常明显，民政部社会福利和慈善事业促进司副司长王素英还指出"发达国家一般在人均GDP 1万美元左右迈入老龄化社会，而我国是在人均GDP 840美元时就迈入老龄社会，是典型的未富先老"，中华医学会党委书记饶克勤也指出，发达国家经济发展与老龄化同步，进入老龄社会时人均GDP一般在5000到10000美元以上，而中国是在尚未实现现代化、经济还不发达的情况下提前进入老龄社会。另外便是中国巨大的城乡差距，国家统计局公布的2011年城镇居民人均可支配收入与农村居民人均纯收入之比为3.13∶1，2010年该收入比为3.23∶1。但这只是一个单一的指标，其实中国的城乡差距众所周知是一个全方位的差距，在居民收入之外，从教育到就业，从医疗到养老，从个体消费到公共投入，可以说差距涵盖了从生产到生活的方方面面。更为重要的是，在以上这三个明显特征之下，占全国人口比例一半以上的农村老年人养老却又是在养老、医疗、照料服务等基本社会保障普遍缺乏的情况下主要通过家庭赡养自行解决的，农村养老问题成为我国养老问题的重点，而农村欠发达地区的养老问题又会是如何严峻就可想而知了。

二　目前主要养老方式的问题与局限

根据笔者的研究，农村尤其是欠发达农村地区养老问题实质上是由四个分支问题构成：一是农村养老的经济基础或者说经济来源问题。二是对老年人日常生活照顾的解决方式问题。三是老年人精神慰藉问题。这三个问题构成了农村也包括城市老年人养老需求的主要问题，第四个是包括老年人在社会中的地位、老有所为等在内较次要的问题，这四个需要解决的问题基本上涵盖了农村养老问题的全部内容。对于这些问题，全国各地农村积累了丰富的实践经验，同时学术界也提出了许多研究观点和模式，诸如传统家庭养老、社会养老、集体养老、社区养老、储蓄养老、土地养老等，但目前较多的实践和研究集中在以传统养老为基础的社区居家养老模式、机构养老模式两种方式上。

机构养老中的公办与民办两种养老机构,目前的问题仍然很严峻,公办养老机构,要么是碍于有限的财政资源,仅承担救济城镇无生活来源、无劳动能力、无赡养人的"三无"老人和农村五保户的职责,服务主体功能非常单一,服务对象范围过窄。要么是在"社会化"的浪潮中向市场开放,虽然享有大量政府补贴,却以市场价格收住普通老人,高昂的价格让绝大多数农村老人望而却步,其救济性、福利性大打折扣。民办养老机构,多数由于投入不足,运作方式比较单一,经济来源基本由自养老人自身提供,收益较低,仅能提供非常简单和有限的服务,而少数民办、高档、具备康复功能的养老机构,在建设和运转成本太高以及低收入老年农民的双重矛盾挤压下,举步维艰,难有发展。另外还有一个很重要的问题就是,在农村,不同社区或者不同文化背景的老年农民,往往很难相融一处,这使得养老机构对老年农民的吸引力也大大降低。

社区居家养老模式是近些年农村地方创新的一种实践模式,具有一定的优势,但它和上面的机构养老模式,甚至包括前面提出的那些模式,都有一个无法回避的问题,即农民养老的经济基础,尤其是老年农民个人的经济基础是什么?通俗地讲,就是农民养老的资金从哪里来?一旦面对这个问题,许多研究和实践就显得苍白无力,仅凭老年农民个人能力明显不可能,而国家经济实力还不强,虽然从2009年起,我国开始的新型农村社会养老保险工作,到2012年7月1日将实现全覆盖,农村到达规定年龄(60岁)的老人可以领到基础养老金,但是这些资金的领取不仅要有一定的先决条件,而且相对于全面落后的农村保障体系,区区每月百元,能起到的作用也实在有限。实际上在广大农村地区,尤其是欠发达农村地区,农村老人主要还是以子女赡养为主,而在这些地区,由于人口流动越来越快,空巢老人增多,大量农村的年轻人进城打工,迫于岗位竞争压力,他们无暇顾及在农村的父母,加之在未来发展压力之下,一些青年夫妇较重视子女的教育和成长问题,有限的时间精力和财力都向独生子女倾斜,农民整体收入较低,老年农民收入更是没有稳定的来源或保障,老年农民的养老压力逐渐加大,对这个全局性的问题目前却没有较为有效的应对方式或解决办法,因此严格来讲,如果农民养老经济基础的问题没有解决,那么农民养老问题实际尚未真正破题。

三 夕阳红养老资金互助合作社的创新与实践

孝道是最具中国特色的文化现象之一，不仅是中国传统道德的核心内容，还是中国传统以家庭为主养老模式的重要文化基础，由此也决定了在中国老龄化进程"规模空前""未富先老""差距超大"的现实国情约束之下，传统的家庭养老模式在较长的一个时期里仍然会成为我国大部分农村尤其是欠发达地区农村的主要养老方式，正是基于这个长期的趋势判断，笔者和我国著名的三农专家李昌平一起从2009年开始在河南省信阳市平桥区郝堂村开始了农村养老资金互助合作社的探索，并取得了一定的成绩和经验。

（一）夕阳红养老资金互助合作社项目开展的背景

1. 郝堂村自然资源和概况

"夕阳红养老资金互助合作社"所在的郝堂村隶属于河南省信阳市平桥区五里店办事处，五里店办事处位于信阳市平桥区东部，属信阳城市规划控制区，距信阳市中心仅17.6公里，辖7个村1个居委会，面积68平方公里，总人口2.3万人。郝堂村位于五里店办事处东南部，共18个自然村（村民组）面积约20平方公里，属山区村。东部是垄岗地、南部是浅山区，2007年郝堂村总人口为2140人，外出务工经商人口210人，流动人口450人，2007年全村财政收入30万元，村民年人均收入3600元。郝堂村目前主要的公共服务设施有村部、小学、卫生所。第一产业是本村的主导产业。村民主要从事种植业和畜牧业，农业种植以小麦、水稻为主，主要经济作物有茶叶、板栗等。畜牧业以家庭养殖业为主。

2. 信阳改革实验区背景

2009年4月，河南省委、省政府正式批复信阳市设立"河南省农村改革发展综合试验区",信阳成为全国唯一的地市级农村改革发展综合试验区,信阳市委书记王铁在多次会议上指出,"金融改革是各项改革的'瓶颈',金融搞活了,一活百活"。正是在这个大的背景之下,信阳市平桥区也开始多方探索金融改革创新发展的途径,大胆开展包括"草根"金融在内的各类金融创新实践,探索突破资金制约的新途径、新路子,并由平桥区主要领导牵头,通过多方联系,邀请到了河北大学中国乡村建设研究中心的李昌平,到信阳平桥进行关于金融创新的演讲、考察和实验,2009 年 9 月经过多方考察,李昌平确定了以郝堂村为主的养老资金互助合作社实验点,此即为郝堂项目的开端。

(二) 夕阳红养老资金互助合作社发展概况

1. 养老资金互助合作社发展理念

"资金互助促发展,利息收入敬老人"是郝堂养老资金互助社模式的高度概括,也基本涵盖了互助合作社的设计框架、切入点和运行机制。项目的核心理念是以社区内置金融为核心框架建立以农民为主导的农民村社组织,金融组织的利息收入归社区内部农民所有,壮大农村集体经济,促进农村社区综合发展,最终建立牢固的农村村社共同体。

2. 养老资金互助合作社发展的阶段

一是前期准备阶段

2009 年 9 月,协作者(李昌平和助手),与地方政府和基层组织工作人员进行沟通,选择有较高金融合作需求的农村,进行调查研究,并与农村干部、精英农民、普通农民进行交谈,了解当地情况,讲解其他地方的合作经验和效果,激发当地农民尤其是有一定公益心,有敬老之心的村干部和精英农民成立资金互助合作社的兴趣,提供成立合作社的思路,并由这些人自主完成前期的发起人召集、初步合作条款订立等具体工作。

二是协作制定合作社章程

前期工作完成后,协作者(李昌平及笔者等人)进入郝堂村,与发起人一起参与制定章程，从章程名称开始，到为什么干这个事情，社员、社员的权利、治理结构、风险控制、分配、业务流程，各种规章制度等都讨论出来，制定章程的过程，主体是农民，李昌平和助手是协作者。制定章程的过程是农民在争吵中达成契约的过程，是自我说服、自我学习、自我统一的过程；是农民自主性和主体性觉悟的过程；是让农民不懂到懂、不会到会的过程。也是农民发起人互相之间说服、妥协、教育、学习、建立信誉、统一行动的过程，所以在这个过程中吵完了，所有问题都明白了，然后每人签字画押，协作者连夜打印出来，发给大家，这就是章程。

三是协作成立资金互助合作社

章程制定出来以后，经历了制定章程的过程的农民对如何搞好资金互助社信心倍增，建立养老资金互助社的事情也就完成了一大半，农民发现对自己干的事情明白了一大半。后面的具体的合作社登记，发动老年农民入社，钱进账，制定业务流程，定制票据等工作，都主要由合作社的人自主完成，一切过程中，所有的工作都是农民的，是农民自我挖掘内在潜力的过程，协作者（李昌平和笔者以及协作者中心的其他成员）包括基层组织、地方政府有关部门、其他社会力量（广义上的协作者），协作帮助农民成立合作社。

四是协作资金互助合作社日常运转

夕阳红养老资金互助合作社2009年10月12日挂牌成立，平桥区科技局代表区政府入股10万元并单独委托一名监事行使监督职权，李昌平的课题组入股5万元单独委托一名监事行使监督职权，郝堂村村委会入股2万元以基层组织的身份进行监督，同时协作者中心的相关工作人员，以及政府相关部门的工作人员，还参与合作社日常运转过程中，各项工作的指导和监督。

五是协作资金互助合作社扩展

在夕阳红养老资金互助合作社的金融支撑下，在郝堂村不仅实现了合作社自身快速发展壮大，而且推动了村内鳝鱼、猪、羊等养殖业，茶叶种植业的发展，增加了农民收入、盘活了农民土地、缓解了农村养老难题、改善了村内环境、强化了农村社区的凝聚力，实现了政府、社会、农民的多赢,农村养老资金互助合作社成为农村村社共同体重建的切入点,更是坚实的基础,在这个基础上,2011年,郝堂村申请新农村建设(社区综合发展)试点村获得批准。政府有关部门和协作者中心协作村集体成立了"绿园生态旅游投资开发公司",自主开发82亩土地建设新农村,公司既不需要找银行贷款,也不依赖财政资金(财政贴息4%),向养老资金互助社贷款就可以筹集到新农村建设所需资金。项目结束后,不仅养老资金互助合作社实现了较高的利息收入,老年社员的养老分红有了明显增加,而且村集体盈利了,村民共同体进一步得以巩固和加强。

3. 夕阳红养老资金互助合作社发展现状

夕阳红养老资金互助合作社自2009年10月12日成立至2012年4月,共有社员135人,主要由发起人会员、社会会员、老年人会员三类人员组成。其中发起人社员7人,每人出资2万元作为发起人股金;社会会员2人,共计注资15万。老年人会员目前已有130名,每人自愿缴纳2000元股金,享受合作社利息和福利。目前合作社资金规模已经达到270多万元。老年社员第一年(2009)年底分红300元。第二年年底分红550元,2011年底分红720元,截至目前(2012年)入社老人已达到全村老人的一半,年底老年社员预计人均分红保持在800元左右。而且村集体企业"绿园生态旅游投资开发公司",向资金互助社贷款200万,流转土地150亩,自主开发82亩土地建设新农村,项目结束后,村集体可以盈利600万元以上。

4. 养老资金互助合作社对农村社区的影响和改变

经济领域

资金互助合作社稳定发展,带动了村集体经济的发展。资金互助合作社的稳定发展主要表现在以下几个方面:首先是合作社的资金规模在逐年扩大,从2009年最初的不足30万元到2010年的160万元再到2011年底的230万元,逐年稳步增长。其次是合作社的利润同步实现了增长,除去给老年社员的分红后,年利润率均实现了10%的目标。最后是合作社的发展稳定,给了广大村民以强烈的稳定感,合作社从2009年开始运转以来共累计发放贷款 136 笔 630 万元，到目前已经收回 65 笔 170 万元，没有出现一笔不能收回的贷款，货款回收率 100%。村庄集体经济收入由以政府拨付办公经费为主变为以村集体投资公司经营收入和合作社利息收入为主，由税费改革以来不足 2 万元，增加到现在年收入 50 万元以上，村集体经济实力明显增强。

村内部分老年人收入提高，老人会员作用日益增强：由于养老资金互助合作社的影响日益扩大，社区内入社的老年人逐年增加，由最初的 30 人，增加到 2011 年底的 93 人，到 2012 年 4 月又增加到 130 人左右，这些入社的老年社员，全部为本社区内年满 60 周岁的老年人，而这些入社的老年人，分红最少的为 2011 年入社的社员，每个得到的红利为 500 元，最多的则为第一批入社的老年社员，已经达到 1700 多元，这些收入虽然对常年在外的青壮年打工者而言很有限，但是对于农村社区中，已经 60 多岁而且基本没有什么收入来源的老年人来说，除能够明显提高生活质量外，对于增加老年人对未来生活的信心也是意义非凡的。养老资金互助合作社以老人为主体管理，成立老人理财小组，年轻人向老人申请贷款，请老人担保签字，一方面老人实现了老有所为，另一方面老人作为资金互助合作社的主体受到尊重，孝道在农村社区受到褒扬，且信用、资金风险得到控制，养老问题逐步得到解决。

村内出现新的产业，村民就业岗位不断增加，能力不断提高：养老资金互助合作社的建立，增加了村民的产业发展融资途径，方便了村民的生产和生活，部分解决了村民贷款难的状况。从 2009 年以来，养老资金互助合作社共为村民发放农业相关贷款 65 笔，贷款村民主要用于种植和养殖，因为有了资金，村民在传统的种植和养殖基础上，还发展出了荷花种植、鳝鱼养殖等新兴产业，加之后续跟进的绿十字"郝堂茶人家"项目的实施，部分村民按照郝堂茶人家项目提供的房屋图纸和政府的项目规划进行建设，得到政府贴息的新建房屋或改建旧房贷款，在短时间内村里的自然景观出现了大的改观，成为信阳市的新农村建设示范村，吸引了大量各界人士前来参观、学习和游览，在这个基础上，家庭旅馆和农家餐馆以及农产品销售成为村民新的增收项目，目前新开业农家乐 6 家、客栈 2 家、茶馆1家，正在改建、新建房屋28户，第三产业的发展不仅给村内农民带来了更多的收入，而且带动了第一产业附加值的提高，品牌化、合作化趋势不断增强，逐步形成了以农家乐旅游产业为龙头的产业链，成为郝堂村又一个有着较大发展空间的新兴产业平台。

村民整体收入实现增长，村庄凝聚力和认同感不断增强：养老资金互助合作社在贷款方向上，除面向村民的种植养殖等农业生产外，还面向村民新建改建符合郝堂茶人家规划的房屋、商业、工业生产。从2009年起共为村民商业经营贷款120万元，工业生产贷款50万元，这些贷款解决了众多村民在发展过程中的资金问题，提高了村民家庭的整体收入，而且由于郝堂茶人家等后续项目的实施，村内各种基础设施、发展环境都得到明显改善，村民整体经济实力得到提升，收入实现超常增长，2011年，郝堂村的农民年人均收入增长比例超过30%，村民参与村庄事务的热情不断提高，开始认同这是"我的村庄，我要为村庄发展做些贡献"的认识，展现了村庄主人翁的态势。

社会领域

社区老年人地位提高：农村人口老龄化越来越明显，养老的压力越来越大，所以养老资金互助合作社对社区内老年人的影响最为显著，一方面这些入社的老年社员有了自己的收入，领了钱的老年人不仅过年可以买东西，也不用小孩操心给钱了，还可以给孙子孙女们发一些压岁钱；另一方面，这些老年社员加入"夕阳红"，有了地位，儿孙辈的去找老人担保贷款，儿媳妇去找婆婆担保贷款，婆媳关系也变好了。老人们也更有地位了，这些老人们在参加合作社并享有会员特有福利的同时，也拥有了特有的权力，从而在社区内多了一份尊严和自豪，也多了一份话语权。村庄内的老人不再是默默地晒着太阳，而是担起村庄建设的责任，帮助建房的年轻人做监工，号召村民保持环境卫生，协助保洁员维护村庄整洁，随着地位提高老人们逐渐热心起来，到处都可以见到他们的笑容和身影。

村庄社区关系融洽：社区内成员之间联系增强，相互关系融洽，社区风气变得更好。因为贷款担保、参与合作社管理、参与村内社区建设等老年理财小组活动让老年人在社区内交流增多以及老年人社会地位提高，所以老年人在社区中的重要性日益显现。在农村，老年人在家庭中具有特殊的作用，使得社区内各个家庭之间的联系增强，社区成员间的关系融洽程度也更高，村内的风气也比以前显得更好。在社会稳定方面，郝堂本来就是一个相对稳定的村子，养老资金互助合作社成立两年多来，村里各种治安案件基本消失，在一般的新农村建设当中，由于规划与村民利益的冲突，或者村民的主动性不强，村民与村两委、村民间的矛盾往往较为多发，但是在郝堂村，基本没有发生过，偶尔有极少的纠纷，经过沟通和协调也都很顺利地解决了，这与其他村庄是一个很大的区别。

农村要素逐步回归：农村社区吸引力增加，出现了外出务工人员、成功人士的资金等回流的现象。近些年，农村外出务工人员非常多，由于农村经济发展缓慢，加之基础设施条件与城市相比差距非常大，许多年轻人宁愿在城市受苦也不愿意回到农村居住，农村不仅留不住年轻人，甚至许多老年人也开始随年轻人到城市里居住，一些农村成为空壳村，农村日益凋敝的现象让各界非常担忧，在郝堂前几年也出现了类似的现象。2009年全村外出打工的有650人，其中常年在外的有210人，从2010年开始，农村外出的年轻人开始减少，在外居住的老人开始搬回来，这一方面是因为本村也有一些工作可以挣到钱，另一方面是村里各种基础设施都完善了，居住条件变好了，而且环境又好。到2012年，这个现象更为明显，目前在外打工的年轻人有200人，在村内居住的老人有240人，而且出现了较为少见的逆向流动，一些已经把户口迁出的人，开始要求把户口迁回来，郝堂已经回迁了6户，甚至还有一些其他村的人要求迁移进村。

其他领域

政治影响日益增加：主要体现在支村两委在村民中威信增强，由于支部书记、村主任和一些支村两委干部，不仅是合作社的发起人或重要支持者，而且村主任还被选为养老资金互助合作社的理事长，村支部书记担任了监事长，这些人两年多来都义务为合作社服务，加之合作社在一些重大事项上遵循章程的规定，实现了管理和决策的公开、公平、民主，这种工作方式和方法，在规范养老资金互助合作社的同时，也开始逐渐影响支村两委甚至是地方政府的日常工作方式。郝堂夕阳红养老资金互助合作社成立以后，由于其理念的前瞻性较强，管理体制较为规范，加之健康良好的发展势态，迅速引起了地方政府和社会各界的关注，信阳市的各级领导都曾多次到郝堂现场指导，目前郝堂村已经成为平桥区以至信阳市的新农村建设实验村。

社区文化教育水平大幅上升：养老资金互助合作社的一些会议以及成立大会、年终分红仪式都是在村委会或村内的小学召开，这些地方的设施不足问题同时也引起来参加会议的各级领导或相关部门的重视，从2009年起，郝堂村委会和小学在上级有关部门的支持下，都分别进行了改造和升级。围绕养老资金互助合作社的一系列培训活动和各界调查研究、媒体的报道等，都对社区内的村民产生了很多的影响，许多村民开始用一种新的眼光来看待自己居住多年熟悉的村庄了。由于社区内的建设是在郝堂茶人家项目总体规划下进行的，因此从新建或改造的普通村民住宅，到村委会或小学等公共建筑或是重点区域的景观设计以及路、桥、坝和湿地等景观工程，无不具有内在统一的强烈的文化气息。由于各种文化教育活动，村庄的许多居民在参与的过程提高了文化修养和现代参与意识，学会了许多与茶文化有关的知识，而且由于各种外来人群的介入和交流，村民待人接物等个体的礼仪或言谈等方面，比之两年前也有了很明显的进步。

（三）养老资金互助合作社的优势和不足

1. 养老资金互助合作社的核心作用正在日益彰显

目前，养老资金互助合作社缓解农村老年人的经济压力和促进经济发展的作用已经充分显现，而且养老资金互助合作社在发展的过程中，相继引进了郝堂茶人家等一些新农村建设项目，在这些项目的实施当中，养老资金互助合作社起到了关键的、无法替代的作用，从上面郝堂村的一些变化可以发现，养老资金互助合作社在壮大农村集体经济，促进农村社区综合发展，巩固农村村社共同体方面的核心作用正在日益彰显，养老资金互助合作社从最初的一个草根金融合作组织，已经发展成为社区全面综合发展的核心，郝堂已经成功实现了由单一向综合发展的转变。

2. 养老资金互助合作社具有一定的可持续性

项目的自我持续性主要基于两点,一是高度理念认同基础之上的契约式章程认同,其保证了合作社运行和管理的规范。二是养老资金互助合作社的所有管理人员都是本社区的农民,新培养的协作者也在参与其他地方项目建设的同时参与和指导本社区的合作社管理。

项目的外部持续性主要基于三点,一是项目工作人员持续的指导和监督以及代理制监督的有效性。二是基层组织的深度介入、参与保持了合作社在社区内信用的长期性。三是地方政府和相关部门的参与监督支持,保障了合作社规范发展的前景。

3. 项目的可复制性

项目理念的可复制性。项目理念不仅能够满足当前农村经济发展与养老两个方面的需求,而且回避了既有农村金融发展模式、农村不同养老模式的弊端,具有较广泛的适应性。项目的操作方法简单易行,最主要的是充分发挥了农民的主动性,并且在项目开展的过程中,又培养了基于本地的新的协作者,便于本地项目的后期管理和对外推广复制。在项目外部环境的选择上,对于项目点的各种自然条件和经济状况,没有特殊要求,普通的村庄,只要有一个较为稳定的基层组织和少数热心公益的农村精英即可,地方政府或部门,只要不反对就可以。

4. 养老资金互助合作社的不足

养老资金互助合作社自身的问题:养老资金互助合作社目前存在的主要问题有以下几个:一是缺少充足的资金来源,经过两年多的发展,其发展的速度还不够,入社的普通社员还是太少,一旦将来村庄的全部老人都入社,资金不足,合作社的营运收入就会减少,每个老人的养老金将有可能减少。二是现有的资金结构不合理,风险较高,目前的260万元资金当中,有大量的资金(180万元,未确定期限)集中在一个社员身上,一旦这笔资金出现问题,将会严重影响养老资金互助合作社的稳定。三是合作社的专业管理人才仍然欠缺,因为资金量变大,业务复杂化,原有的账目管理人员已经无法胜任,目前合作社的账目由平桥区财政局的工作人员兼职管理,已经暴露出合作社专业人才的不足。四是合作社管理人员的可持续性问题,目前合作社所有参与日常管理的人员都是义务的,每年要付出一定的时间和劳动,却没有任何的报酬,这种状况无法持续下去,应当给予适当的报酬,这不仅要通过修改合作社的章程来达成一致意见,最主要的问题是合作社的赢利是否可以支持,可以支持多少。

外部环境的特殊性(发展速度无法复制):养老资金互助合作社的外部环境与其他农村相比有一定的特殊性,一是在合作社发展的过程中,有个别超级大社员支持,实现了较快发展,在其他地方没有可复制性。二是地方政府的高度重视和多个部门的大力支持,这种外部环境在其他农村开展项目时,很难具有。三是郝堂茶人家等一些项目的相继进入,这种快速跟进的扩展和机遇在其他的项目点也很难实现。

四 未来农村养老模式的创新途径与思考

(一)养老资金互助合作社的发展与思考

以夕阳红养老资金互助合作社为代表的养老模式并不是完美的,也存在不同层次的风险和缺陷,既有养老资金互助合作社自身经营的一些风险,也有一定的政策风险。首先是金融监管部门对养老资金互助合作社还没有真正认可,银监会也没有给养老资金互助合作社发放许可证,许多地方类似的合作社都行走在边缘地带。其次是在养老资金互助合作社自身的设计上,也存在一些缺陷,诸如,在金融体系内未来发展空间如何拓展?如何实现以养老资金互助合作社为核心的农村社区共同体发展尚未找到较简便有效的途径等,但以上问题的存在并不代表这种探索没有意义,这种探索至少可以为今后的农村发展提供以下不同的经验思考:一是农村金融在农村发展的作用以及如何切实发挥?二是新型农村集体经济的实现形式以及如何与各地实际相结合?三是农村养老资金互助合作社在农村养老问题解决中的实际作用以及农村养老问题能否以此为突破真正破题？

(二) 全方位创新适合农村发展的养老模式

中国城乡差距大，农村自身的地域差别更大，因此通过一种模式来"一刀切"地解决农村养老问题是根本不切实际的想法，在我国目前已经实行新型农村养老保险的基础上，应当采取"保障基础养老、提高社区能力、家庭养老作核心、多种养老方式为补充"人、家庭、综合性发展方向，放弃单一的养老方式或模式，应当通过国家、社会、社区等各类不同主体的全方位创新和实践，找到更适合本地农村发展的养老模式。这其中最主要的就是国家的创新，我国农村目前养老模式创新的一个最大的瓶颈就是农民养老基础资金的短缺，这个瓶颈应当由国家在平衡城乡差距的前提下，通过各种形式的创新逐步突破，为农村的养老提供一个保底的"安全线"，解决农民养老的经济基础问题。社会对养老模式的创新重点应当放在提供多种多样的养老服务或产品上，让农村居民包括未来的城市居民根据自己的能力和需要有不同的选择，解决农民养老的日常生活照顾等问题。农村社区创新的重点则应当是提高社区自身综合发展能力，建立具有本地传统、风俗、文化特征的村社共同体，让身处其中的农民有强烈的归属感，解决农民养老的精神慰藉问题。通过以上各类主体的创新，尽可能探索出多种能够较好统筹包括物质提供、精神慰藉、日常护理三方面内容的养老模式，才能最终建立起面向城乡、人性化和个性化较强、制度完善、可持续发展的有中国特色的养老体系。

养老服务中照护人员供求矛盾形成机制和照护人员开发策略研究[*]

方黎明[**]

摘　要：本文阐明了养老服务中照护人员供求短缺矛盾的形成机制。老龄化加速导致需要照护的老人数量急剧增加，而少子化、核心家庭的涌现和妇女劳动参与率高削弱了家庭的照护供给能力，社会化养老服务将面临着劳动力短缺日益严峻的宏观背景，养老机构因薪酬待遇低、工作强度大以及缺乏职业发展机遇等面临照护人员招工难和流失率高等挑战。基于国内外研究结论，本文提出了照护人员开发体系。

关键词：老人照护　照护人员短缺　养老服务业

构建适合中国国情的老人照护人力资源开发体系是个紧迫的政策命题。中国正跑步进入老龄化社会，失能老人和高龄老人规模日益庞大，老人照护需求使家庭不堪重负，需要建立社会化养老服务体系，实现从家庭养老模式为主向多元的、由居家养老、社区养老和机构养老构成的社会化养老模式的转型。社会化养老服务体系包括筹资、管理运营、机构设施、服务递送和照护人员等子系统。其中，照护人员的开发，即他们的工作稳定性、薪酬福利和所接受的教育与培训等直接影响了照护对象的生活质量（Stone and Dawson et al., 2004）。2011 年底国务院颁布了《社会养老服务

---

[*]　本研究获得教育部人文社会科学研究青年基金项目（项目号：12YJC840006；主持人方黎明）和北京社科规划青年项目（项目号：11JGC23；主持人方黎明）资助。

[**]　方黎明（1978 - ），男，湖北咸宁人，对外经济贸易大学保险学院讲师，研究方向：养老服务。

体系建设规划（2011-2015年）》，提出在"十二五"期间，增加日间照料床位和机构养老床位340余万张，实现养老床位总数翻一番。这意味着对养老照护人员的需求剧增。但中国养老服务体系刚刚萌芽，照护人员（亦称"养老护理人员"）短缺形势日趋严峻。在一些养老机构中，照护人员短缺，不仅致使入住老人生活质量和健康水平下降，甚至导致虐待老人的现象时有发生。

面对汹涌而至的老人照护需求和照护人员短缺的严峻形势，老人照护人力资源开发的政策体系和组织实施机制亟待构建；而理清养老服务中照护人员短缺的形成机制，是进行有的放矢的政策干预的前提。本文将在分析养老服务中照护人员供求矛盾形成机制的基础上，通过借鉴国外解决老人照护人员短缺问题的政策实践，提出照护人力资源开发机制。

一 养老服务中照护人员供求矛盾的形成机制

进入老龄化的国家普遍面临照护劳动力供不应求的难题。就中国而言，养老服务中照护人员供求矛盾形成机制如下：①中国正跑步进入老龄社会导致需要照护的失能老人、半失能老人和高龄老人急剧增加；②在家庭养老中，家庭因少子化、核心化和妇女劳动参与率高等削弱了照护供给能力；③在社会化养老服务中，同养老硬件设施可通过资金投入迅速扩张不同的是，老人照护将面临着劳动力短缺日益严峻的宏观背景；养老机构因为薪酬待遇低、工作压力大等面临照护人员招工难和流失率高等挑战。具体情况如下。

（一）老龄化加速导致需要照护的老人持续增加

随着中国老龄化加速，需要照料的失能老人和高龄老人不断增加，将使得家庭和社会面临着沉重的照护压力。据全国老龄委2006年的调查，在城市60岁以上老人中约有9.9%有照护需求，其中，80岁及以上高龄老人约有33.1%有照护需求；在农村60岁以上老人中约有9.3%有照护需求，其中，80岁及以上高龄老人30.4%有照护需求（全国老龄办，2007）。高龄老人照护需求明显高于总体水平。联合国 2010 年修订的最新测算表明（见表1），2015 年，我国 60 岁以上老人将占总人口的 15.1%，约为 2.06 亿，其中，80 岁以上老人将占总人口的 1.6%，约为 0.22 亿，；而到 2050 年，60 岁以上人口将占总人口的 33.9%，约为 4.39 亿，其中，80 岁以上老人占总人口的 7.6%，约为 0.98 亿，在 5 个老人中约有 1 个老人超过 80 岁；到 21 世纪末，100 人中将约有 34 个 60 岁以上老人，其中，包括 11 个 80 岁以上老人。老人尤其是高龄老人日益增多，将给家庭和社会带来沉重的照护压力。

表1 中国老龄化趋势（2015 - 2100）

年份	总人口（亿）	60 岁以上（%）	80 岁以上（%）	年份	总人口（亿）	60 岁以上（%）	80 岁以上（%）
2015	13.70	15.1	1.6	2050	12.96	33.9	7.6
2020	13.88	17.4	1.9	2090	9.85	35.1	11.3
2040	13.61	29.4	4.8	2100	9.41	34.1	11.4

资料来源：Population Division of the Department of Economic and Social Affairs of the United Nations Secretariat，*World Population Prospects*：*The 2010 Revision*。

（二）家庭因少子化、核心化和妇女劳动参与率高削弱了其照护提供能力

传统社会主要依靠家庭力量分散天灾人祸等风险，分担养老育幼责任。但家庭的少子化、核心化和妇女劳动参与率高等因素大大削弱了家庭为老人提供照护的能力。

（1）长期计划生育政策的严格执行导致中国少子化现象较为严重，并造成独生子女畸形家庭结构。按照人口学理论，生育率 2.1 才能达到世代更替水平，即育龄妇女平均生育 2.1 个子女才能在其长大后替代父母数量，维持既有的人口数量不变；低于 2.1 和 2.0 以下被称为低生育率，1.5 以下则是超低生育率。根据郭志刚测算，中国生育率不足 1.5（郭志刚，2008）。超低生育率导致的少子化现象造成了独生子女畸形的家庭结构。城镇尤为严重。由于城镇户籍人口一对夫妇只能生育一个孩子，城镇绝大

部分年轻夫妇都是独生子女，他们不但要承担起双方父母4人照料责任，甚至要承担起祖父母和外祖父母等高龄老人照料责任。与此同时，他们还要承担起养育下一代的沉重压力。这种独生子女夫妇照料4位老人甚至8位老人的畸形家庭结构是典型的"高风险家庭"（穆光宗，2007）。以汶川地震为例，在死亡的儿童与青少年中很多是独生子女，其父母已丧失生殖能力，独生子女死亡导致这些父母成为无后老人，配偶死后则成为孤寡老人。

（2）家庭核心化导致老人空巢家庭大量出现。现代年轻人由于工作或希望获得独立生活空间等因素，通常不再和父母居住在一起，核心家庭大量出现。这就导致了空巢老人现象的出现。2000年"五普"结果显示，我国65岁及以上老年空巢家庭有1561.6万户，约占有老年人家庭户的22.83%；生活在空巢家庭中的老年人2339.7万，约占65岁及以上老年人口的26.5%（国家统计局，2002）。在现行生育政策不变的方案下，2030年和2050年全国65岁及以上空巢老人占总人口的比例将分别是2000年的2.9倍和4.6倍，高龄老人居住在空巢家庭的比例增长更快，到2030年和2050年这一比例分别是2000年的3.4倍和11.1倍（曾毅、郭志刚等，2010）。

空巢家庭的大量出现瓦解了家庭养老功能。大量调查研究结果表明，子女外出工作导致老人在日常生活、安全和医疗方面得到的照料减少，加上社会照料网络如社区组织和志愿者等老人照料体系还不完善，造成老人福利和健康状况的恶化（杜鹏、丁志宏等，2004；叶敬忠、贺聪志，2008）。

（3）妇女劳动参与率高削弱了家庭照护能力。传统社会主要由妇女为老人和儿童提供照护，而进入现代社会后，随着妇女社会地位提升，妇女纷纷走出家门，这也就削弱了家庭的照护能力。尤其是在中国，妇女劳动参与率多年来位居世界第一，以2010年为例，15-64岁劳动年龄阶段妇女劳动参与率高达75.2%，远远超出了其他主要国家。高妇女劳动参与率使得家庭中劳动年龄阶段的妇女在兼顾工作和照护老人上面临着巨大的压力。

表 2 15－64 岁妇女劳动参与率比较（1990－2010）

单位:%

年 份	1990	2000	2005	2009	2010
中 国	79.0	78.2	76.2	75.2	75.2
英 国	66.8	68.3	68.9	69.3	69.3
美 国	67.1	69.9	68.2	67.9	67.3
法 国	57.7	62.3	64.8	66.2	66.2
德 国	55.4	63.6	67.1	70.4	70.8
印 度	36.5	35.9	38.8	31.9	30.3

资料来源：根据国际劳工组织网站（http://kilm.ilo.org/kilmnet/）数据整理。

（三）社会化养老服务中照护人员严重短缺

面对日益增长的老人照护需求和家庭照护能力的削弱，迫切需要发展社会化养老服务，然而，社会养老服务面临着劳动力日益短缺的宏观背景。根据联合国 2010 年最新测算（见图 1），中国大陆 15－64 岁劳动年龄阶段人口将在 2015 年达到最高点，为 9.96 亿，此后无论是劳动年龄人口总量还是在总人口中所占的比例都处在不断下降的趋势中，在 2050 年下降到 7.90 亿，相比 2015 年减少了 2 亿劳动力；而 65 岁以上老龄人口总量和占总人口的比例则在不断增加，2015 年为 1.30 亿，2050 年增加到 3.31 亿，相当于 2015 年的 2.55 倍。实际上，用工荒已经开始从沿海向内地蔓延，随着劳动年龄人口日益减少和老龄人口增加，这种局面将日益恶化。这意味着社会化养老服务将不得不同其他行业竞争日益稀缺的劳动力。

但在社会化养老服务中，因为薪酬福利水平低，工作压力大，缺乏培训机会，难以吸引和培育高素质的照护人员队伍，导致养老机构面临着招工难、照护人员流失率高和空岗率高等严重问题。

1. 薪酬福利水平低

武汉市统计结果表明，2010 年养老机构照护人员，月收入在 1000 元以下的占 50.8%；月收入超过 1000 元者占 49.2%；2/3 以上的照护人员没

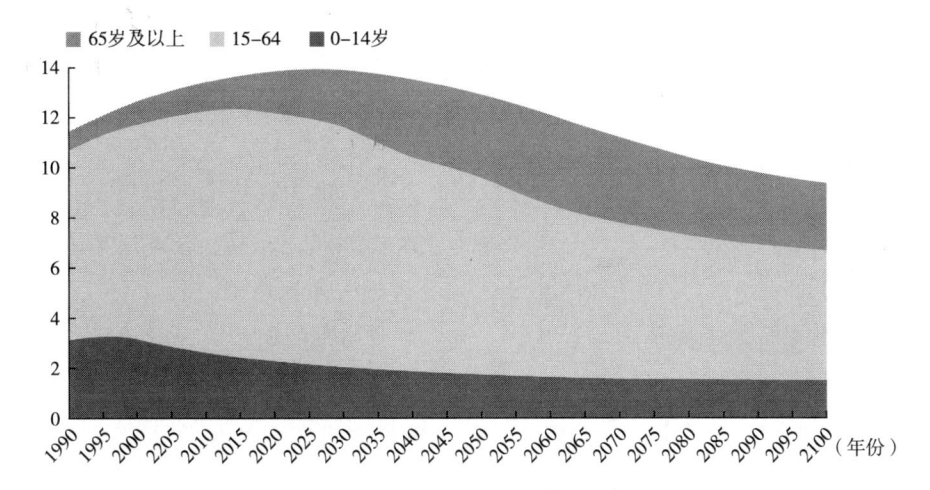

图 1　中国人口规模和构成及变化趋势

资料来源：Population Division of the Department of Economic and Social Affairs of the United Nations Secretariat, *World Population Prospects*: *The 2010 Revision*。

有加班工资及节假日加班费；仅有29.3%的照护人员拥有养老保险（彭红燕、刘友华等，2011）。而1000元的月收入在当地仅能维持基本生活。过低的待遇使得一些失业下岗人员宁可依靠低保救助金生活，外来务工人员宁愿做钟点工，也不愿意从事老人照护工作。

2. 工作强度大

据武汉市的调查，照护人员每周平均工作时间是60个小时左右，每天平均工作时间在9小时以上，有个别养老服务机构每周工作时间甚至高达80小时，几乎所有的照护人员都认为工作强度大（彭红燕、刘友华等，2011）。民营养老机构情况更严重，针对江苏省某市5个民营养老机构的调查结果表明，照护人员平均每人要照顾10-12位老人，他们大多数吃住在养老院，意味着他们的工作时间是24小时，几乎是没有固定休息和工作时间。因为只要老人有需要，他们就随时准备给予帮助，工作负担异常沉重（吴丹，2010）。

3. 缺乏培训机会

尽管我国建立了养老照护人员资格准入制度，但由于没有明确培训的监督管理体系，缺乏培训资金保障，加上照护人员极为稀缺，养老机构不得不放低招聘门槛，同时照护人员流动性大，养老机构也缺乏动机加大培训投入。因此，养老机构中的照护人员多数缺少养老护理方面的正规培训，缺少理论知识的系统学习，导致照护人员只能为入住老人提供基本的生活照料，而无法满足老人心理和健康等多元的照护需求。在武汉市养老机构中，高达55.2%的照护人员从未接受过相关知识培训，36.2%的照护人员只接受过基本的护理知识培训，而仅有8.6%的照护人员接受过综合知识培训（彭红燕、刘友华等，2011）。针对江苏省的调查也表明，在2574个专职照护人员中，高达59%未接受任何培训，仅有41%接受过短期培训（白利民、白婧文，2011）。

4. 结构不合理

照护人员文化程度低，年龄结构老化，无法建立起结构合理的照护人员队伍。老年照护人员除了负责老人日常生活照护工作外，还必须提供各种功能训练、康复护理、健康指导和心理护理。然而，养老服务行业中照护人员文化程度和专业素质普遍较低，年龄结构老化，难以承担日趋复杂的老人照护工作。①照护人员整体文化程度偏低。根据对武汉市养老机构的调查，在1897个照护人员中，文盲占了7.6%，初中和小学学历的占了61.9%，中专和高中的占25.9%，而专科和本科及以上合计仅占4.6%（彭红燕、刘友华等，2011）。针对江苏省城市养老机构的调查表明，在2574个专职照护人员中，68%只有小学及以下学历，拥有初中和高中学历的为31%（白利民、白婧文，2011）。②照护人员年龄结构老化。年龄结构老化也影响了照护人员照护技能的进一步提升。如针对江苏省的调查表明，76%的专职照护人员的年龄在45岁及以上（白利民、白婧文，2011）；武汉市的统计结果也表明，58.5%的照护人员在41-50岁，16.9%的照护人员年龄超过了50岁（彭红燕、刘友华等，2011）。

此外，照护行业社会认可度低，缺乏职业荣誉感也影响了照护人员的稳定性。在中国传统观念里，伺候老年病人工作"不体面"，因而在社会上难以得到尊重；同时，接受照护的老人和家庭也经常把照护人员当佣人使用，对其缺乏必要的尊重和理解，这些都导致照护人员缺乏职业荣誉感，因此，不愿意从事老人照护工作。

二 国外解决照护人员短缺的干预措施

近年来发达国家采取了一系列干预措施解决照护人员短缺问题。主要措施包括提高薪酬福利、提供职业发展机会、改进管理、拓展潜在的照护人力资源以及进行综合性干预。研究表明，这些措施改善了养老服务中照护人员的供给状况。就薪酬福利干预措施而言，美国通过对社区照护人员工资进行财政补贴降低了其流动率（Powers and Powers，2010）；提供医疗保险改善了照护人员的招聘满意度和工作稳定性（Berliner，2004）。就职业发展干预措施而言，培训提升了照护人员的满意度和工作稳定性，减少了照护人员的流失（King and Parsons et al.，2011）。就管理改进干预措施而言，建立家庭、照护人员和照护机构的"照护伙伴关系"，改善三者的关系提高了照护人员的工作满意度，减少了照护人员流动（Haesler and Bauer et al.，2010）；对养老院照护人员进行赋权增进了其和管理层的交流，有助于照护人员的稳定（Yeatts and Cready，2007）。就拓展潜在照护人力资源而言，美国州政府积极推动以消费者为导向的照护计划，该计划允许被照护者使用医疗救助和医疗保险基金自行决定聘用照护人员，结果表明原来提供非正式照护服务的家庭成员也加入到正式照护队伍中来，扩大了照护队伍的潜在规模（Simon-Rusinowitz and Loughlin et al.，2010）。低收入老年工人对在社区从事老人照护工作有较大兴趣，尤其是服务管理和情感支持工作，他们经过适当的照护知识培训可以成为解决照护短缺问题的潜在人力资源（Hwalek and Straub et al.，2008）。此外，有些国家采用了综合性干预措施。如在美国采取了改善管理、培训、薪酬和职业发展等综合性干预措施，有效降低了照护人员的流动率（Dill and Craft Morgan et al.，2010）。在新西兰，采用培训、社会支持的强化、工作安排弹性的增加等综合性干预措施提升了居家照护机构的照护人员工作满意度，降低了流动率（King and Parsons et al.，2011）。

三 养老服务中照护人力资源开发机制

解决养老服务中照护人员供求失衡的矛盾，一方面需要减少照护需求，另一方面需要增加照护人员的有效供给，照护人力资源开发兼具上述两种功能，它既可以通过健全激励机制增加照护人员的供给，又可以通过培训认证机制提升照护人员的素质，这有助于提高服务质量，进而改善老人的健康状况，提高生活自理能力，从而降低照护需求。

（一）健全激励机制

目前亟待健全照护人员激励机制：①建立薪酬福利保障机制，通过财政手段，进行岗位补贴、公益岗位开发以及社会保险补贴等，确保照护人员获得有竞争力的薪酬福利；②建立职业晋升机制，即设置照护职业资格等级制度，解决照护人员职业生涯黯淡问题；③建立照护时间银行，即设立虚拟时间银行，将志愿者参与老人照护服务的时间存进时间银行，当志愿者年老需要照护时就可从中支取"被服务时间"，目的是解决志愿服务激励不足问题。

（二）建立多层次的照护人员培养机制

结合解决就业问题，初步设想建立四个层次的照护人员培养机制：①照护管理者，主要面向接受过大学和职业院校教育的护理或社工相关专业的未就业大学毕业生和研究生，并需要经过3－5年照护工作实践并取得照护管理资格认证；②中高级专业护理人员的职业教育，包括面向高中毕业生的高层护理人员职业教育（大专）、面向初中毕业生（可以吸纳大量的新生代农民工和农民工成年子女）的中级护理人员职业教育（中专）；③准专业照护人员，面向一切适龄、愿意从事护理工作的人员的职业准入培训，主要是面向40－50岁的失业人员和进城的农村中年妇女；④非正式照护人员培训，主要面向家庭成员、亲友和社区低龄老人及志愿者等非正式照护者提供基本的照护知识培训。

在培训内容上，照护管理者、中高级专业照护人员，以完善知识结构为主，加强老年医学和老年护理学的基本理论和技能的培训以及老年心理学、老年社会学等人文科学知识的学习，提高实施整体护理的能力；准专业照护人员和非正式照护人员则以基本的护理知识及生活照料技能的培训为主，使他们在基本护理理论知识的指导下，为老年人提供规范、合理的生活照料。

（三）健全治理机制

政府通过健全治理机制，发挥政府、社区组织和养老机构等在照护人力资源开发中的能动作用：①政府通过财政补贴、监管和政策法规建设等方面的能动作用，推动养老机构、非营利组织、企业和职业院校等在养老服务人力资源开发上进行积极投入；②探索建立跨部门的合作机制，照护人力资源开发涉及劳动与社会保障、卫生、民政和财政等多个行政部门，因此需要在理清各部门职责的基础上，建立跨部门的协作机制；③对社区自治组织赋权，使社区自治组织在照护劳动力市场建设和规制上发挥关键作用，包括参与到照护供需信息集散、照护就业岗位开发、服务质量监督和照护人才培养的相关决策和组织实施的全过程中。

参考文献

1. Stone, R. I., S. L. Dawson & M. F. Harahan. 2004. "Why Workforce Development Should be Part of the Long–Term Care Quality", *Alzheimer's Care Today* 5.1, 52–59.
2. 全国老龄办，2007，《中国城乡老年人口状况追踪调查》。
3. 郭志刚，2008，《中国的低生育水平及其影响因素》，《人口研究》第7期。
4. 穆光宗，2007，《独生子女家庭非经济养老风险及其保障》，《浙江学刊》第3期。
5. 国家统计局，2002，《中国2000年人口普查资料》，中国统计出版社。
6. 曾毅、郭志刚、杜鹏、蒋承，2010，《老年人口家庭、健康与照料需求成本研究》，科学出版社。
7. 杜鹏、丁志宏、李全棉、桂江丰，2004，《农村子女外出务工对留守老人的影响》，《人口研究》第6期。
8. 叶敬忠、贺聪志，2008，《静寞夕阳——中国农村留守老人》，社会科学文献出版社。

9. 彭红燕、刘友华、邓荆云，2011，《武汉市养老服务机构护理人员调查与思考》，《中国民康医学》第 1 期。

10. 吴丹，2010，《民办养老机构人力资源管理问题探究——基于江苏省 C 市 T 区的实证调查》，《社会工作》第 009 期。

11. 白利民、白婧文，2011，《江苏省养老护理人员现状调查分析》，《中华护理教育》第 7 期。

12. Powers, E. T. & N. J. Powers. 2010. "Causes of Caregiver Turnover and the Potential Effectiveness of Wage Subsidies for Solving the Long – Term Care Workforcecrisis", *The Journal of Economic Analysis & Policy* 10. 1, 1682 – 1935.

13. Berliner, H. S. 2004. *Home Care Workers Health Insurance Demonstration Project: Final Evaluation.* New York City: New School University.

14. King, A. I. I., M. Parsons & E. Robinson. 2011. "A Restorative Home Care Intervention in New Zealand: Perceptions of Paid Caregivers", *Health & Social Care in the Community* 20. 1, 70 – 79.

15. Haesler, E., M. Bauer & R. Nay. 2010. "Recent Evidence On the Development and Maintenance of Constructive Staff – Family Relationships in the Care of Older People – a Report On a Systematic Review Update", *International Journal of Evidence – Based Healthcare* 8. 2, 45 – 74.

16. Yeatts, D. E. & C. M. Cready. 2007. "Consequences of Empowered CNA Teams in Nursing Home Settings: A Longitudinal Assessment", *The Gerontologist* 47. 3, 323 – 339.

17. Simon – Rusinowitz, L., D. M. Loughlin, R. Chan, K. J. Mahoney, G. Martinez Garcia & K. Ruben. 2010. "Expanding the Consumer – Directed Workforce by Attracting and Retaining Unaffiliated Workers", *Care Management Journals* 11. 2, 74 – 82.

18. Hwalek, M., V. Straub & K. Kosniewski. 2008. "Older Workers: An Opportunity to Expand the Long – Term Care Direct Care Labor Force", *The Gerontologist* 48. Spec No. 1, 90 – 103.

19. Dill, J. S., J. Craft Morgan & T. R. Konrad. 2010. "Strengthening the Long – Term Care Workforce: the Influence of the Win a Step Up Workplace Intervention On the Turnover of Direct Care Workers", *Journal of Applied Gerontology* 29. 2, 196 – 214.

略论老人机构照顾服务资源网络建构

——以南京市为例

李 娟[*]

摘 要: 目前机构照顾存在各种资源困境,影响养老机构发展。本文首先提出机构照顾服务资源网络概念,介绍了资源网络内涵、资源网络建构策略及其影响因素。然后运用南京市36家养老机构的个案访谈资料,描述了养老机构通过资源开发、连接和整合初步建构服务资源网络的过程,指出这一现象所具有的现实意义。研究认为,老人福利机构自主开发资源、建构服务资源网络的行为对于解决养老服务资源困境,形成资源协调整合机制,提升组织竞争力具有重要意义。

关键词: 老人福利机构 机构照顾 福利资源 资源网络

一 问题的提出

20世纪60年代,在欧美出现了"去机构化运动",意在批评机构照料不够人性化,缺乏隐私,与社会隔离不尊重人权等,并倡导"以社区为中心的服务"(Community - centeredservice),社区照顾理念应运而生,并一度成为欧美各国社会政策改革的方向标。在老人服务领域,机构照顾的本质也发生了一些变化,医疗卫生照顾服务成为机构照顾的主要形式,养老机构也成为更大型的医疗卫生服务机构,服务对象缩减至很小的领域,主要包括接受付费服务的身体衰弱的老人。但这并不意味着机构照顾的衰

---

[*] 李娟,江苏师范大学法政学院社会学系讲师。

退,实际上,在某些高福利国家如意大利、荷兰等,机构照顾一直是社区照顾的一部分,特别是随着开放式院舍照顾,以及日间照护服务的发展,机构照顾与社区照顾变成只是场所的差别,住院的老人可以走出院舍,融入他生活的社区(苏珊·特斯特,1996:10-11)。可见,两者并非有泾渭分明的差别,只看受照顾者是否在其熟悉的社区生活。

中国目前的社区居家照顾服务正在试行阶段,但由于社区组织发展不充分,社会支持网络缺乏,特别是护理行业发展不充分导致社区照顾陷入发展困局。有些地区甚至在探讨机构与社区照顾"联姻"的问题,这一现状引发我们思考机构照顾与社区照顾服务资源对接的可能性。中国的机构照顾是在家庭照顾和社区照顾不足的背景下发展起来的,目前大多数养老机构已经转型为民营机构,大量个体或合资法人将私人财产投资到公共领域,为解决政府财政负担,提高服务效率,促进服务专业化贡献了力量。其服务功能齐全,也不限于西方照顾机构提供的康复医疗卫生服务,还包括生活照料、心理关爱、休闲娱乐,甚或临终关怀等服务。从目前入住对象来看,包括了从完全自理到各种类型的身体失能老人(何文炯、杨翠,2008)。要想发挥机构照顾的优势,同时利用社区资源便利,为老人提供更为人性化的服务,机构照顾服务支持网络建构十分必要。

近年来,有不少对养老机构发展现状的研究文献,例如常宗虎(2003)、陈功(2003)、阎青春(2008)等人通过调查,认为机构照顾服务存在功能定位不清、服务管理水平低、从业人员的服务技能参差不齐、医疗护理纠纷多等问题,便是在探讨养老服务机制和资源困境方面的问题。其次,有些研究从服务资源分配现状出发,探讨福利资源在公办与民办机构之间分配不均的问题,并从制度层面探讨如何有效配置福利资源(鲍柏焕,2007)。张良礼(2006)提出关注养老服务市场供需失衡、地区发展失衡问题,并提出加强组织间协调合作,建立政府、社区、社会组织三方合作模式以解决该问题。孙炳耀(2001:229-231)探讨了组织发展的外部机制问题,提出成立福利服务行业协会的设想。从上述研究来看,学者们都试图阐述养老机构发展面临的内、外部资源困境,强调通过社会服务主体的参与完善照顾服务功能,实际上都涉及服务资源及网络建构议题。但对养老服务组织自身的发展需求、服务支持系统、组织间合作行为的考量较少,更缺乏以资源视角探讨机构照顾服务网络建构的文献。

随着高龄社会人口结构变化,4-2-1家庭增多,妇女劳动力增加,家庭无法发挥照顾功能。其次,随着年纪增长,老人身体机能老化,患病的几率也在增加,家庭无法独自承担照护服务。机构照顾将扮演重要角色,以提供专业完善的医疗、护理、康复与社会支持功能,填补家庭照顾不足。目前机构照顾存在上述各种资源困境,如何构建专业的服务资源网络,将老人服务的各主体——机构、志愿团体、专业组织、政府等资源加以开发和连接将关乎养老服务事业的未来。本研究在收集实证资料的基础上,试图从组织理论视角出发,探讨老人福利机构"资源网络建构"的内涵及运作,通过机构照顾所需资源连接及资源整合等个案分析,提供机构照顾的经验积累。

二 资源网络内涵

(一) 资源

资源网络包括资源与网络两方面。养老机构作为养老服务组织,其生存发展必然以资源做支撑。王思斌(1999)提出过"养老资源"的概念,是指对养老起保障作用的各种资源,除传统概念上的人力、财力(资金)、物力(设施)外,还包括资金、物品、服务、机会、关照和支持气氛等。穆光宗(2002)从代际关系视角将"养老资源"解读为"代际财富流",包括情感资源、经济资源、时间资源和服务资源几个方面。柴效武(2005)对养老资源的含义和内容做了详细探讨,将养老资源划分为经济资源、环境资源和制度资源。上述研究分别从功能的、微观的和宏观的视角对养老资源做了有价值的探讨,但对不同养老模式所需具体资源并没有详细探讨。陈景亮(2012)按照对机构养老产生作用的条件,将机构养老资源分为制度资源、经济资源、社会资源、文化资源以及自我资源五类,并分析了养老资源体系存在的诸种问题。但此概念指涉整体服务,未涉及养老机构发展所需的互动资源。

本研究根据各学者对资源的分类及实证调查资料,将机构照顾资源区分为专业资源、公共资源以及协助资源(见表1)。专业资源包括有助于机构服务发展的各种资源,包括专业服务资源(康复照料、医疗保健、文化娱乐、法律维权等)和专业人力资源(医技人员、护工、社工、物理和心理治疗师、法律咨询人员等)。公共资源包括为解决机构服务困境所提供的资源,主要是政府行政、卫政部门提供的人力、物力、财力及政策服务。协助资源包括地方资源(志愿组织、亲友或社区提供的资源),行业协会和同业组织提供的照顾服务资源。

表1 老人福利机构的资源分类

组织层面	资源分类
专业资源	专业服务资源(照顾、卫生、医疗、康复、法律维权) 专业或跨专业人力资源
公共资源	政府行政资源、医疗卫生部门提供
协助资源	行业协会、同业组织提供 社区资源(亲友或邻里提供) 志愿团体提供

(二) 网络

近年来的研究谈到老年人照顾服务网络,主要有两类较常使用的概念,其一是社会支持系统,通常将老年人社会支持网理解为老年人支持系统中的各种关系网,是服务供给者的"子集合"。学者徐勤(1995)将老年人的社会支持系统划分为正式社会支持系统和非正式社会支持系统,前者包括政府、各级组织、机构、企业、社区等正式组织给予的工具性支持,后者主要指来自非组织的家庭成员、邻居、朋友、志愿者等的情感性支持。李松柏(2002)将养老社会支持系统划分为国家和政府、社区、社会组织和社会团体三大层次,认为家庭和个人是养老事业的具体支持者、对象和受益者。其二是社会网,主要指给老年人提供赡养支持的人构成的关系网络。这一概念从网络分析视角探讨老年人获得的社会支持。贺寨平

（2002）提出支持网主要指由支持的人构成的关系网络，包括网络规模、结构、特征。蒲新微（2007）提到家庭养老的"赡养支持网"，它包括子女、亲戚以及老年人自身。

由上述分类可知，不管是社会支持系统，还是社会网都是依循网络分析传统，只不过社会支持系统强调不同服务主体的支持功能，而社会网更注重网络的结构性特质。网络分析有个体、组织和集群三个层次，以上分析基本都基于个体层次。本研究主要探讨组织层次的服务网络。组织间的网络关系是由两个或两个以上的组织，与其外部环境达成特定的结构网（田永贤，2008）。20世纪90年代以来，组织间网络特别是合作网络（Co-operative Network）成为组织创新与绩效提升的一种有效形式。合作网络包含了政府间合作、公私伙伴关系及社会间合作等多种形式，它是各行为主体基于信任、认同所结成的长期关系。

就养老服务而言，养老服务供给主体由政府、市场及非营利组织组成。政府作为老人福利资源提供的主体，在财政支持、人力分配、组织管理、政策制定方面发挥重要作用，是老人福利组织重要的资源连接对象。养老机构与政府的关系体现为寻求政府在资金、人力和物力及政策方面的支持。市场作为老人福利资源的来源，承担着提高效率，降低成本，增加服务的多元化和消费者的选择性，以及替代官僚体系服务的职能（Loney，1988）。福利组织与市场的关系则体现为拓展市场的竞争行为。老人福利机构与同业组织、协力组织（如社区志愿组织）、中介组织（如福利协会、基金会）之间的关系则属于专业或跨专业的分工与协作。从组织间关系来看，资源网络就是养老机构为解决发展问题，所运用的人力、物力、财力或是无形资源等社会支持网络，进行组织间合作与资源整合的过程。

从网络建构策略来看，养老机构服务网络建构就是对嵌入上述服务输送体系中的资源进行开发、连接、整合的过程。"资源开发"是养老机构为增强竞争力所进行的资源网络建构方式，是组织在获取专业资源时，通过市场手段进行的对外关系发展，包括养老机构在服务内容拓展、服务对象选择、服务功能定位及服务推广方面所进行的资源发掘和创新。"资源连接"主要包括养老机构与政府之间纵向的行政资源连接。包括如何寻求政府在资金、人力和物力及政策方面的支持,以及与卫政、行政窗口对接过程中建立的各种关系。"资源整合"是服务的系统化、网络化,包括养老机构在寻求资源的过程中,与行业协会、同业组织及社区之间进行的专业或跨专业的分工与协作。

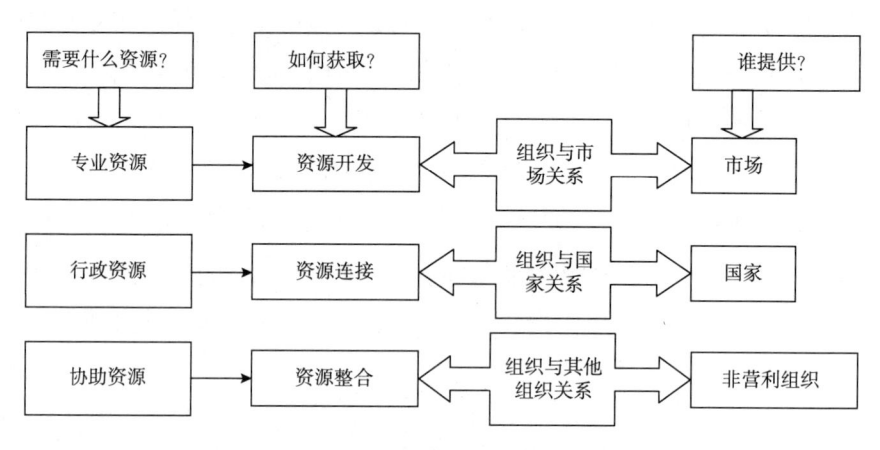

图1 机构照顾服务资源网络建构

三 影响机构照顾服务网络建构的因素

在缺乏多方面资源的情况下,组织可以透过合作网络建构来取得资源。然而,组织间网络关系的建构不是无故发生的,它有一定的发展脉络。加拉斯凯威(Galaskiewicz,1998)指出,组织间产生合作网络的正当理由有:资源获得与分配,形成联盟进行政治倡导,争取利益,并受到大众认可。还有些学者指出,组织网络形成是为了知识分享与学习,降低资源依赖与交易成本,以获取规模经济并分担风险,避免服务中断或失败,以作为接近技术与市场的策略行为。对于机构照顾而言,什么因素促使老人机构建立合作网络?以下有一些理论解释。

资源依赖理论认为,组织面对有限资源,为维持运作及达成目标,与外界建立合作关系是其主要策略。菲佛与萨兰西克(Pfeffer & Salancik,1978)提出资源拥有者对于资源流向与配置具有深厚的影响力,对其他想运用或获取类似资源的组织更具影响力。组织所拥有的资源及关键程度不同，会使组织在组织间关系中占有不同的权力位置而产生不同的影响力。制度学派的观点强调组织所处的外在环境资源条件并不是影响组织生存发展的唯一要素。迪马乔与鲍威尔（Dimaggio & Powell, 1983）认为，效率要求会影响组织的生存与发展。组织为了生存，除了对资源缺乏或利益最大化进行考量，组织的合法性基础（管理和技术）也是组织寻求合作的考量因素。以社会资本的观点来看，布迪厄（Bourdieu, 1986）认为，社会资本是指实际或潜在的资源集合，由相互认同或认同的持久性网络构成。科尔曼（Coleman, 1988）认为社会资本是一种存在于关系中的资本。波特斯（Portes, 1998）指出社会资本代表的行动者通过成为社会网络成员的方式来确保其利益。那哈皮特和戈沙尔（Nahapiet & Gihoshal, 1998）认为组织在一定的规范引导下，会建立起密切的社会关系，这样的社会关系有利于组织提升竞争优势。

综上所述，从老人福利输送体系和组织间的关系来看，资源网络就是组织间相互关联的意义系统，是为资源协商所提供的结构和机制。资源依赖观点说明组织间合作的重要性，其中权力因素对组织网络建构机制运作具有决定性影响，同时也会凸显组织在资源网络中的位置。制度学派关心的是环境对组织的影响，强调脱离资源依赖及交换的思维定式，说明资源网络建构的稳定性与持续性有赖于组织间的共同使命及其对合作文化的认同。而社会资本理论观点更指出，建构"关系网络"是组织发展的重要策略，组织对其所在的社区与其他组织关系网络越具有认同、信任感，对组织发展越有利。

四　样本概况

本研究的调查时间为2010年6月至9月。截至调查时间，南京市共有老年福利机构245家，床位数2.3万张，平均每千名老人拥有床位约23张。其中政府办79家，共有床位数10476张，占总床位数的44.2%；社会办166家，床位数13241张，占总床位数的55.8%。

本研究采取整群抽样法随机抽取了 36 家养老机构,将其按规模分为大型养老机构（床位数＞100 张）共 13 家,中型养老机构（床位数为 50－99 张）共 9 家,小型养老机构（床位数＜50 张）共 14 家。这 36 家养老机构共有床位数 1996 张,入住老人 1486 人,入住率为 74%。

本研究通过半结构式的问卷调查法,对 36 家养老机构的主要管理者进行了问卷调查和访谈。调查内容包括以组织为主体对社会资源的聚合方式,也即组织资源开发、资源连接及资源整合现状。

五 机构照顾服务资源网络建构个案分析

（一） 资源开发

"资源开发"是养老机构为增强竞争力所进行的资源网络建构方式,是机构在获取专业资源时,通过市场手段进行的对外关系发展。从专业资源的获取方式来看,在调查的 36 家养老机构中,具有医疗资质,能提供医疗康复服务的只有 5 家（占 13.9%）。这与目前南京市未对养老机构进行服务功能定位,大多养老院没有医疗资质,不能满足老人的医疗康复需求有关。为克服这类困境,有 26 家养老院在选址上都考虑了临近医院的位置,以便与医院签订医疗服务协议,以"定点医疗"的形式解决老人医疗护理问题。

为拓展市场,争取更多的消费者,36 家养老机构均采用了现代化的资讯手段进行服务宣传推广。静态的有发行刊物、发放宣传品、建立资源档案；动态的有举办专家座谈、运用人脉关系、开展社会调查。"电视广告、开办网站、公交车广告、电视节目、冠名电台栏目、宣传单、网络采访"等是最主要的宣传策划形式。有两家养老机构还专门成立了营销部,进行服务宣传和品牌化服务推广,试图通过市场手段发展对外关系。组织理论认为,组织嵌入在社会网络和制度观念中,在组织资源有限的状况下,组织会创新运行机制以打破资源困境,或者约定俗成地采取模仿性的市场行为。养老机构开拓市场的行为便是利用市场手段打破结构限制,发展对外关系的过程。

养老机构要发展服务，人力是必要条件。目前养老机构的从业人员主要分三类：管理人员、医技人员、护工①（包括勤工）。作为自主经营的组织，人力都需要通过市场招聘，从人力资源结构来看，在所有从业人员中（N=140），医护人员来自正规院校的毕业生占24.3%，其他具有职业资格的医技人士（包括心理康复和诊疗师）占6.8%，而护工多是单位改制后原单位人员，占26.2%，下岗职工占2.1%，离退休人员占8.3%，社会招聘人员占14.6%，外来打工人员占7.8%。数据显示，专业护工和医技人员十分匮乏，而勤工中通过社会招聘的也只占22.4%，大多从业人员都属于"内部消化"或"熟人介绍"。而护理和医技人才市场紧俏，需向市内医学类高校"提前预约"人才。

据管理者称，"医生、护工不足，招聘困难"是大多养老机构面临的困境，更高级的专业护理人员，如专业物理及心理治疗医师、跨专业的社工师、营养咨询人员及律师等人力配备更是薄弱。为了克服市场供给不足的困境，管理者采取主动与附近高校或企事业单位建立联系，积极动员可及的社会资源的方式。其中A机构还同时与三所高校联系，成为该校社工专业学生的实践场所。有五家养老机构在人才市场常年设置专业招聘岗位，收集人力信息并同步进行宣传。

从养老机构发展对外关系的努力中可以看出，组织资源网络的建构，一方面是市场需求推动的结果，另一方面也是组织为谋求发展，实现组织目标主动开发资源的过程。在社会福利领域，民营组织提供福利的功能包括创新和解制（deregulation）（詹中原，1994：14-15），民营养老机构更擅长于吸收市场化服务的价值理念，在服务领域也更具弹性和创造力。在专业资源十分有限的状况下，养老机构采取的创新性的市场行为便证明了此论点。但由于面临公办养老机构服务资源垄断的冲击，服务市场（服务对象人口）彼此重叠，也会出现"同行削价竞争"现象，造成老人流失，

---

① 有些养老机构的护工和勤工不分，所谓护工就是勤工，据管理者称因为护工只需要一定的生活经验和家庭护理经验就可以胜任工作。

入住率不稳定等困境。

(二) 资源连接

"资源连接"主要指养老机构与政府之间纵向的行政资源连接,包括如何寻求政府在资金、人力和物力及政策方面的支持,以及与卫政、行政窗口对接过程中建立的各种关系。受组织外部环境制约,在专业资源有限的状况下,组织必然谋求与外界建立合作关系。在市场机制不成熟的状况下,民营机构要获得发展必须有政府支持。在物质领域,政府支持项目包括设施建设规划、土地划拨、房屋租购。在南京城区,土地供应不足、价格高,可用的房屋设施有限,这成为制约民营机构发展的重要因素。为"争取"政府支持,获得经费补助,养老机构往往通过扩大规模,拓展管理服务领域争取政府支持,如获得"省级示范单位"的标签,或按照与政府合作的条件进行组织管理,保守服务信誉,健全财务制度等。另一方面,政府为推行社会化养老服务,也力主开发社会资源,加强与驻区企事业单位联系,为有服务能力的民营机构寻求可利用的资源。

在资金领域,政府支持项目包括补助金、生产成本补助、贷款、免税四种形式。但目前实际的资金支持仍然十分有限。在37家机构融资中,国家投资的比例占8.64%,集体投资的比例占24.72%,私人的投资占63.89%,其他社会投资仅占2.83%。也就是说,在机构投资中自筹资金比例较大,而国家在整个投资结构中份额很少。从民营机构的日常收入来源构成看,"靠收取入住老人费用"的占95.40%,"靠政府财政拨款"的占3.92%,"靠其他来源"的只占0.54%。也就是说私营养老机构的初期投资主要是自筹资金,其运营也是自负盈亏。但民营机构的管理者却认为,"政策性拨款比社会捐款更稳定",努力争取政府资金补助是解决资金困难的途径之一,"特别是争取固定资产投入等实物补助"。在考察民营组织与政府合作行为中笔者发现,管理者同时是政府雇员的只有两家,但有社会兼职的管理者却有10家,这些管理者往往能够利用自身的社会关系为本机构谋利,如有三家养老机构的管理者分别兼任老年协会会长、某国企职工医院退休院长、省民革成员等,其在拓展场地、获得设备更新或补充,以及创新服务项目方面就较有优势。

在人力支持方面,劳动部门和民政部门对人力资源培训、管理具有绝对的主导权。养老机构的所有从业人员(包括管理者、医技人员、护工)必须首先在劳动部门备案,备案认可后方可参加培训,由民政部门确定教材,安排师资进行培训,培训结束以后劳动部门组织考试,取得相应资格后方能上岗。对管理人员的培训,则主要由民政局委托社会福利协会组织实施,内容以境外参观学习为主,而管理者能否获得培训机会,取决于其个人社会关系的"强、弱"程度。也就是说,在纵向的资源动员过程中,一部分靠主动与政府配合,"主动要求接受民政部门管理";另一部分要依靠管理者个人通过社会资本力量争取,需要"主动接触,搞好关系"。

在政策领域,民营组织与政府的合作主要在计划立项、财政补贴、减免税等方面。调查发现,在政策实施过程中,由于信息资源不对称,政府的补贴政策往往倾向大型养老机构(床位数 > 100),而小型机构(床位数 < 50)的管理者对政策资源连接较被动,有些管理者甚至对"民办公助"政策不甚了解,"还不知道怎么拿补贴","民办公助怎么个助法,还没有拿过"。正如民政局某主任所言,"在民办公'助'对象选择上会适当偏向大型机构,……因为大型机构服务质量有保证,接纳老人多,投资贡献多,我们找它投入才有保障"。大型养老机构大多由事业单位转制,或采取 NGO 与企业联办等方式,与政府存在或多或少的关联。事实上,政府也依赖养老服务机构,由于政府服务供给能力有限,政府在有限的经费补助、委托服务、购买服务的尝试下,必然依靠"民办"养老机构在资源领域、服务领域的相互协作,特别是大型养老机构的绩效往往成为政府执政能力的体现。

可见,政府掌握的行政资源是影响养老机构生存发展的关键性资源,会影响养老机构对资源的获取,而政府一方面凭借其权力实现对资源流向的控制,另一方面也依赖养老机构的绩效表现来达成政策目标。正如爱默生指出的,权力和依赖总是相互依存的,组织在建立领域(网络位置)的同时获取了依赖性(Emerson,1962:31 - 40)。

(三) 资源整合

"资源整合"是服务的系统化、网络化，包括养老机构在寻求资源的行动过程中，与行业协会、同业组织及社区之间进行的专业或跨专业的分工与协作。养老机构与同业组织、行业协会及社区之间形成了一种多元互动关系，因而使得彼此之间的合作内容十分复杂。但对于养老机构来说，要获得连续性的照顾资源，势必要建立同业间的合作网络。调查显示，同业间的合作内容十分有限，只在观摩学习、老人转介两方面。有16家养老机构与兄弟机构建立了合作关系，如江宁区B公寓陈院长已经与海南、北京、珠海等地的多家养老机构建立了互助网络，向老人开展会员制服务，实行所谓"流动式养老"。而机构之间的"观摩学习"，也是在政府选定"示范机构"的条件下，主要在硬件设置、服务管理方面的模仿学习。就目前养老机构这种横向关系网络来看，组织间的"规范体系"还未形成，组织间合作的重要性未被充分认识，组织间有限的资源动员取决于组织管理者的个人力量，而非组织合力。

组织行动者参与组织内外的协会，这些协会所建立的社会网络，通常较能建立信任感与沟通协调的机制，以解决劳资方面的争议，并创造有效的治理机制。故组织行动者参与协会，是组织网络建构的策略之一。目前，南京还未成立专门的老年人服务行业协会，如前所述，行业协会的部分功能由政府职能部门替代，但依然有三类协会成为养老服务信息及资源交流的平台。

行业协会作为自愿形成的组织，其作用在于为会员服务、为员工培训服务、提供信息和业务咨询等（孙炳耀，2001）。南京市社会福利协会[①]作为政府的合作者，在养老服务管理方面就承担了上述职能。协会为养老机构提供各种服务，包括组织养老机构的管理者参加培训，发起各养老机构与人寿保险公司的合作，协助养老机构为老人办理意外保险，进行机构评估申请，参与制定政策等。

[①] 由市社会福利院等4家社会福利机构发起，成立于2006年。

其次，医师协会（简称医协）组织专业医师、护理人员召开不定期会议，为专业人员就老年康复护理进行经验交流提供了平台。尽管如某些参与者所说"大多流于形式，谈不上行业间的合作"，但其活动开展为机构发展提供了丰富的信息资源，并促进合作伙伴关系的建立。再次，作为地方组织的老年人协会（归口管理单位是老龄办）也是资源流动的平台。协会主要职能在于协助养老机构举办活动，进行政策宣传和保障老年人的权利。有些管理者对这些资源十分看重，例如 C 养老机构的管理者认为，由老年人协会协助举办的"老年征文书画比赛"和"老年艺术颁奖会"，"对我们进行服务品牌和项目推广作用很大"。

社区资源作为非正式资源，在机构照顾服务网络构建中起到补充作用。首先，养老机构积极利用社区资源便利，将基层组织的社区工作与满足老人需要相结合。例如为社区老人提供免费医疗服务，与社区医疗机构签订合作协议，有些管理者还设想"建立固定'社区医疗点'或'卫生服务站'，提供长期康复医疗和居家服务，将服务推展到社区"。其次，在老人生活服务方面，建立邻里结对，发动离退休人员及热心群众参与志愿服务老人活动，另外通过举办社区老年人活动，如书画展、联谊会，促进老人融入社区，实现"无围墙"养老。再次，志愿者的社会支持也是可动用的社会资源。调查发现，26 家养老机构（72%）与民间"社工站""义工网"[1] 建立了合作关系，例如玄武区老年公寓作为"南京义工"的服务网点，除接受义工服务外，每年出资定期组织两次义工交流活动，采用定期联系汇报、联合举办社区活动的方式加强联系。但是，由于目前民间志愿团体发展不足，现有的社工协会"各自为政、不成体系"，义工持续性较差，民营机构赖以合作的社会资源十分缺乏，往往是"一头热，不能很好满足机构照顾需求"。

---

[1] 南京有四个较大型的民间公益慈善团队：南京义工联、南京义工网、社区爱心之旅、萤火虫助残社，它们依靠西祠胡同这个平台募集公益资源，参与者多为上班一族的白领人士，也有学校志愿服务的学生群体，长期服务者有 100 多人。

六 结论与讨论

本研究是对机构照顾服务资源网络建构的探索性研究。机构照顾服务网络不是一个静态的结构，而是一个动态的建构过程，体现为以养老机构及同业、市场、政府、社区组织为"节点"，通过资源开发、连接与整合构建组织网络的过程。研究表明，彼此交换是组织解决生存困境，从网络中摄取资源的途径之一。组织资源网络的建构，可通过正式的方式，如与政府行政资源对接、参与行业协会、与同业组织合作的方式，也可通过与非正式志愿服务、社会团体互动的方式。从案例分析可知，机构照顾服务资源网络的功能包括获取服务信息、创新和拓展服务项目（基于资源开发过程），获取稀缺资源、创造资源协商机制（基于资源连接过程），创建资源流动平台、提高管理效率、整合社区资源（基于资源整合过程）。

基于以上养老服务组织突破困境的努力，对于养老机构的发展我们可以做如下讨论。

其一，在组织资源网络建构过程中，应重视同业组织之间的互惠合作网络的建立。从组织资源开发和资源整合的过程可知，组织的"共同目标"意识十分模糊，组织对合作信任的感知较迟钝，甚至出现了"同行相贬""排斥大于合作"的现象，体现在服务竞价及服务对象选择方面，在一定程度上阻碍了组织间关系的建立。利亚娜和范布伦（Leana & Van Buren, 1999）认为，塑造新的"合作文化""共同规范"，将有助于跨组织或跨专业服务网络的凝聚。在老人照顾服务领域，能否形成组织的共同目标，实现资源组合与交换，取决于组织互惠规则能否建立。按照组织理论，只有发展组织间特别是同业组织间的长期伙伴关系，形成善用资源的协调机制，才能提升组织竞争力。

其二，在资源网络建构过程中社区内的社团组织可以发挥重要作用。机构照顾涉及多方资源的整合，要求建立具有协调整合机制的服务网络，不仅要求相关服务资源的连接，还要求资源网络的开发以及各组织间合作协调，以及运用社会工作、个案管理等社区工作方法。义工和专业社工团队、老年人协会、社区服务中心等社区组织具有吸纳、筹集、整合与分配的中介功能，能够发挥客观的资源动员能力。在养老服务机构自身能力有限的状况下，社区自治组织的连接方式，能克服组织内外部资源困境，协助养老服务机构成长。

其三，建构资源网络对于组织发展具有决定性影响，或许可以提升组织的独立性。在政府主导配置服务资源的现状下，养老机构采取资源依赖路径，通过社会资本力量获取政府行政资源支持，与政府关系越密切，往往越能获得所需资源。就长期发展而言，建立老人福利机构与同业组织及其中介组织（福利协会、慈善总会、各类基金会）之间的资源网络系统，将会有利于养老服务组织信息资源的交换与发展，提升组织独立性，促进其公益性目标实现。

综上所述，本研究通过实证资料展示了养老服务组织间合作的内容与功能，呈现了组织冲破资源困境，开展组织合作，建构服务资源网络的初步尝试。由于资料有限，本研究对于组织特征、组织资源网络间的关系结构特征并未深入探讨。尽管如此，随着机构照顾服务特别是民营养老机构的各种服务形式推陈出新，种种迹象表明，机构照顾已经成为一种产业生态，机构照顾各服务组织间的合作网络建构已经是大势所趋。以组织间互惠合作网络的建立搭建资源信息交换平台、构建服务规范体系、创新和拓展服务项目的雏形已经显现，它将最终改变养老服务体系的运行机制，并影响其对资源的聚合。

参考文献

1. 苏珊·特斯特，1996，《老年人社区照顾的跨国比较》，周向红、张小明译，中国社会出版社。
2. 何文炯、杨翠，2008，《优化配置 加快发展——浙江省机构养老资源配置状况调查分析》，《当代社科视野》第1期。
3. 常宗虎，2000，《怎么看怎么办？——养老机构入住率情况的调查与分析》，《中国民政》第9期。
4. 陈功，2003，《我国养老方式研究》，北京大学出版社。

5. 阎青春，2009，《四种居家养老服务模式的"利"与"弊"》，《社会福利》第3期。

6. 鲍柏焕，2007，《社会福利社会化背景下养老机构发展研究：以浙江民办养老机构为例》，浙江大学博士论文。

7. 张良礼，2006，《应对人口老龄化——社会化养老服务体系构建与规划》，社会科学文献出版社。

8. 孙炳耀，2001，《福利服务行业协会探索：沪港社会福利服务行业组织比较研究报告》，载杨团《社会福利社会化：上海与香港社会福利体系比较》，华夏出版社。

9. 王思斌，1999，《中国社会保障体系的建构》，山西人民出版社。

10. 穆光宗，2002，《家庭养老制度的传统与变革：基于东亚和东南亚地区的一项比较研究》，华龄出版社。

11. 柴效武，2005，《养老资源探析》，《人口学刊》第2期。

12. 陈景亮，2012，《浅析机构养老资源体系——以福建省为例》，《南方人口》第1期。

13. 徐勤，1995，《我国老年人口的正式与非正式社会支持》，《人口研究》第5期。

14. 李松柏，2002，《略论养老所需的社会支持》，《西北人口》第2期。

15. 贺寨平，2002，《社会经济地位、社会支持网与农村老年人身心状况》，《中国社会科学》第3期。

16. 蒲新微，2007，《当代社会老年人赡养支持网研究》，《长春理工大学学报（社会科学版）》第2期。

17. 田永贤，2008，《公共服务供给的组织间合作网络》，《东南学术》第1期。

18. Loney, Martin. 1988. *The state or the Market*. Cambridge：Policy Press.

19. Galaskiewicz, Joseph & Wolfgang Bielefeld. 1998. *Nonprofit organizations in an Age of Uncertainty：A study of Organizational Change*. New York：Aldine De Gruyter.

20. Pfeffer, J. and Salancik, G. R. 1978. *The Ex - ternal Control of Organizations：A Resource Depen-dence Perspective*. Harper & Row, New York.

21. P. J. DiMaggio & W. Powell. 1983. "The iron cage revisited institutional isomorphism and collective rationality in organizational fields", *American Sociological Review*, 48.

22. Bourdieu, P. 1986. " The Forms of Capital". InJ. G. Richardson（ed.）. *Handbook of Theory and Research for the sociology of Educatuon*, pp. 241 - 258. New York：Greenwood Press.

23. Coleman, J. S. 1988. "Social Capital in the Creation of Human Capital", *The American*

Journal of Sociology 94.

24. Portes, A. 1998. "Social Capital: Its Origins and Applications in Modern Sociology", *Annual Review of Sociology* 24.

25. Nahapiet, J. & S. Ghoshal. 1998. "Social Capital, Intellectual Capital and the Organizational Advantage", *Academy of Management Review* 23.

26. 詹中原，1993，《民营化政策：公共行政理论与实务之分析》，五南图书。

27. Emerson, Richard M. 1962. "Power–dependence Relations", *American Sociological Review*.

28. Leana C., Van Buren. 1999. "Organizational Social Capital and Employment Practices", *Academy of Management Review* 24.

老年人的现实状况与态度

中国城市老年家庭代际关系研究

——基于北上广等七城数据的分析

零点研究咨询集团　王　佑　陆誉蓉

摘　要：离退职场让老年人的生活重心重归家庭，与子女之间的代际关系成为影响他们生活质量的关键因素。本文基于零点研究咨询集团"2011中国城市老年人生活形态及消费行为调查"采集的北上广等七大城市1125名老年人的相关数据，从居住模式、互助模式、沟通模式三大方面分析老年家庭代际关系的特点及其对老年人生活质量的影响。研究发现，老年家庭代际关系呈现以下特点：①离而不疏，"一碗汤"居住模式成两代人共识；②趋下性，老年人对子女经济再哺，为子女退而不休；③常而不长，两代人沟通频率不低，但时长短。在对比中西差别及分析代际关系对老年人生活充实度的影响的基础上，本文拟以代际关系为分析角度，提出提升老年人生活质量的建议。

关键词：代际关系　经济再哺　退而不休　生活质量

一　研究背景

根据联合国的传统标准，60岁以上老年人口超过总人口数的10%即意味着这个国家或地区处于老龄社会。中国第六次人口普查显示，中国60岁及以上老年人超过1.77亿，占比13.26%。中国已然进入老龄社会，在老龄化最严重的上海，每五个人中就有一个是老年人。

在中国绝大部分行业，年龄跟退休直接挂钩。60岁意味着正式跨入老年期的同时，也表示他们要从职场离退，这对于老年人来说是一个重要的人生转折。有研究表明：离退休对老年人情绪影响最严重，74.9%的老年人因此感受到失落。此外，从职场退场也让家庭在老年人生活中的作用更为凸显，研究老年人的家庭代际关系愈显重要。

为应对老龄化的严峻形势，国务院于2011年9月印发了《中国老龄事业发展"十二五"规划》，强调了老有所养、老有所医、老有所教、老有所学、老有所为、老有所乐的工作目标。

二 文献回顾

代际关系，通俗地说就是指两代人之间的人际关系。代际关系有宏观与微观之分。从宏观角度上看，代际关系是指社会财富和经济资源在不同代次之间的分配、交换、转移和传递的形式，以及不同代次所承担的义务与分享的权利等。微观上则是指家庭内部成员之间的人际关系，包括夫妻关系、亲子关系以及与之密切相关的婆媳关系或隔代的血缘关系，如祖孙关系（王树新，2004）。本研究主要探讨家庭内父辈与子辈之间的亲子关系。具体讲，代际关系的内容涵盖经济支持、生活照料和日常服务的互惠及亲情、情感的沟通和安慰（王树新，2004）。

目前，来自不同领域的学者，如人口学、社会学、伦理学及经济学等，为家庭代际关系的研究提供了不同的视角。综合来看，研究主要集中在以下几个方面：①代际关系中的经济流动。研究一方面探讨父辈与子辈之间的经济权力的更替，同时也以流量的方式讨论老年人与成年子女之间的经济交流。相关研究成果显示：经济流量的主要方向是从子辈流向父辈。换而言之，在老年人与成年子女关系中，以子女经济支持父母为主（郭志刚、陈功，1998）。②代际关系中的日常照顾性互助。其中一些学者（熊跃根，1998）将霍曼斯（Homans）提出的社会交换理论应用于中国家庭代际关系的分析，当然也有一些学者（王跃生，2008）认为家庭代际关系不能单纯地以交换关系去解释，因为完整的代际关系既有抚养－赡养的关系，也有交换关系，两者具有并存的特征。而熊跃根（1998）等学者的定性及定量研究都证明：家庭成员，尤其是子女在老人的照顾中起着重要的作用。此外，近些年来，由于大量空巢老人的出现，不少学者在子女照顾缺失对这一群体的影响方面做了大量理论及实践的研究。③代际情感交流。关于这一方面的研究主要侧重于包括情感交流在内的代际支持对老年人生活质量的影响。如宋璐等（2007）的实证研究证明：经济支持及情感交流对老年人健康自评有积极影响，而代际的照顾性支持则没有影响作用。

零点研究咨询集团于 2011 年进行了"中国城市老年人生活形态及消费行为调查"，围绕老年人家庭生活、养老与医疗、休闲娱乐、社会参与、再学习及消费（包括保健品、服饰及旅游消费等）展开，在北京、上海、广州、武汉、西安、成都、沈阳七大城市收集 60 岁以上老年人有效样本 1125 个。本文基于以上研究成果，从老年人与成年子女之间的经济支持、日常性照料及情感交流三个方面剖析我国老年家庭代际关系的新特点，以求为各项政策的制定及服务的完善提供一定的事实性依据。

三　主要研究发现

（一）"一碗汤"① 距离成两代人共识，"离而不疏"最理想

三代同堂曾是传统中国社会最典型，也是最理想的居住模式。但随着我国家庭的主流模式从主干家庭转变为核心家庭，三代同堂的家族居住模式正逐步瓦解。中国的家庭规模从 20 世纪 80 年代的以 4 - 6 人为主转变成 90 年代的 3 - 4 人为主（曾毅、王正联，2004）。与家庭规模变化相对应的恰恰正是家族居住模式的变迁，父母与成年子女分开居住成为主要的居住模式：与 1990 年相比，2000 年 65 岁以上男性老年人与女性老年人跟子女同住的比例分别下降 11.4% 与 7.2%（曾毅、王正联，2004）。进入 21 世纪后，两代人依然保持分开居住的趋势。将零点研究咨询集团 2011 年的城市老年人数据与 2000 年的相关数据对比：与 2000 年相比，不管是男性还

---

① 何谓"一碗汤"的距离？老妈在她家煲好一碗汤盛进保温盒，拎到你家，拧开盒盖就让你喝上一碗鲜美美的热汤。

是女性，城市65岁以上老年人跟子女同住的比例都有所下降，下降比例分别为8.7%与10.4%。

表1 城市65岁以上老年人居住情况（2000，2011）

单位：%

性别	居住状况	2000年	2011年
男性	独居	7.7	10.7
	和配偶住，无其他人	33.7	41.6
	只和子女住，无配偶同住	16.8	24.4
	与配偶及子女同住	39.0	22.7
	其他	2.8	0.6
合计	与配偶同住小计	73.5	64.3
	与子女同住小计	55.8	47.1
女性	独居	12.4	16.5
	和配偶住，无其他人	21.3	29.1
	只和子女住，无配偶同住	42.6	40.2
	与配偶及子女同住	21.7	13.8
	其他	2.0	0.4
合计	与配偶同住小计	43.6	42.9
	与子女同住小计	64.4	54.0

数据来源：2000年数据引自《从2000人口普查看我国家庭与老年人居住安排的变化》一文，2011年数据来自零点研究咨询集团《2011中国城市老年人生活形态及消费行为调查研究》。

分开居住不仅仅在客观事实上成为一种趋势，从主观意愿上来看，也依然是老年人群体中的主流思想。69%的城市老年人倾向于与子女分开居住，仅27.4%更愿意跟子女一起居住。但分开并不表示疏远，住在附近可以随时相互往来的"一碗汤"居住模式（59.4%）成为老年人最理想的居住模式。而这也不是老年人的一厢情愿，零点的数据也表明：对于成年子女而言，跟父母保持"一碗汤"的居住距离也最受认可（67.4%）。

（二）为子女退而不休，"保姆"老年人负压感高

零点数据显示，77.1%的受访老人老伴依然健在，但在这些有伴老人中，

表2　城市老年人及成年人心目中的理想代际居住模式

单位：%

人　群	住在一起	住在附近可随时往来	住得较远，节假日方才往来	拒答/说不清
老 年 人	27.4	59.4	9.6	3.6
成年子女	19.8	67.4	9.2	3.6

数据来源：老年人数据来自零点研究咨询集团《2011中国城市老年人生活形态及消费行为调查研究》；成年子女数据源自零点研究咨询集团《2011中国城市生活调查》。

18.8%没有跟老伴一起居住，他们中的绝大部分（17.5%）是跟子女一起居住。是什么导致了"有伴但独居"这类老年群体的出现，答案不言而喻：子女的需求。在此次调查中，18%的城市老年人属于外地人，其中1/3（35.5%）来本地的原因在于帮子女做家务。而在专为子女漂居异地的老年人中，六成左右（56.9%）是单独跟子女居住，即所谓的"单漂"。

与此相对应的是，老年人做家务或带孩子的时长随着家庭规模的扩大而递增。专门给子女做家务或带孩子而漂来此地的老年人的此项劳动强度

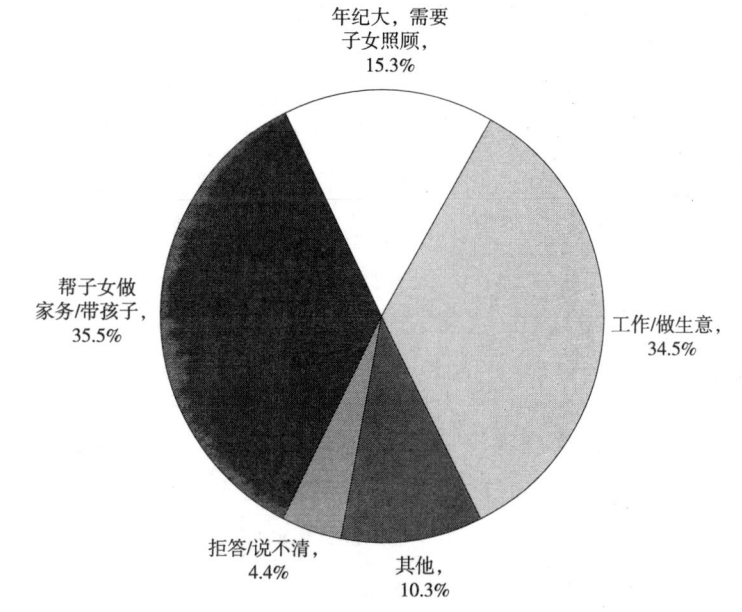

图1　外地老年人来本地的原因及居住模式对比

达到 3.6 小时/天，比平均水平（2.7 小时/天）高出近一小时，这一老年群体对家务及带孩子有负压感的比例也远高于平均水平（68.0%，平均负压比例：33.4%）。

（三）"经济再哺"子女，老年人为子女花钱多为资助型，子女多为馈赠型

2012 年，我国连续第 8 次调整企业退休人员基本养老金待遇，进一步提高老年人的生活保障水平。零点调查显示：七大城市老年人的人均月收入是 2071 元。尽管这一水平还仅大致相当于中国外出农民工的收入水平①，但八成（80.8%）的老年人依然认为依靠自己的收入能维持生活及医疗，甚至半数以上还能"再哺"子女一把：52.4% 的老年人认为"自己为子女花钱更多"，比"子女为自己花钱更多"的比例高出近一成（42.6%）。此外，从人群细分上看，70 岁以上的老年人才真正享福：70 岁以下老年人中，补贴子女的比例更高；70 岁以上才更多地享受花子女的钱。

表 3　不同年龄段老年人跟子女之间的经济交往情况

单位:%

人　群	子女花钱更多	老人花钱更多	其他*	拒答/说不清
60 - 65 岁	35.4	59.9	3.8	0.9
66 - 70 岁	44.5	50.9	4.1	0.5
71 - 75 岁	50.0	46.1	3.9	0.0
76 - 80 岁	54.1	40.4	3.7	1.8
80 岁以上	57.8	32.8	7.8	1.6

*其他的情况包括：互不为对方花钱、无子女等状况。
数据来源：零点研究咨询集团《2011 中国城市老年人生活形态及消费行为调查研究》。

老年人对子女的经济支持以资助型为主：三成（29.3%）子女在买房时获得老年父母赞助，12.7% 购车时的部分资金来自父母。相对来说，父母资助子女买房成为常态：月收入达到 500 元以上的老年人该项的资

---

① 根据国家统计局统计，2011 年，外出农民工人均收入 2049 元/月。

助比例维持在30%上下；而对于子女购车，父母的支持态度则更多地与自身经济实力相关：月收入1500元以上的老年人提供经济支持的比例更大！

表4 不同收入的老年人对成年子女的代际经济支持方式

单位：%

经济支持子女的方式	500元及以下	501-1500元	1501-2500元	2500元以上
子女买房时资助	11.0	32.0	26.2	36.1
子女买车时资助	3.7	8.9	14.4	18.9
子女有其他急需时经济支持	17.1	42.5	49.9	47.1
给（外）孙子女买东西	29.3	43.8	42.2	50.5
其他	1.2	1.6	1.3	0.8

数据来源：零点研究咨询集团《2011中国城市老年人生活形态及消费行为调查研究》。

而子女对父母则主要表现为馈赠型的经济支持：以赠送礼品（58.8%）及逢年过节送钱（51.0%）为主，定期给父母孝金的子女仅占两成（20.7%）。相对来说，生活有困难的老年人，即依靠个人收入维持生活及医疗有困难的老人，获得子女定期孝金及医疗资金支持的比例更高！

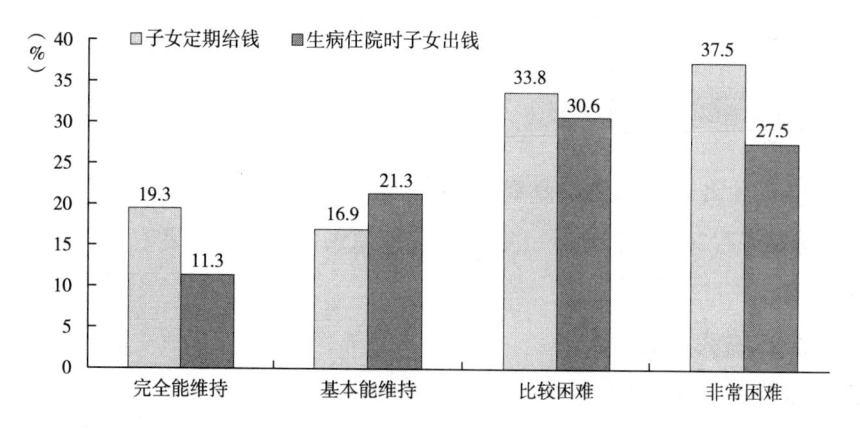

图2 不同生活状态①的老年人获得的子女经济支持方式比较

① 不同生活状态指老年人依靠个人收入维持自我生活的程度，分为完全能维持，基本能维持，比较困难，非常困难。

与此相对应，18.8%生活有困难的老年人中，四成以上（41.5%）选择了以勒紧裤腰带紧巴巴过的方式来应对，半数以上（52.2%）依赖子女赞助。可以说，中国老年人"对子女大方，对自己吝啬"。

（四）常而不长，两代人沟通频率不低，但时长短

尽管老年人在物理距离上倾向于分离，但在心理距离上则希望能靠得更近。零点的调查数据显示：对于分开居住的老年家庭来说，子女每周前来看望 2.4 次，其中 57.5% 每周最多看望一次，14.1% 只有逢年过节才能见到子女。而跟子女合住的老年人，虽然获得了跟子女常见面的机会，但跟子女的交流却乏陈可述：每天交流的时间仅为 47 分钟，四成以上（44.5%）交流时间不超过 30 分钟/天。这种"常见面，不长交流"的模式类似于"房东"与"房客"的交流之道。

此外，在交流的话题上，子女的比重明显高于老人自己。59.4%的老年人表示"子女的事情"是代际沟通的两个主要话题之一，这一比例明显高于"老人的事情"（38.0%）；第三个重要的话题则是"孙辈的事情"（26.4%）。零点的调查也印证：跟子女日聊天时间超过 30 分钟的老年人感到生活充实的比例达到 94.8%，比低于 30 分钟的此项比例高出 11.8 个百分点。

（五）中西代际关系比较

中西对比是代际关系研究领域中一个重要的方面，根据边馥琴、约翰·罗根[①]（2001）的研究，对中美进行横纵向对比，笔者有不少有意思的发现。

居住模式　文中指出，20 世纪 80 年代，针对亚洲 14 个国家的调查数据显示：老年人与成年子女居住在一起的比例高达 75%，而美国则是 18%。而对比 2000 年普查及 2011 年的零点数据，分开居

---

① 两位学者对比了 1993 年在上海及天津随机抽样所获取的数据以及 1989 年美国纽约州奥本尼都会区的数据。

住越来越成为中国代际居住模式的趋势。这也是中国城市化发展的必然结果。

经济互助模式　边馥琴（2001）的研究指出：1993年的上海与天津家庭之间的经济互动模式表现出"向上帮助的流向要强于向下帮助的流向"的特点，而美国的情况刚好相反。零点2011年的数据则表明：中国城市家庭代际经济互助模式正有颠覆这一传统特征的趋势，正从"以家长为中心"转变成"以子女为中心"，这一特征在70岁以下老年人中尤为明显。

交流模式　1993年上海及天津的数据表明，高达80%的子女会跟父母每周至少见面一次，明显高于美国的该项比例（63%）。而零点2011年的数据则显示，每周至少见子女一次的城市老年人占比为70%。老年人家庭代际情感交流频次有减少的趋势。

四　小结

进行历史纵向对比，中国的老年家庭代际关系正在发生变化："一碗汤"这种离而不疏的模式成为理想状态，经济互助上表现出"由上转下"的趋势，浅交流正在弱化代际的沟通。这一方面要求我们在进行配套设施建设时更多地考虑老年人的实际需求，比方说：从"一碗汤"的双向接受性出发，试行"老青"搭配的混合型社区，而不是年龄色彩偏重的新型社区。另一方面，"由上转下"也在一定层面上反映了老年人经济实力的增加，而如今中国的老年人市场开发尚不完善，如何改善这一状况也是需要我们着重考虑的地方。

参考文献

1. 王树新，2004，《社会变革与代际关系研究》，首都经济贸易大学出版社。
2. 熊跃根，1998，《成年子女对照顾老人的看法——焦点小组访问的定性资料分析》，《社会学研究》第5期。
3. 熊跃根，1998，《中国城市家庭的代际关系及老人照顾》，《人口科学》第6期。

4. 王跃生，2008，《中国家庭代际关系的理论分析》，《人口研究》第 4 期。
5. 曾毅、王正联，2004，《从 2000 年人口普查看我国家庭与老年人居住安排的变化》，北京大学中国经济研究中心讨论稿系列。
6. 边馥琴、约翰·罗根，2001，《中美家庭代际关系比较研究》，《社会学研究》第 2 期。

老年人社会参与影响因素的 Logistic 回归分析

——基于 311 份个案访谈数据

刘 燕 纪晓岚*

摘 要： 本文基于 311 份个案访谈数据，采用 Logistic 回归分析方法，论证老年人社会参与的影响因素。研究发现，除了退休前职业的城乡差异、身体状况两个因素对老年人社会参与无显著影响外，年龄、性别、婚姻状况、居住状况、文化程度和收入水平等因素不同程度地显著影响各维度上老年人社会参与的概率。

关键词： 老年人 社会参与 Logistic 回归分析

一 问题的提出及研究意义

我国关于老年人社会参与的实践起步于 20 世纪 80 年代初期，中共中央提出关于退休人员的"六有"方针①，其中"老有所为"就是对离退休老干部参与社会活动的要求。从 20 世纪 80 年代中期到 90 年代初期，中共中央又将社会参与的范围从离退休老干部扩展到退休科技人员。随着 1996 年 8 月颁布《中华人民共和国老年人权益保护法》，1999 年 10 月成立全国老龄工作委员会，2002 年第二届世界老龄化大会中国政府明确

---

* 刘燕（1970 - ），女，天津人，华东理工大学社会与公共管理学院公共管理系副教授；纪晓岚（1955 - ），女，辽宁人，华东理工大学社会与公共管理学院副院长，教授，博士生导师。

① "六有"方针指老年人老有所学、老有所养、老有所医、老有所乐、老有所为以及老有所教。

表明积极推进"积极老龄化"的态度等一系列工作的实质推进,老年人社会参与的理论研究和实践推广才正式发展起来。

据《中国老龄事业的发展》白皮书(2006)公布,我国城市有38.7%的老年人参加社会公益活动,有5.2%的老年人从事有收入的工作;农村有36.4%的老年人从事农业劳动。据2010年统计数据(统计年鉴,2010),我国正在就业的城镇老年人口就业身份的分布情况如表1所示,自营劳动者(指自谋职业者或自由职业者)和雇员是城镇老年人就业的主要方向,说明了老年人就业没有制度和政策的支持保障。

表1 城镇老年人就业人口的就业身份

单位:%

性别	年龄	雇员	雇主	自营劳动者	家庭帮工	就业人员合计
男	60-64	22.7	2.9	73.3	1.1	100
	65+	14.5	2.0	81.7	1.7	100
女	55-59	16.3	1.4	78.2	4.1	100
	60-64	9.0	0.8	86.3	3.9	100
	65+	7.0	0.7	88.6	3.7	100

一项针对我国60-80岁人群的身体状况调查发现,22.7%的男性和19.5%的女性没有"老"的感觉。人力资源和社会保障部一直在论证弹性退休制度的可行性,一方面是对社保基金收支平衡的考虑,另一方面也是对老年人力资源充分开发的思考。那么中国目前老年人社会参与的总体状况如何,哪些个人层面的因素显著影响老年人社会参与的意愿和行为?这是本文需要研究的问题。

二 已有研究回顾及研究假设

关于社会参与的概念,西方学界强调三个层面的涵义,即体现参与者价值、与他人建立联系以及涉及社会层面的活动。国内学者对社会参与的理解也有多种视角,包括社会参与的"有偿论"和"无偿论"的争议，"社会劳动"和"家务劳动"的争议，"社会活动"和"娱乐活动"的争议等。从广义的角度来看，老年人社会参与是指老年人退休以后所参与的所有社会活动过程，包括有偿劳动和公益活动，包括为家庭成员提供的家务劳动和为社区提供的服务，也包括参与各类组织的娱乐体育活动等。狭义的概念则指老年人发挥余热，为社会和他人做出有价值的贡献。

本文认为，老年人社会参与属于公民权利的范畴。根据我国《老年人权益保障法》的规定，社会参与是指根据社会需要和可能，鼓励老年人在自愿和量力的情况下，从事下列活动：对青少年和儿童进行社会主义、爱国主义、集体主义教育和艰苦奋斗等优良传统教育；传授文化和科技知识；提供咨询服务；依法参与科技开发和应用；依法从事经营和生产活动；兴办社会公益事业；参与维护社会治安、协助调解民间纠纷；参加其他社会活动（政府网，2005）。

本文认为老年人照顾子女家庭的过程也应该被视为一种社会参与的情境，因为其同样创造新的价值并构建一种社会关系。因此，社会参与的内涵应综合考虑老年人参与照顾子女家庭和社会活动（根据《老年人权益保障法》的定义）的过程。基于以上分析，本文关于社会参与的类型归纳为照顾子女家庭、参与经济活动、参与公益活动以及参与娱乐活动等四种。

老年人社会参与是在一种"积极老龄化"思想的引导下，强调老年人的自主性和主动性。根据世界卫生组织的定义，积极老龄化是指老年人对其家庭、他人、社区和国家做出积极的贡献。这体现了老年人的公民权利，也体现了老年人的社会主体地位。2003年全国老龄委倡导的"银龄行动"即是对"积极老龄化"概念的诠释行动——倡导东部发达地区的退休知识分子积极参与扶持中西部地区发展的科教文卫活动，体现银龄人群"老有所为"的价值观。

社会参与的动机主要包括"满足需要论""交换资源论""社会资本论"等三个方面（王莉莉，2011）。社会参与有助于促进老年人的自我和谐和心理健康。老年人社会参与情况对自感健康的影响程度超过经济因素和来自配偶与子女的支持（徐玲、雷鹏、吴擢春，2011）。

已有文献从经济意义和精神意义两个层次分析了老年人社会参与的价值。

研究表明，身体状况、性别、受教育的程度、离退休前的职业声望、社会地位、收入、居住方式、社区组织发育状况等因素都影响到老年人社会参与的内容、方式和强度等（李宗华、高功敬，2009）。缓解经济压力是老年人社会参与的主要原因（张文娟，2010）。社区志愿组织是老年人社会参与的主要渠道。同时研究发现，社会参与存在的问题主要是老年人社会参与的良好意愿和缺乏参与机会的矛盾（裴晓梅，2004）。老年人社会参与在传统观念、参与范围、需求与现实矛盾、法制环境等方面都存在问题（韩青松，2007）。老年人社会参与的自组织性不高，参与意愿比较被动等（李宗华、高功敬，2009）。

以往文献未对社会参与进行分层分析，对于老年人的社会参与研究过于笼统或者过于关注一个层面的内涵，没有分析影响老年人社会参与的关键要素。本文在对社会参与分类的基础上，从老年人个人属性层面区分影响其社会参与可能性的主要因素，为倡导"积极老龄化"理念、提高老年人的生活质量提供实证支撑。

基于以上理论和文献分析，本文提出以下研究假设。

基本假设：个人属性因素的差异显著影响老年人社会参与的概率。

本文个人属性因素包括年龄、退休前的职业（城乡）、性别、婚姻状况、身体状况、居住状况、文化程度以及收入状况等八个方面。具体假设表述如下：

假设1：随着年龄的增长，老年人社会参与的程度降低。

假设2：城市的老年人比农村的老年人社会参与的程度高。

假设3：男性比女性老年人社会参与的程度高。

假设4：丧偶老人社会参与程度较高。

假设5：身体状况好的老年人社会参与的程度高。

假设6：与子女同住的大家庭老年人社会参与的程度高。

假设7：文化程度高的老年人社会参与程度高。

假设8：退休收入高的老年人社会参与程度高。

三 研究方法

本文由本科生、研究生、大学教师在上海、江苏、浙江、山东等省通过便利抽样的形式分别对 500 余位老人面对面或利用电话进行结构性访谈，筛选出 311 份有效问卷进行分析。本研究设计的 8 个解释变量中，"年龄"是连续变量，"文化程度"和"收入状况"为定序变量，其余 5 个均为名义变量。被解释变量社会参与的四个维度分别被定义为名义变量。研究样本的总体情况描述见表 2。

表 2 研究样本的描述统计量（个人属性部分）

个 人 属 性	N	极小值	极大值	均 值	标准差
年龄（岁）	311	55	90	70.05	8.089
退休前职业（1＝非农 0＝务农）	311	0	1	0.80	0.400
性别（1＝男 0＝女）	311	0	1	0.44	0.497
婚姻状况（1＝已婚 0＝单身）	311	0	1	0.76	0.428
身体状况（1＝自理 0＝非自理）	311	0	1	0.82	0.382
居住状况（1＝与子女同住 0＝其他）	311	0	1	0.41	0.492
文化程度（1－8 文化程度依次递增）	311	1	8	3.23	1.560
收入状况（1＝8 收入水平依次递增）	311	1	8	3.53	1.513

从表 2 数据可见，研究样本中的老年人平均年龄为 70.05 岁，退休前从事非农职业的老人占 80%，男性老人占 44%，已婚老人占 76%，生活完全自理的老人占 82%，与子女共同居住的老人占 41%，老年人的文化程度平均为初中水平，每月总收入水平在 1000－2000 元。

由于本研究的因变量（社会参与）是一个二分类变量，因此本文借助二项 Logistic 回归模型分析自变量的影响程度，采用极大似然法估计参数。所有数据通过 SPSS19.0 统计软件进行分析处理。

四 数据分析

(一) 老年人社会参与总体状况分析

根据上文分析,我们将社会参与分为照顾子女家庭、参与经济活动、参与公益活动、参与娱乐活动等四种类型。老年人社会参与的总体状况数据见表3。调查数据表明,在被调查的老年人中,54%的老年人参与照顾子女家庭;29%的老年人参与经济活动,其中包括临时性工作、授课、咨询服务、科技研发和生产经营等;11%的老年人参与公益活动,包括参与公益组织活动和维护治安等[①];29%的老年人参与老年协会组织的娱乐活动,包括参与老年大学兴趣班、老年协会在社区文化中心开设的自娱自乐的定期活动等。与此同时,社会参与调查量表还有一栏"参与其他活动"没有被计入以上四个层面的统计数据,初步分析发现还有30%的老年人参与其他社会活动。

表3 老年人社会参与状况的描述统计量

	N	极小值	极大值	均 值	标准差
照顾子女家庭	311	0	1	0.54	0.499
参与经济活动	311	0	1	0.29	0.454
参与公益活动	311	0	1	0.11	0.308
参与娱乐活动	311	0	1	0.29	0.453

(二) 老年人社会参与影响因素 Logistic 分析

关于老年人社会参与的影响因素 Logistic 回归分析结果见表4。

在老年人社会参与影响因素中分别观察8个解释变量对4个被解释变量的 Logistic 回归分析可以发现,在"照顾子女家庭"维度中,8个解释变

---

① 老年人参与经济活动和参与公益活动的数据与《中国老龄事业的发展》白皮书有较大的差距,值得进一步研究。

表4 老年人社会参与影响因素的 Logistic 回归分析结果

	照顾子女家庭 B (S.E.)	Exp (B)	参与经济活动 B (S.E.)	Exp (B)	参与公益活动 B (S.E.)	Exp (B)	参与娱乐活动 B (S.E.)	Exp (B)
年龄	-0.006 (0.017)	0.994	-0.076** (0.019)	0.927	-0.052+ (0.027)	0.949	0.017 (00.18)	1.018
退休前职业	0.009 (0.352)	1.009	0.060 (0.388)	1.062	1.224 (0.809)	3.400	.231 (0.421)	1.260
性别	-0.603* (0.268)	0.547	0.713** (0.290)	2.041	-0.678 (0.443)	0.508	0.011 (0.292)	1.011
婚姻状况	0.449 (0.332)	1.567	-0.029 (0.372)	0.971	-0.054 (0.548)	0.948	-0.822* (0.357)	0.439
身体状况	0.279 (0.328)	1.322	0.188 (0.383)	1.206	-0.276 (0.560)	0.759	0.002 (0.356)	1.002
居住状况	1.253** (0.261)	3.500	0.049 (0.274)	1.050	-0.399 (0.423)	0.671	-0.482+ (0.284)	0.618
文化程度	0.038 (0.109)	1.038	0.015 (0.100)	0.985	-0.313+ (0.166)	0.731	0.338* (0.118)	1.402
收入状况	-0.048 (0.110)	0.953	a	a	0.501* (0.167)	1.651	0.063 (0.118)	1.065
常量	-0.140 (1.403)	0.869	3.853 (1.564)	47.152	0.185 (2.311)	1.203	-2.907 (1.506)	0.055
Cox&snell R^2	0.113		0.077		0.064		0.082	

注：+ P<0.10；* P<0.05；** P<0.01。

a 由于收入状况与参与经济活动之间存在相关性，在此不计算其回归系数。

量只有"居住情况"和"性别"两个变量对"照顾子女家庭"有显著影响。从 EXP（B）数据来看，与子女同住的老年人参与照顾子女家庭的概率显著高于其他居住方式的老年人2.5倍。男性老人参与"照顾子女家庭"的概率只有女性老人参与的45.3%。与此同时，我们看到，年龄、退休前职业的城乡差异、婚姻状况、身体状况、文化程度和收入状况等因素对老年人参与"照顾子女家庭"没有显著的影响。

在"参与经济活动"维度中，"年龄"和"性别"这两个解释变量对老年人"参与经济活动"具有显著的影响。从 EXP（B）数据来看，男性老年人参与经济活动的概率高于女性老年人1倍;随着年龄的增长,老年人参与经济活动的概率下降近10%。而退休前城乡职业差异、婚姻状况、身体状况、居住状况、文化程度对于老年人参与经济活动没有显著的影响。

在"参与公益活动"维度中,"收入"对老年人"参与公益活动"具有显著的影响。从EXP(B)数据来看,随着收入的增加,老年人参与公益活动的概率约提高65%。"文化程度"和"年龄"对老年人参与公益活动有一定的弱负相关影响,其他解释变量(退休前职业、性别、婚姻状况、身体状况、居住状况)对老年人"参与公益活动"无显著影响。

在"参与娱乐活动"维度中,"婚姻状况"和"文化程度"对老年人参与娱乐活动有显著影响。从EXP(B)数据来看,文化程度高的老年人参与娱乐活动的概率约高出40%,丧偶老年人参与娱乐活动的概率高出已婚老年人56%。居住状况对参与娱乐活动有一定的弱负相关影响,与子女同住的老人减少了参与娱乐活动的概率,而其他解释变量(年龄、退休前的职业、性别、身体状况、收入状况)对老年人参与娱乐活动没有显著的影响。

(三)对研究假设的修正

从以上的分析可以论证,上文提出的基本假设并不完全成立。也就是说,个人属性的差异影响老年人社会参与的概率,但是在社会参与的不同维度上,个人因素的影响程度是有差别的。

具体来说,年龄对老年人参与经济活动有显著的负相关影响,对其他社会参与的维度无显著影响;退休前的城乡职业差异对老年人社会参与的各个维度均无显著影响;性别对于老年人参与经济活动和照顾子女家庭均有显著影响,更多男性参与经济活动,更多女性照顾子女家庭;婚姻状况对老年人参与娱乐活动有显著负相关影响,对其他维度社会参与没有显著影响;身体状况对老年人社会参与各维度均无显著影响[①]。除了与子女同

---

① 由于本研究样本82%为生活完全自理的老人,所以此结论有待进一步论证。

住的老年人参与照顾子女家庭的概率显著高于其他居住方式的老人，居住方式对老年人其他层面的社会参与没有显著的影响。文化程度仅对老年人参与娱乐活动的概率有显著正相关影响，而对其他层面的社会参与没有显著影响；收入状况对老年人参与公益活动的概率有显著正相关影响，对其他层面的社会参与没有显著影响。

五 研究讨论

研究发现，与子女同住的老年人承担着照顾子女家庭的主要责任，尤其是女性老年人。同时，随着年龄的增长，老年人同样还需要承担照顾子女家庭的工作；另外，城乡老年人参与照顾子女家庭的概率没有差别。通过比较参与照顾子女家庭的老人比例（54%）和与子女同住的老人比例（41%），研究发现还有相当一部分老年人尽管不与子女同住，但是同样承担着照顾子女家庭的工作。这个现象应该具有一种积极的意义，使老年人与子女辈和孙辈有更多的交流，将有利于丰富老年人的精神生活，但是也不能使老年人背负过重的身体压力。

在老年人中间，相对高收入者比较热心参与公益活动，具有志愿者精神。但是调查也发现，文化程度越高者参与公益活动的概率反而下降，这是否是一种理性的思维方式在作怪，值得进一步研究和思考。城乡差异、性别等因素都不是老年人参与公益活动的主要影响因素。

从老年人参与娱乐活动的状况来看，老年人存在一种自我调节心理，比如丧偶老人、不与子女同住的老年人为排解精神孤独，会较多地参与娱乐活动而获得一种精神支持。同时，通过用其中三个层面的社会参与数据对另外一个层面的社会参与数据的 Logistic 回归分析可以发现，老年人参与娱乐活动和参与公益活动之间有非常高的相互促进性。也就是说，参与娱乐活动较多的老年人同样会参与更多的公益活动，参与公益活动的老年人也同样会参与更多的娱乐活动，但是参与经济活动和参与照顾子女家庭的老年人则与其他层面的社会参与之间没有显著的相关性。也许照顾子女家庭和参与经济活动占据了老年人的大部分时间而无暇顾及其他社会参与活动。

综上所述，从社会参与的广义角度分析，老年人在一个层面或多个层面的社会参与概率很高，本研究仅2%的老年人没有任何社会参与的经历。为了完善老年人社会参与机制，应该从政府层面、社区层面、家庭子女的层面和老年人自身层面重视起来，从政策、硬件、软件和观念上，鼓励老年人走出家门参与更多的社会活动，进一步延伸老年人的职业生涯和生命旅程，帮助老年人构建更加广阔的社会网络，获得更多的社会支持。这将有益于老年人的身心健康，有利于提高老年人的生活质量，有利于探索新的养老模式——社会养老，有利于整合各方资源，提升老年人的主体性和参与性。

参考文献

1. 《中国人口和就业统计年鉴2010》，《按年龄、性别分的全国就业人员身份构成》，网络数据库《中国统计年鉴服务系统》。

2. 政府网，2010，《中华人民共和国老年人权益保障法》第四章，http://www.gov.cn/banshi/2005-08/04/content_20203_2.htm。

3. 王莉莉，2011，《中国老年人社会参与的理论、实证和政策研究综述》，《人口与发展》第3期。

4. 徐玲、雷鹏、吴擢春，2011，《中国城市老年人自感健康与社会网络的关系研究》，《中国健康教育》第7期。

5. 李宗华、高功敬，2009，《积极老龄化背景下城市老年人社会参与的实证研究》，《学习与实践》第12期。

6. 张文娟，2010，《中国老年人的社会参与状况及影响因素研究》，《人口与经济》第1期。

7. 裴晓梅，2004，《从"疏离"到"参与"：老年人与社会发展关系探讨》，《学海》第1期。

8. 韩青松，2007，《老年社会参与的现状、问题及对策》，《南京人口管理干部学院学报》第4期。

9. 李宗华、高功敬，2009，《积极老龄化背景下城市老年人社会参与的实证研究》，《学习与实践》第12期。

新农保试点中的农民认知与农民参与意愿

——基于湖北省10个行政村的调查

袁妙彧*

摘 要：本文以湖北省已进行新农保试点的10个行政村600份问卷调查结果为基础，运用描述统计、二分类 Logistic 回归分析方法对农民的制度认知和农民参保影响因素进行分析。研究结果表明：农民对新农保制度的认知水平普遍较低，认知水平受到个人特征、新农保开始试点的时间、基层工作人员的宣传方式、农民对制度的信任等因素的影响。同时年龄、收入来源、制度认知以及制度评价等因素显著影响农民的参保意愿。据此建议做实新农保的基层管理与推进，从编制和待遇两个方面稳定与激励基层新农保工作人员；改革财政补贴制度，建立缴费激励机制；完善新农保与城镇职工养老保险制度的衔接政策，提高青年农民的参保积极性。

关键词：新型农村养老保险 农民认知 参与意愿 湖北省

一 问题的提出

从社会政策的视角看，社会养老保险制度与国家的工业化和城市化紧密联系。我国的社会养老保险也是首先在城市建立，并作为我国养老保障的重要支柱得以健全与发展。20世纪80年代以来，在我国人口老龄化、城市化的进程中，中国农村传统的以家庭内的代际赡养为主的养老模式，

---

* 袁妙彧（1975 - ）女，湖北经济学院讲师、系主任，社会保障学博士，研究方向：养老金制度、就业政策。

以及传统土地养老的功能均在不同程度上遭遇挑战，经济的发展与社会的变迁给中国农村居民带来繁荣与进步的同时也产生了新的社会风险。因此，国家针对我国农村地区和农村居民制定了一系列社会政策，协助农民化解新的社会风险，提升农民个人与家庭的自主行动能力。新型农村社会养老保险，简称新农保，是构成我国农村社会政策体系的基本要件。

我国政府从20世纪80年代开始探索建立农村社会养老保险制度，1992年民政部出台《县级农村社会养老保险基本方案（试行）》，并开始在烟台与威海试点，全国各地农村也陆续建立起社会养老保险制度，这些制度我们称之为"老农保"。各地的"老农保"在运行中由于缴费水平低，无财政补贴，且在实际操作中缺乏经验等，并未得到农民的认可，制度运行中也出现了资金挪用等问题。1999-2000年老农保停业整顿。2003年我国政府探索推行新型农村社会养老保险制度（以下简称新农保）。2009年9月1日，国务院颁布了《关于开展新型农村社会养老保险试点的指导意见》（国发〔2009〕32号），部署了试点工作，提出在2020年之前基本实现对农村适龄居民全覆盖。到2011年初，人力资源和社会保障部在新闻发布会中表示，2011年新农保试点范围扩大到40%的县。与老农保单纯的个人账户积累不同，新农保将基础养老金与个人账户相结合的模式较好地体现了国家责任，极大地增加了制度对农民的吸引力。新农保普惠性、基础性、广覆盖的制度定位与我国农村经济社会发展的价值原则契合良好。

湖北省为贯彻落实国发〔2009〕32号文精神，制定了《湖北省关于开展新型农村社会养老保险试点工作的实施意见》，2011年又出台了《关于加强和完善全省新农保试点县（市、区）劳动保障服务平台建设有关问题的意见》，明确了机构、编制、经费等问题。试点地区在各乡镇设立人力资源和社会保障服务中心，每个村有1名新农保协管员。省人社厅制定出台了新农保经办规程，及统计管理、档案管理、待遇领取资格认证等多个配套办法。湖北省新农保试点已经两年多，在2012年7月实现了省内新农保的全覆盖。新农保试点中的成绩与困境有哪些？全覆盖的时机是否已经成熟？当前急需对试点过程中发现的问题进行收集与整理，寻找新农保发展的核心动力，逐步消除制约新农保制度可持续发展的主要障碍，进而为新农保制度的渐进式调整提供参考。

二 文献综述与研究假设

（一）文献回顾

我国开始进行新农保制度的试点后，学者们较为侧重发现制度推行的重点、难点：林义认为，完善新农保对于扩大国内需求、应对老龄化具有重大的现实意义；同时也提出各级财政的分担、养老金的管理、保值增值、提高农民的缴费意愿等是新农保建设中面临并需要解决的难题（林义，2009）。制约新农保制度发展的难题包括个人账户的保值增值、地方政府的补贴、保险基金的经营管理、集体补助不到位等等（唐钧，2009；邓大松、薛惠元，2010）。学者们基本上在财政补贴制度、养老金管理和农民参与意愿等难点上达成了共识。

针对各地新农保试点的实践，学者们进行了一系列的实证研究：张思锋、张文学（2012）对三省六县新农保试点进行调查，从行政推动、财政补贴和平台搭建三个方面总结了新农保试点中的经验，也从新农保的捆绑制度对农民参保激励的有限性、新农保配套制度滞后，以及新农保基金的保值增值等方面提出了试点中的问题。田北海、丁镇（2011），穆怀中、闫琳琳（2012）等学者的实证研究发现农民的参保意愿受个人特征、家庭特征、制度认知、未来预期的综合影响。从实证研究结论看，学者们对参保意愿的研究成果颇丰，一致认为制度认知影响参保意愿，但对于制度认知的影响因素涉及较少，大多数学者在进行影响因素研究时假定农民为理性经济人，但从实际情况看，农民由于信息缺失、决策能力限制等，在进行决策时更多的受到社会的影响，因此本文将农民设定为社会人，在决策影响因素中加入社会因素。

（二）研究假设

本文依据文献研究和访谈资料初步构建了农民对"新农保"的制度认

知以及参保意愿影响因素的研究假设。

（1）个人特征影响农民对新农保的认知以及参保意愿：男性、年长者、文化程度高者对新农保的认知水平高；男性、年长者、文化程度高者、收入水平高者更加愿意参保。

（2）新农保的推广和宣传直接影响农民对该制度的认知。

（3）村干部的公信力和公共政策的公信力影响农民对新农保的认知。

（4）农民的养老观念及对新农保的认知影响参保意愿。

（5）农民对现行新农保制度的评价影响参保意愿。

（三）数据来源

本文的数据来源于2011年寒假湖北经济学院新农保调查队在湖北省实施新型农村养老保险的5个县10个行政村开展的新农保问卷调查，该调查采用分层随机抽样方法，在湖北抽取10个行政村，每个村入户调查60户，共计600份问卷，回收有效问卷542份，有效回收率90.3%。

三 调查结果分析

（一）调查对象的基本特征

如表1所示，在542名被调查对象中，男性、女性各为360人和182人，分别占到总样本数的66.4%和33.6%，本次调查安排在春节前后进行，能够较为真实地反映出包括外出务工农民在内的农村人口对新农保制度的看法。从年龄结构来看，参与此次调查的农民中45－59岁的中年农民比例最高，占37.3%，31－44岁的比例其次，占33.7%，30岁以下和60岁及以上的较低，分别占15.5%和13.6%。从婚姻状况来看，已婚人数占到78.9%，未婚、离异、丧偶所占的比例分别为14%、2.4%、4.6%。受访农民中小学及以下文化程度的占38%，初中文化程度的占39.3%，文化程度为高中、中专及技校的农民占13.9%，大专及以上占6.6%。考虑到我国城市化进程中农民的分化，调查对受访农民的收入来源进行了细分，从农民的收入来源看，务农和外出打工的占比相当，分别为 41.3%、40.9%，说明外出务工已经成为湖北农民的主要收入来源之一。

表 1 农民基本情况统计

单位：个，%

变量		人数	占比	变量	人数	占比
性别	男	360	66.4	主要收入来源		
	女	182	33.6	务农	217	41.3
				外出打工	215	40.9
年龄	16-30	84	15.5	个体经营	53	12.6
	31-44	183	33.7	其他	35	5.2
	45-59	202	37.3	文化程度		
	60岁及以上	74	13.6	小学及以下	200	38.0
婚姻状况	未婚	76	14.0	初中	207	39.3
	已婚	427	78.9	高中、中专及技校	84	15.9
	离异	13	2.4	大专及以上	35	6.6
	丧偶	25	4.6			

（二）农民对新农保制度的认知

1. 个人特征与制度认知

从表2的数据可知，农民个人特征对新农保制度的认知产生了影响。

（1）性别差异

男性相对女性更加了解新农保制度，户主为男性的农民相对于户主为女性的农民对新农保的认知程度高。这是因为在中国农村男尊女卑、男主女从的社会思想依然存在。男性农民拥有更多的社会参与机会，因此更有可能接触到新的信息。同时，男主外女主内的家庭分工使得农村女性更多的依赖家庭，对于家庭外的养老方式主动了解的动机不足。

（2）年龄差异

统计结果显示年龄大的农民对新农保的认知程度显著高于年轻的农民。16-30岁这一年龄组的认知度最低，45-60岁以及60岁以上的农民对该制度的认知度较高。其原因有：首先湖北省农村30岁以下的农民大多外出务工，目前新农保的宣传推广工作主要是依托村一级的行政机构，外出打工的年轻农民对该制度的了解非常有限。其次，目前湖北省的新农保制度规定，农民缴满15年60岁以后即可开始领取养老金。因此，45岁成为年龄的分水岭，45岁以上的农民显著地更加关注新农保。实际上，大部分外出打工的农民因为经济能力等并未参加城镇养老保险，如果因为长年不在农村而未参加新农保，那这部分人将可能游离于我国的社会保障制度之外。

（3）婚姻状况

未婚农民对新农保制度的认知水平最低，丧偶和离异的农民显著地更加了解新农保制度。这可能是因为丧偶和离异农民的家庭保障功能弱化了，从家庭获得的预期保障水平下降，因而对家庭保障外的养老保障更加关注。这一现象说明新农保作为一种新的社会保障制度确实能够对中国农村传统的以家庭养老保障为主体的养老制度进行补充。

（4）文化程度

研究假设文化程度对于农民理解制度具有直接的影响，但统计数据显示本次调查中农民的文化程度对制度认知的影响并不显著。绝大多数农民对新农保的认知停留在听说过或者有些了解，此结果说明在农村基层新农保的宣传和推广工作还亟待加强。在信息充分的情况下，文化程度不同的农民对新农保的认知水平会有所差异，而当前的状况说明农民获取的新农保的信息并不全面，获取信息的渠道也不通畅，因此文化程度高的农民在制度认知上的优势并未得到发挥。

表2　农民个人特征与新农保制度认知

单位:%

个体特征	农民对新农保制度的认知水平				相关系数
	完全不知道	听说过但不了解	有些了解	非常了解	
性别					
男性	6.4	33.7	47.9	3.1	-0.105*
女性	7.4	44.0	35.4	2.3	(0.012)
户主性别					
男性	6.5	37.1	44.4	2.7	-0.085*
女性	13.6	40.9	22.7	4.5	(0.043)

续表

个体特征	农民对新农保制度的认知水平				相关系数
	完全不知道	听说过但不了解	有些了解	非常了解	
年龄					
16-30	14.5	39.8	26.5	3.6	
31-44	6.2	31.1	40.1	1.7	0.104**
45-59	3.6	35.5	46.7	3	(0.007)
60及以上	5.5	39.7	45.2	2.7	
婚姻状况					
未婚	11.8	39.5	23.7	3.9	
已婚	5.9	36.4	47.5	2.6	0.137**
离异	8.3	25	58.3	4	(0.001)
丧偶	4	48	36	4	
文化程度					
小学及以下	8.5	39.2	42.0	2.3	
初中	5.9	41.1	41.6	2.7	-0.015
高中/中专/技校	4.4	25.6	52.2	3.3	(0.707)
大专以上	10	10	50	10	

** 表示在0.01水平下（双侧）显著相关；* 表示在0.05水平下（双侧）显著相关。

2. 制度推介方式与制度认知

为提高农民对新农保的认知水平，湖北省各地采取了形式多样的新农保推介方式。从调查数据看，受访的542名农民中有28.4%的农民曾通过电视节目了解新农保的信息；3.7%的农民通过听广播了解新农保；通过报纸、杂志、互联网了解新农保的农民分别为7.5%、5.7%、5.3%；8.5%的农民表示曾经接受到政府群发的短信告知新农保相关政策；30.4%的农民表示曾有村干部上门介绍政策；42.4%的农民是通过村里集体宣讲的方式了解新农保的；31.6%的农民是亲朋好友、邻里间相互告知了解的。此外表3中的数据显示一是村里集体开会宣讲的推介方式能够显著地提高农民对制度的理解。以此种方式获取新农保信息的农民比没有选择此种方式获取信息的农民对新农保制度的认知水平高。二是亲友间的相互告知也是农民了解新农保的主要方式之一，从亲友处获得信息的农民显著地更加了解该制度。由此可见行政村是新农保制度推广的关键层次，由于农民自身素质的限制，难以对新农保的信息进行有效的整合，所以村里的集体宣讲以及村干部的上门推介有利于农民对政策进行有效的解读。此外，农村社会的强关系依然是农民了解新农保的主要渠道。

表3 新农保的推介方式与制度认知

推介方式 相关性	电视	广播	报纸	杂志	互联网	村干部上门	集体宣讲	亲友告知
新农保认知程度	-0.208** (0.000)	-0.135** (0.001)	0.022 (0.604)	-0.034 (0.423)	-0.002 (0.963)	0.031 (0.462)	0.127** (0.003)	0.133** (0.002)

** 表示在0.01水平下（双侧）显著相关；* 表示在0.05水平下（双侧）显著相关。

3. 基层公信力与农民制度认知

在我国农村社会中，村基层干部作为新农保政策推行的主导力量，其公信力的高低直接影响农民对新农保制度的信任程度。本次调查发现，农民对村干部的信任度越高则对新农保的认知水平也越高。在受访的542名农民中，对村干部很不信任的达到8.9%，不是很信任的达到11.4%，这两项加总说明有20%左右的农民对村干部表现出信任不足。其原因涉及历史因素以及现阶段农村基层干部工作积极性不高、服务意识不强等等。现行农村基层社保管理机构和管理体制亟待改革，试点地区建立了农保中心——乡镇劳动保障所——村级农保协管员的管理构架，但调查中发现乡镇劳保所工作人员都是临时编制，待遇水平较低，村协管员也是兼职，管理制度重构任务艰巨。

如表4所示，农民对国家政策的信任程度也显著影响农民对新农保的认知水平。新农保是我国新农村社会建设进程中一系列社会政策之一。在制度实施初期，农民对该制度的感知很大程度上取决于新农保实施前已在农村实施的相关政策。如调查中有农民表示"担心会像之前的新农村合作医疗一样，实施前向农民保证缴费不会变动，但实施一段时间后却开始不停变动";还有不少人表示"担心日后拿不到如数的养老金,担心养老金在发放途中会逐层减少"。因此,部分农民信心不足,持观望态度。调查中发现41.8%的农民仅选择100元的最低缴费档也证实了大部分农民对该制度抱着先"进门"、随大流、不确定的态度。

表4 制度信任与制度认知

单位:%

制度信任	完全不知道	听说过但不了解	有些了解	非常了解	相关系数
对村干部的信任					
很不信任	12.5	55.0	28.5	4	
不是很信任	10.7	40.3	38.7	10.3	0.308*
一般	8.4	31.1	44.8	15.7	(0.015)
比较信任	5.5	30.9	48.9	14.7	
很信任	4	28.7	55.6	11.7	
对国家政策的信任					
很不信任	10.5	66.5	19.6	3.4	
不是很信任	8.7	40.8	38.8	12	0.277*
一般	5.6	40.7	39.3	14.4	(0.011)
比较信任	4.4	32.5	40.7	22.4	
很信任	2	28.8	42.6	26.6	

** 表示在0.01水平下(双侧)显著相关;* 表示在0.05水平下(双侧)显著相关。

(三)农民参保意愿影响因素的Logistic回归分析

1. 模型与变量的设定

本研究假设中将影响农民参保意愿的自变量分为三类:一是个人及村庄的特征,包括:①性别;②年龄;③婚姻状况;④教育程度;⑤家庭年收入;⑥个人年收入;⑦个人收入来源;⑧村庄的富裕程度。二是养老观念以及对新农保制度的认识,包括:①是否认为农村养老主要靠子女;②是否认为农村养老主要靠自己储蓄;③新农保的认知水平;④是否赞同在农村养儿子比养女儿对养老有利;⑤对"参加新农保不如自己存钱可靠"怎么看;⑥家人的支持程度。三是农民对新农保政策的评价,包括:①村庄开始实行新农保的时间;②对个人缴费标准的评价;③对政府补贴水平的评价;④对个人未缴满15年领取养老金水平的评价;⑤对缴满15年领取养老金水平的评价;⑥对基础养老金标准的评价;⑦对缴费档次划分的评价;⑧对缴费捆绑制度的评价;⑨对计息方式的评价;⑩对多缴费多补贴制度的评价。

我们用 Logistic 回归的方法来考察各变量特征的边际影响,根据 Logistic 回归分析数据的处理要求对自变量进行了转换;因变量为"是否愿意参加新农保",农民愿意参保设为1,不愿意参保设为0。令 y = 1 的概率为 π,则不愿参保的概率为(1 - π)。这时,则有:

$$\operatorname{Ln} p/1 - p = \operatorname{logit}(\pi) = \beta_0 + \beta_1 x_1 + \cdots + \beta_p x_p$$

2. 回归结果分析

运行 SPSS 17.0 进行二值 Logistic 回归分析,剔除不显著的自变量,最后留在方程中的变量如表5所示。

(1) 年龄

受访者的年龄对于参保意愿产生了显著影响。31-44岁的农民愿意参保的发生率是16-30岁的农民愿意参保的发生率的2.702倍;45-60岁的农民愿意参保的发生率是16-30岁的农民愿意参保的发生率的3.717倍;60岁以上的农民愿意参保的发生率是16-30岁的农民愿意参保的发生率的19.103倍。年纪越大越愿意参保的原因有两个:一是湖北省新农保试点的制度规定农民连续缴满15年,60岁以后即可领取养老金,对于增加缴费年限的激励制度缺位,必然导致农民理性选择到45岁后再参保,现行制度对年轻农民的吸引力不够。二是现行制度规定60岁以上的农民不必缴费就可以直接领取养老金,因此60岁以上的农民的参保意愿最强。

表 5 农民参与新农保意愿的 Logistic 回归分析结果

	变量	B	S.E.	Sig.	Exp（B）
个人特征	年龄			0.003	
	31-44/16-30	6.504	1.875	0.001	2.702
	45-60/16-30	1.313	1.348	0.030	3.717
	>60/16-30	2.950	1.404	0.036	19.103
	家庭耕地数	0.206	0.072	0.004	1.229
	家庭年收入	0.338	0.055	0.025	1.553
	主要收入来源			0.004	
	外出打工/务农	-2.250	2.009	0.013	0.105
制度认知	农村主要靠家庭养老	-4.247	1.034	0.000	0.014
	新农保不如自己存钱	-0.952	0.340	0.005	0.386
	新农保开始实行时间			0.006	
	2010/2009	-12.603	1.110E4	0.999	0.000
	2011/2009	-9.993	2.866	0.000	0.000
	2012/2009	-4.836	1.751	0.006	0.008
	家人支持程度	3.577	0.543	0.001	0.588
	政府补贴水平	1.130	0.486	0.020	3.095
制度评价	缴费15年领取养老金水平	-2.632	0.730	0.000	0.072
	基础养老金标准	-1.063	0.464	0.022	0.345
	捆绑参保制度	-3.602	0.660	0.000	0.081

（2）家庭年收入

问卷涉及的经济性因素中，"家庭年收入"最为显著，而"个人年收入"对新农保参保意愿的影响却并不显著。这可能是因为虽然新农保是以个人为参保单位，但是实际上农民个人是否参保却更可能是一个家庭的决策。农民的个人收入不像城市居民的个人收入那样明晰、容易计算。中国农村家庭成员间代际赡养导致的内部收入再分配程度比城市家庭高。尤其是在当前新农保缴费捆绑制度的约束下，农民决定是否参保时要统筹考虑全体家庭成员在新农保上的总支出与家庭总收入之间的合理性。因此家庭总收入高的农民能够更加轻松地应付新农保的缴费，参保意愿较强。

(3) 家庭耕地数和主要收入来源

回归分析结果显示"家庭耕地数"和"主要收入来源"这两项经济性因素也是显著的。据调查，在当前农村，一般情况下家庭耕地数多，则家庭收入来源主要为务农收入，且子女外出打工的比例较低，这类家庭的农民参保意愿显著高于耕地数少的农民。收入来源为外出打工的农民愿意参保的发生率仅为收入来源为务农的农民愿意参保的发生率的0.105。这两项统计结果相互印证了新农保对于外出务工农民缺乏吸引力的现实。调查中发现在湖北省新农保的推广工作中难度最大的就是这部分外出务工者，虽然一村一个协管员，但这部分人口流动性大，宣传工作难到位；为了避免重复参保，湖北省的具体做法是要求参加城镇职工养老保险的农民把相关证件复印件寄回备案，但是目前两个系统尚未对接，给这项工作带来了难度。另一方面城镇职工养老保险与新农保的制度衔接模式尚未明了，也在一定程度上降低了外出打工人员参与新农保的热情。

(4) 农民的养老观念

回归分析结果中对农民参保意愿产生显著影响的养老观念有"农村主要靠家庭养老""新农保不如自己存钱可靠"。越是赞同上述观点的农民参与新农保的意愿越低。由此可见新农保制度是一项惠农政策，但另一方面社会养老模式也是对农民传统以家庭养老和土地养老为主的养老观念的一种挑战。观念、态度等非正式制度的变迁是比正式制度变迁更加复杂和漫长的过程。因此，新农保制度要得到农民的真心接纳和信任，需要基层工作人员坚持不懈的积极宣传与推广，也有待制度可持续的稳健发展。在制度实施之初，农民的犹豫与观望是可以理解的。统计结果发现，湖北省各地新农保开始试点的先后次序也显著影响农民的参保意愿。2011年和2012年才开始的试点县农民的参保意愿显著低于2009年湖北首批开始新农保试点县的农民。这也表明2009年到2012年三年的试点工作稳步展开，取得了一定的成绩。随着制度的实施与推进，农民的养老观念会逐渐更新，对制度的信任程度也渐次提升。

(5) 对现行制度的评价

农民对现行新农保制度的认可程度影响农民的参保意愿。统计结果显示，现行的新农保制度设计中显著影响农民参保意愿的有"现行的政府补贴水平""缴费15年领取养老金水平""基础养老金水平"，越是觉得上述三项水平低农民越不愿意参加新农保。此外，"年满60周岁农民不用缴费，可以按月领取基础养老金，但是其符合参保条件的子女应当参保缴费"的规定也显著影响了农民的参保意愿，那些越是觉得这项制度不合理的农民越不愿意参加新农保。

《湖北省人民政府关于开展新型农村社会养老保险试点工作的实施意见》规定，政府对符合领取条件的参保人全额支付新农保基础养老金，其中中央财政按中央确定的基础养老金标准给予全额补助。地方政府对参保人缴费给予补贴，补贴标准不低于每人每年30元，其中省级财政负担20元、试点县（市、区）负担不低于10元。部分农民对补贴制度不满意基于几个原因：一是对现行的补贴制度并不十分清楚，问卷中关于财政补贴的问题大多数农民要么未填答，要么不能正确填答。二是当前进口出口双补的制度复杂且激励效果不佳。

按照湖北省的文件规定，中央确定的基础养老金标准为每人每月55元。有条件的试点县（市、区）人民政府可适当提高基础养老金标准，对于长期缴费的农村居民，可适当加发基础养老金，提高和加发部分的资金由试点县（市、区）人民政府支出。目前湖北各地基本养老金标准大多为55元，个别县市提高了基本养老金标准。本次调查发现"多缴多得"制度湖北各地的做法不一，如南漳县、团风县、宜都县均未建立该制度，而石首县、竹溪县、安陆县则建立了多缴多补贴制度，即对于选择较高缴费档次的农民给予一定的补贴。各地对于长期缴费的激励政策均未出台。当前新农保制度中的补贴制度和基本养老金制度保障了60岁以上老人和低收入水平家庭的养老利益，但缴费激励措施亟待完善。

现行制度规定"新农保制度实施时，已年满60周岁、未享受城镇职工基本养老保险待遇的，不用缴费，可以按月领取基础养老金，但其符合参保条件的子女应当参保缴费"。但调查中发现各县做法不尽相同。有的县要求所有子女必须都参保，老人才能领取养老金；有的县只要一个子女参保即可；也有的县并未要求子女参保。这项制度设计的初衷是通过捆绑尽快扩大新农保的覆盖面,但是在实施过程中却成为制约农民参保的一个因素。

四 主要结论及政策建议

本文利用湖北省新农保试点调查的微观数据,重点考察了农民对新农保制度的认知以及农民参保意愿的影响因素,总体上看,农民对新农保的认知水平不高,尤其是外出打工的青年农民,基层是新农保推广的关键,但由于基层管理体制不完善、基层工作人员的积极性不高、基层干部的公信力不够,新农保制度的推介存在障碍。现行制度保障了60岁以上老人和低收入水平家庭的养老利益,但政策内在设计中缺乏对农民参保特别是高缴费和长期缴费的内在诱导和激励机制。新农保与城镇职工养老保险衔接制度缺位降低了外出打工农民的参保意愿;缴费设计中的捆绑机制并不能达到扩大覆盖面的预期效果。基于以上结论,本文提出几点政策建议。

(1) 进一步完善和改革现行的新农保的基层管理机构和管理体制,做实新农保的基层管理与推进,在向外出务工农民进行制度推介的工作上大胆进行制度创新;切实解决乡镇社保中心工作人员的编制问题,适当提高村协管员的待遇水平,稳定与激励基层新农保工作人员的队伍。

(2) 财政补贴制度是新农保的亮点,建议将现行的进口出口双向补贴改革为出口补贴制度,简化财政补贴制度有利于提高农民对政府补贴的认知,出口补贴制度不仅能够缓解当前的资金压力,而且实际操作起来较为明晰、简便。但应在制度设计上增设对高标准缴费和长期缴费的激励津贴,激励津贴制度的设计要兼顾公平与效率,可通过降低缴费补贴的门槛、设置缴费补贴的上限等方式控制多缴多得制度的逆向收入再分配效应。尽快建立长缴多得制度,激励年轻农民参保。

(3) 从制度公平的角度建议统一取消缴费捆绑制度,规定"已年满60周岁、未享受城镇职工基本养老保险待遇的老人,不用缴费可以按月领取基础养老金"。

(4) 在湖北省已经实现"新农保"与"城居保"并轨的基础上,尽快建立城镇职工养老保险与"新农保"的制度衔接机制,逐步完成城乡养老保险制度的对接。具体制度设计可采取不同缴费档次享受不同给付水平,其参保条件、计发办法、调整机制、补贴采取统一标准。

参考文献

1. 林义,2009,《破解新农保制度运行五大难》,《中国社会保障》第 9 期。
2. 唐钧,2009,《新农保的三大"软肋"》,《医院领导决策参考》第 22 期。
3. 邓大松、薛惠元,2010,《新型农村养老保险制度推行中的难点分析——兼析个人、集体和政府的筹资能力》,《经济体制改革》第 1 期。
4. 张思锋、张文学,2012,《我国新农保试点的经验与问题——基于三省六县的调查》,《西安交通大学学报(社会科学版)》第 2 期。
5. 田北海、丁镇,2011,《农民参与新型农村社会养老保险的意愿研究》,《甘肃行政学院学报》第 3 期。
6. 穆怀中、闫琳琳,2012,《新型农村养老保险参保决策影响因素研究》,《人口研究》第 1 期。

后　记

第八届社会政策国际论坛于2012年8月在北京师范大学召开，是由中国社会学会社会政策研究专业委员会、北京师范大学社会发展与公共政策学院、英特尔（中国）有限公司联合主办的。

本次论坛邀请了澳大利亚、德国、瑞士、日本的国际专家，以及来自我国30多个省市自治区的学界和实务界的代表近130余名与会。

本次论坛设立了一个创新的主题：老龄时代的新思维，并且以焦点演讲、大会发言、分论坛、独立论坛、圆桌会议和专题研讨会等六种形式，从理念、制度、社会政策、人才培养、社会服务、社区建设、社会工作等多角度、多方面对主题进行了探讨。最终从50多篇论文中遴选出20篇左右，辑成本书。

特别要说明的是，在本次论坛上，经与会代表讨论，以中国社会学会社会政策专业委员会的名义，通过了《老龄时代北京共识》这个重要的文件。共识提出，我们现在处于一个与以往历史时代不同的新的时代，它由于人口寿命的提高和老年人比例的大幅度增加可以被称为"老龄时代"。这个时代的确会在许多方面给人类社会带来新的难题，但同时又是人类社会发展的一个新的机遇。这个时代的影响关乎人的一生。老龄时代需要新文化和新制度，需要充分认识和运用老年人力资源，需要更加重视建构老年人保障服务体系，需要科技创新和产业推进，需要全社会共同参与各种议题的讨论和决定。

这个北京共识以及本次论坛的主要观点都请与会专家专门撰文，集成一个专版，于2012年9月27日在《南方周末》隆重刊出。

论坛期间，中国社会学会社会政策研究专业委员会召开了理事会，报

后　记

告了社会政策专业委员会的工作情况，提出设立社会政策硕士专业以推动学科发展的建议，并且决定第九届社会政策国际论坛暨专委会年会由复旦大学社会发展与公共政策学院进行筹备。

鉴于本书容量有限，有些优秀论文未能入选，应示歉意。在文集编辑中，中国社科院社会工作专业研究生贾晶、社会科学文献出版社编辑谢蕊芬做了大量工作，特致谢忱。

杨　团　房莉杰

2013 年 5 月 4 日

图书在版编目(CIP)数据

当代社会政策研究.8,老龄时代的新思维/杨团主编.
—北京：社会科学文献出版社，2013.7
ISBN 978-7-5097-4821-3

Ⅰ.①当… Ⅱ.①杨… Ⅲ.①社会政策－文集
Ⅳ.①C916-53

中国版本图书馆 CIP 数据核字（2013）第 149283 号

当代社会政策研究（八）
——老龄时代的新思维

主　　编／杨　团
副 主 编／房莉杰

出 版 人／谢寿光
出 版 者／社会科学文献出版社
地　　址／北京市西城区北三环中路甲 29 号院 3 号楼华龙大厦
邮政编码／100029

责任部门／社会政法分社（010）59367156　　责任编辑／谢蕊芬
电子信箱／shekebu@ssap.cn　　　　　　　　责任校对／张　曲
项目统筹／童根兴　　　　　　　　　　　　　责任印制／岳　阳
经　　销／社会科学文献出版社市场营销中心（010）59367081　59367089
读者服务／读者服务中心（010）59367028

印　　装／北京鹏润伟业印刷有限公司
开　　本／787mm×1092mm　1/16　　　　印　张／18.75
版　　次／2013 年 7 月第 1 版　　　　　　字　数／295 千字
印　　次／2013 年 7 月第 1 次印刷
书　　号／ISBN 978-7-5097-4821-3
定　　价／59.00 元

本书如有破损、缺页、装订错误，请与本社读者服务中心联系更换
▲ 版权所有　翻印必究